Anna Parwoll • @leavesandbutterflies

MEIN PERFEKTES Hygge-Jahr

Deko-Ideen, Rezepte und Tipps für den gemütlichen Skandi-Style

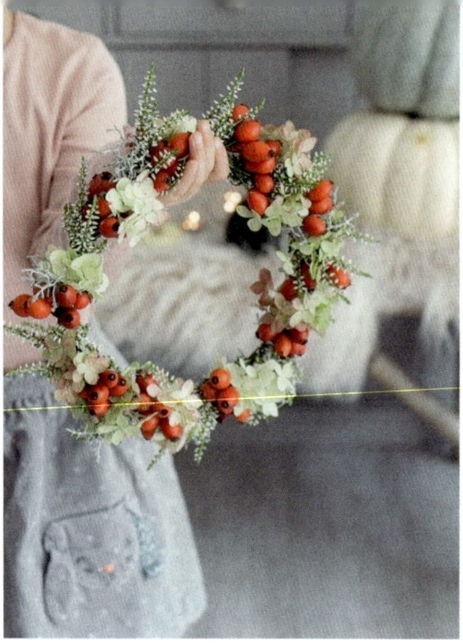

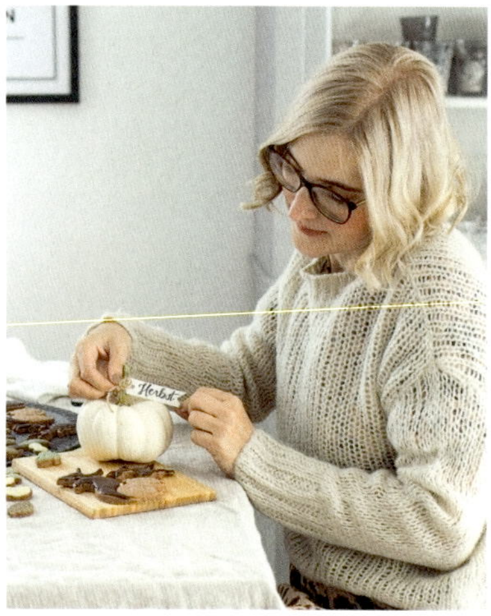

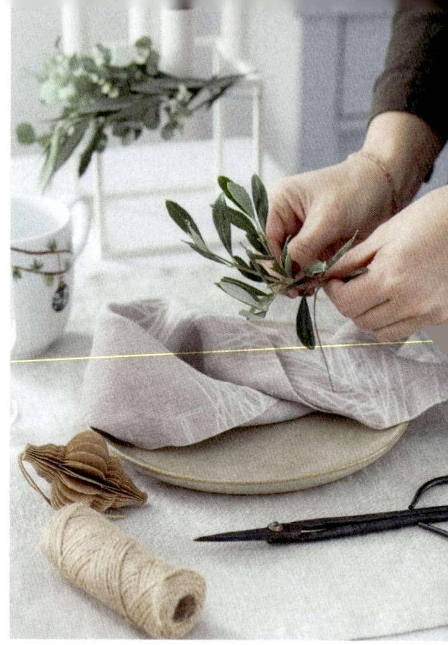

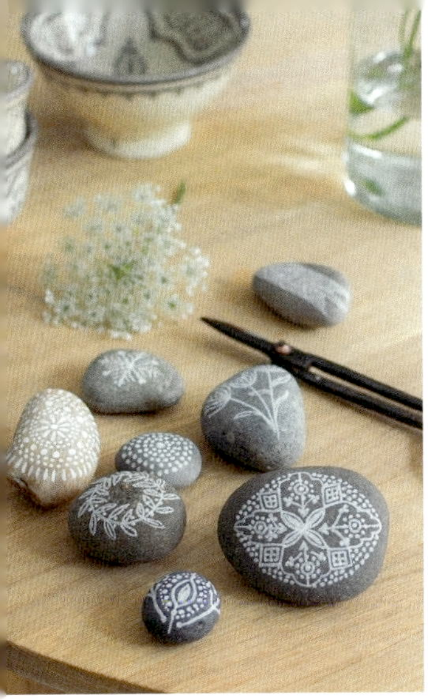

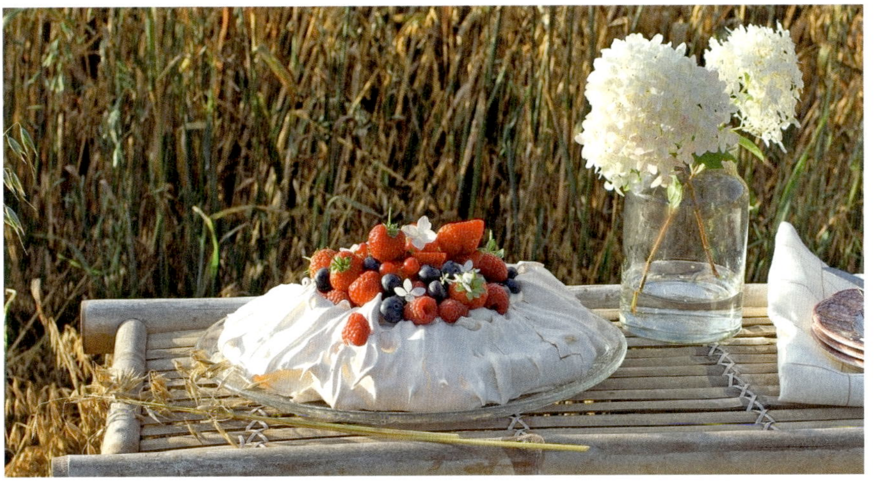

HERBST 71

WINTER 99

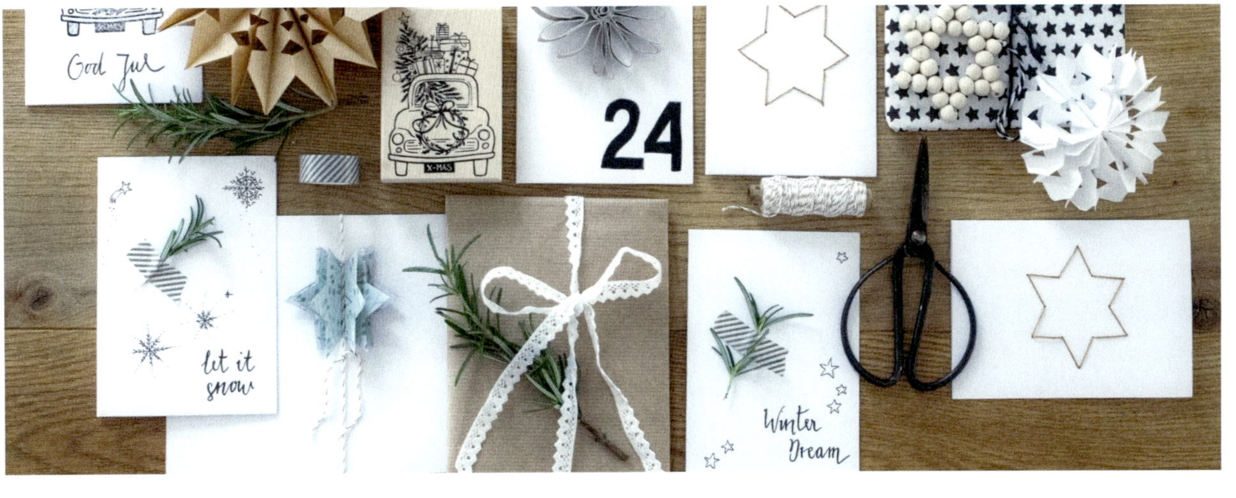

HEJ

Mein Name ist Anna und seit vielen Jahren schreibe und pflege ich meinen Blog »Leaves and Butterflies« sowie den dazugehörigen Instagram-Account, in dem sich nicht nur skandinavisch inspirierte Deko-Ideen und DIYs finden lassen, sondern auch viele Rezepte, in denen es sich vor allem um das Thema Backen dreht.

DIE IDEE ZUM BUCH

Nachdem ich mein Weihnachtsbuch »Skandinavische Weihnachten« fertig geschrieben hatte, wusste ich bereits, dass ich noch nicht damit fertig bin, meine Ideen aufzuschreiben und festzuhalten. Schnell stand eine neue Liste für dieses Buch hier fest. Ein skandinavisch angehauchtes Buch, welches an mein Weihnachtsbuch anknüpft und einen durch das Jahr begleitet. Jede Jahreszeit hat ihre Besonderheiten und Vorzüge – ein paar davon werden hier wieder aufgegriffen. Saisonale Dekorationen, Gebäck, Blumen und Ideen verwandeln das eigene Heim in ein hyggeliges, gemütliches Zuhause.

MEIN EINRICHTUNGSSTIL

Ein inniges Bedürfnis, schön zu wohnen, hatte ich vermutlich schon immer. So erinnere ich mich, dass ich bereits früher ganz häufig die Möbel in meinem Kinderzimmer verrückt und mit meinem Papa Wände angestrichen habe. Meine erste eigene Wohnung als Studentin war winzig, aber richtig schön und gemütlich. Dort habe ich so gerne meine Zeit verbracht, an einem alten, richtig schweren Schreibtisch von meinem Opa, den ich mit schlichten weißen Möbeln kombiniert hatte. Die Liebe zu weißen Möbeln ist auf jeden Fall geblieben, hat sich allerdings mit der Geburt meiner Kinder verändert, da viele Dinge dann einfach eher unpraktisch wurden. Mein Wohnstil hat sich immer mit mir und meinem Leben weiterentwickelt. Möbel sind gekommen, wieder gegangen und dann gibt es diese Möbelstücke, zu denen gehört auch unser grauer Buffetschrank, die ich nie hergeben würde. Vielleicht wird er mir irgendwann nicht mehr gefallen, aber dann würde ich ihn erst mal eine Zeit lang in den Keller stellen. Nach und nach sind in den letzten Monaten die wunderschönen Esszimmerstühle von Hans J. Wegner bei uns eingezogen. Die Wishbone-Stühle in geseifter Eiche sind absolute Traummöbel, die nun vermutlich immer an meiner Seite bleiben. Irgendwann können sie, zusammen mit unserem Esstisch, eine lange Geschichte erzählen.

Skandinavien spielt eine große Rolle in meinem Zuhause: Natürliche Materialien, helles Holz und die Farben Weiß, Beige und Grau prägen diesen Stil und bringen Gemütlichkeit, ein Gefühl von Hygge sowie Leichtigkeit in unser Haus.

Manche Deko-Objekte sind aus unserem Zuhause ebenfalls nicht mehr wegzudenken. So gibt es skandinavische Designklassiker, die nach und nach bei uns eingezogen sind und die mir immer ein wenig das Gefühl von Urlaub vermitteln, da ich sie einfach mit Dänemark verbinde.

Ein paar frische Blumen und Kerzen auf dem Tisch machen das Bild perfekt.

ÜBER DIESES BUCH

So sehr ich die Weihnachtszeit auch liebe, mindestens genauso sehr freue ich mich ab Januar auf den Frühling, Ranunkeln, Magnolien, das Erwachen der Natur und alles, was da auf uns zukommt. Ich freue

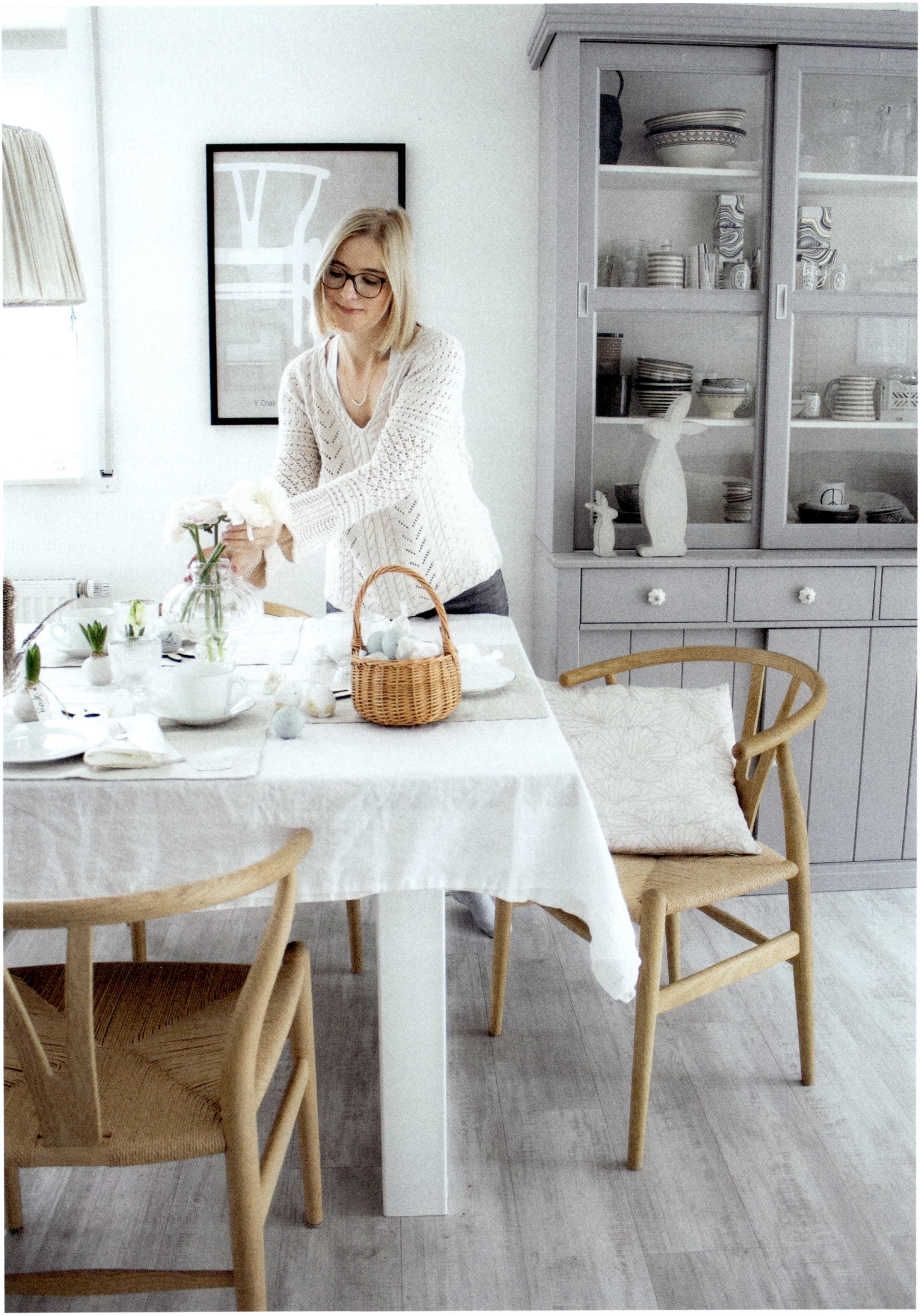
Y Chair

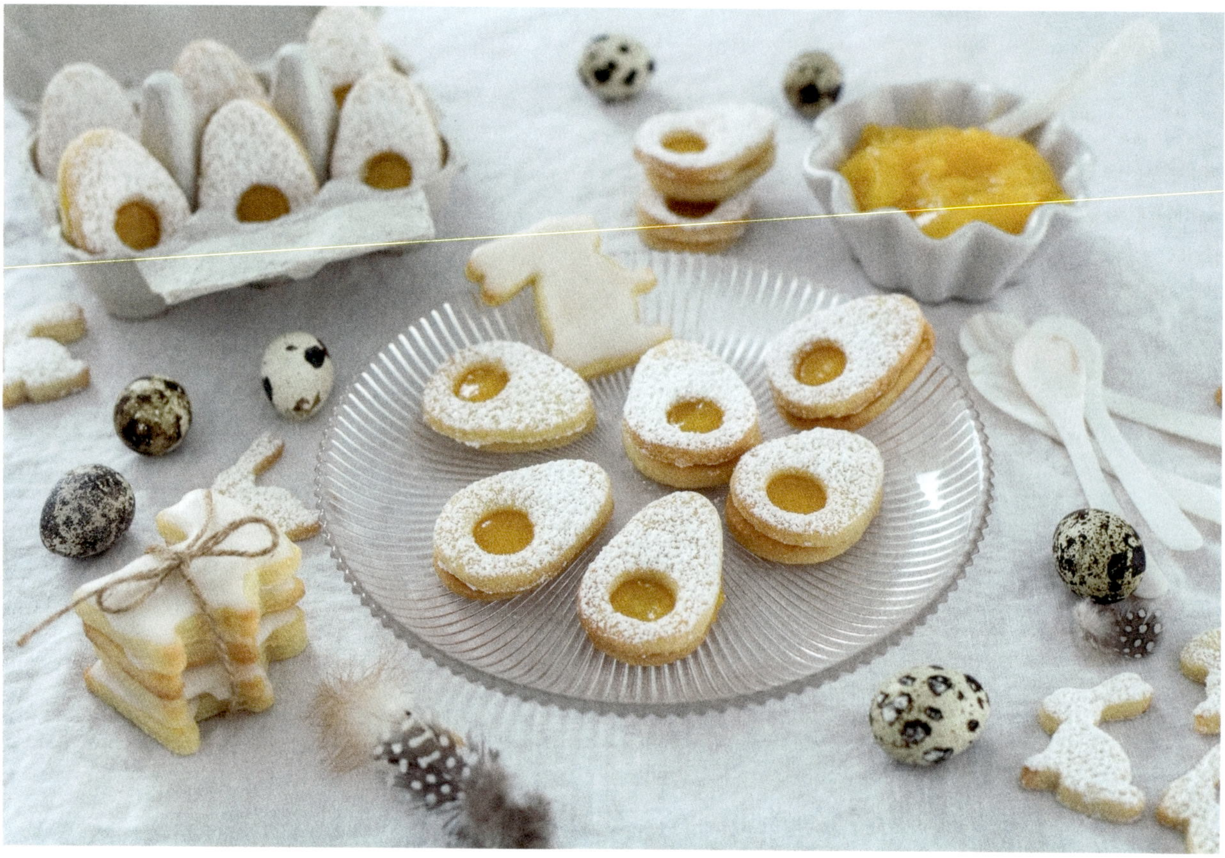

mich auf die ersten Schneeglöckchen, das Eierfärben im Frühling, auf Pfingstrosen, Mittsommer, sahnig fluffige Pavlovas im Feld und die ersten fallenden Blätter im Herbst. Mit Kindern erlebt man diese Zeiten intensiver und ich versuche manche Dinge auch ganz bewusst zu gestalten. So gehört »vieles eben einfach dazu« und zwar, weil wir es früher schon so gemacht haben. Eier färben und Osterkörbchen im Garten suchen, lange Sommernächte auf dem Balkon bei Kerzenschein und kleinen Leckereien, Sommer in Dänemark, in denen wir manchmal ganz schön frieren mussten und wir in der Nordsee baden waren, bis unsere Lippen blau wurden, Kastanien und Blätter sammeln im Herbst bei langen Spaziergängen durch raschelndes goldenes Laub, das Auspacken der Weihnachtskisten mit dem Advent und die kurzen Wintertage im Januar, an denen wir früher oft genug mit unserem Hund und den Schlitten losgezogen sind, um in meiner Heimat dem Sauerland die Berge hinunterzurodeln, nur um uns anschließend von unserem Golden Retriever wieder den Berg hochziehen zu lassen. Wir hatten so viel Spaß und waren anschließend durchgefroren, aber froh, wenn wir uns zu Hause am Kamin bei warmem Kakao und Bratäpfeln aufwärmen konnten. Während ich das hier formuliere, kommen so viele Erinnerungen in mir hoch, dass ich damit ganze Bücher füllen könnte. Manche von ihnen findest du hier im Buch wieder, auf andere wartet vielleicht noch ein Buch. Wer weiß.

Durch unser Weihnachtsschlüsselloch konnte man in »Skandinavische Weihnachten« schon ein wenig schauen, nun öffne ich unsere Türen für das restliche Jahr und natürlich bekommt auch die winterlich weihnachtliche Zeit wieder ihren Platz.

Wir beginnen im Frühling und können das ganze Jahr über immer wieder dieses Buch hervorholen, um darin zu schmökern und passende Anregungen zu bekommen.

DANKESCHÖN

Ich möchte meinem Mann Moritz danken. Du bist die starke Schulter und hast so viele Ideen und Vorschläge, wenn ich mal »feststecke« oder mich verrannt habe. Danke für freie »Foto«-Tage, ohne die dieses Buch nicht fertig geworden wäre und natürlich dafür, dass du mein größter Kritiker bist, wenn es um die Dinge geht, die wir aus dem Backofen ziehen. Die Stachelbeer-Baiser-Torte hat es nur wegen dir ins Buch geschafft! Danke schön liebe Mathilda und lieber Henri, dass es euch gibt und ich eure Mama sein darf! Mathilda, ich liebe es, dass du die Begeisterung für meine Bastelideen und DIYs teilst und jedes Mal Feuer und Flamme bist, wenn ich eine neue Idee habe. Ich liebe es, mit dir Fotos zu machen und bin voller Freude, dass du es genauso sehr magst und deine eigenen Ideen in unsere »Mini-Shootings« einbringst! Henri, du bist es, der jedes Mal in wahre Begeisterungsstürme verfällt, wenn das Wort »Backen« fällt, der die Rührmaschine anmacht und sich mit Mathilda um das Ablecken der Kuchenschaber streitet. Du sitzt neben der Rührmaschine, wenn Mathilda die Eier hineinschlägt und würdest am liebsten alles selbst machen, was mich manchmal vor kleine Herausforderungen stellt. Trotzdem backe ich am liebsten nur mit euch beiden, denn die Kuchen und Kekse, die wir zaubern, schmecken gleich doppelt so gut.

Ohne euch drei würde es dieses Buch nicht geben, denn ihr seid es, die jedes Mal »hurra« rufen, wenn ich neue Ideen habe.

Danke schön Mama und Papa für meine wunderschönen Erinnerungen und Erlebnisse in den verschiedenen Jahreszeiten. Ihr wart es, die meinem Bruder und mir die Ostereier versteckt haben, die so viele Sommer mit uns 12 Stunden im Auto gesessen haben, um uns bis hoch in den Norden Dänemarks zu fahren, um dort drei Wochen voller Meer, Sand und Softeis zu verbringen, die im Herbst mit uns in Pfützen gesprungen sind und die im Winter die Bratäpfel in das obere Kaminfach geschoben haben, bis ein herrlicher Duft durch unser Haus zog, wenn wir durchgefroren vom Schlittenfahren nach Hause gekommen sind.

Und so wichtig Traditionen bereits im letzten Buch waren, so sind sie es auch hier. Denn die Stachelbeer-Baiser-Torte habe ich mir früher immer zum Geburtstag gewünscht. Sie ist traumhaft lecker und darf hier genauso wenig fehlen, wie das »Rote mit dem Weißen«, wie mein Papa unser weihnachtliches Dessert irgendwann mal getauft hat und das wir seit so vielen Jahren essen, dass ich mich an überhaupt nichts anderes erinnern kann. Vermutlich wird an Heiligabend bei uns niemals ein anderes Dessert auf dem Tisch stehen.

Dankeschön an Katja, Claudia und Miriam und dem ganzen Team von Geliebtes Zuhause für eure unermüdliche Inspiration und die vielen tollen gemeinsamen Projekte in den letzten Jahren.

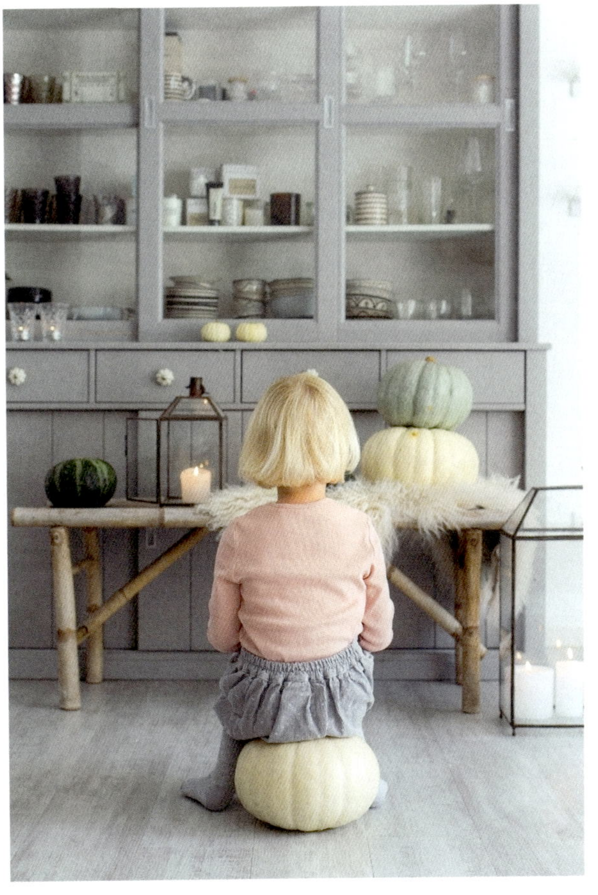

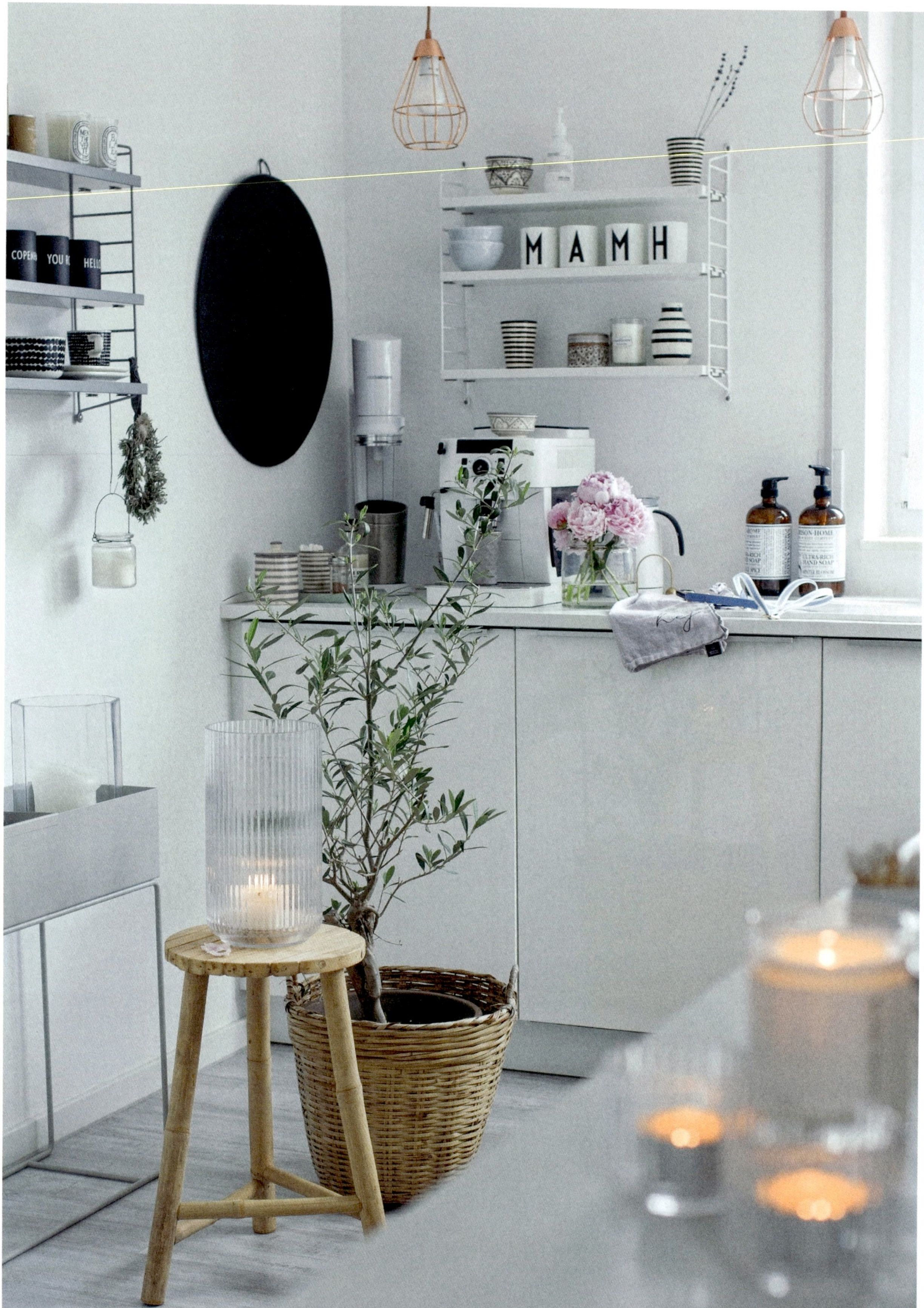
M A M H

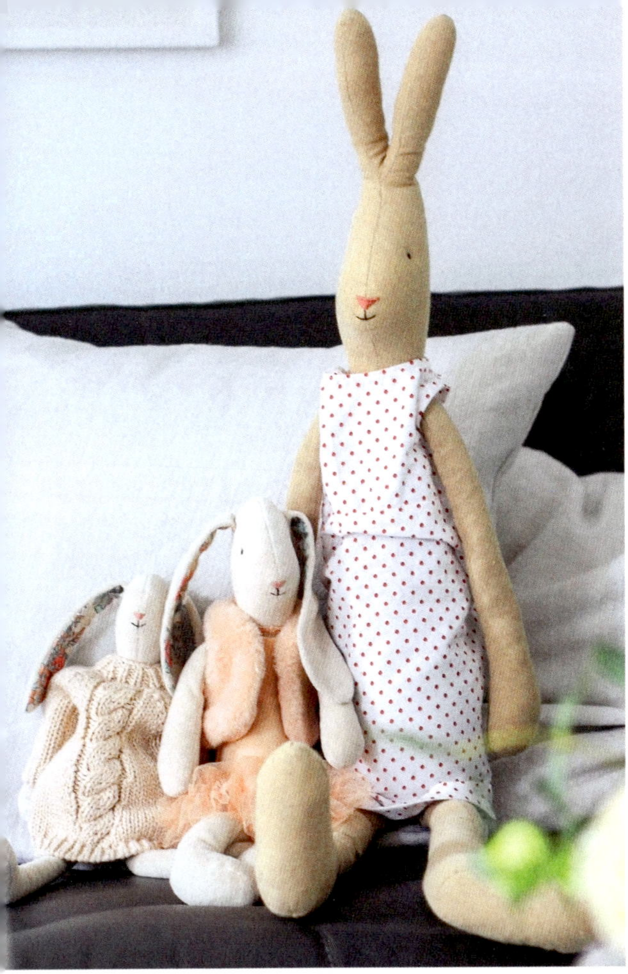

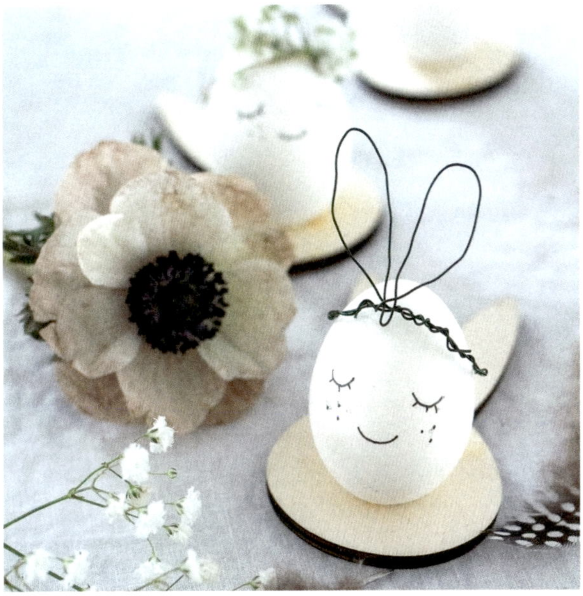

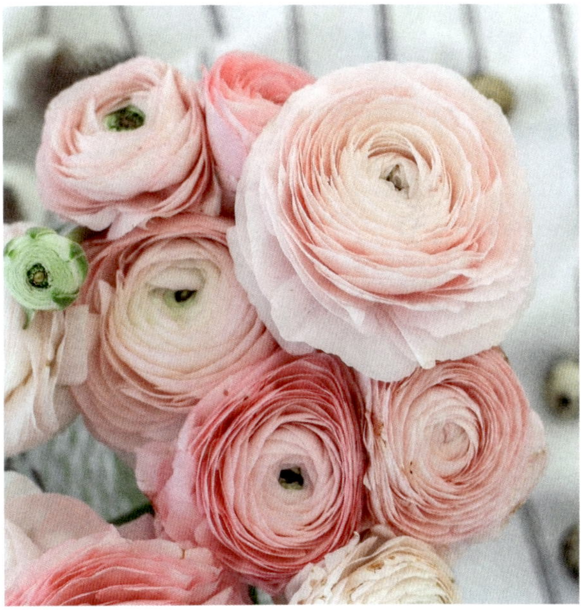

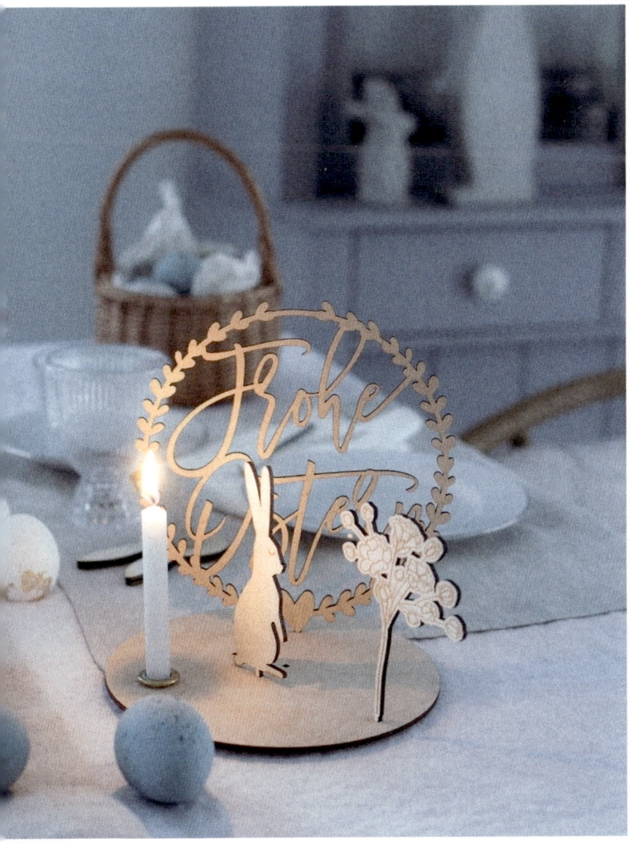

Jede Jahreszeit hat ihre wunderschönen Seiten und Wunder. Mal spielt sich das Leben mehr draußen ab, mal mehr drinnen. Mit dem wechselnden Wetter verändern sich auch die stimmungsgebenden Farben und die Deko.

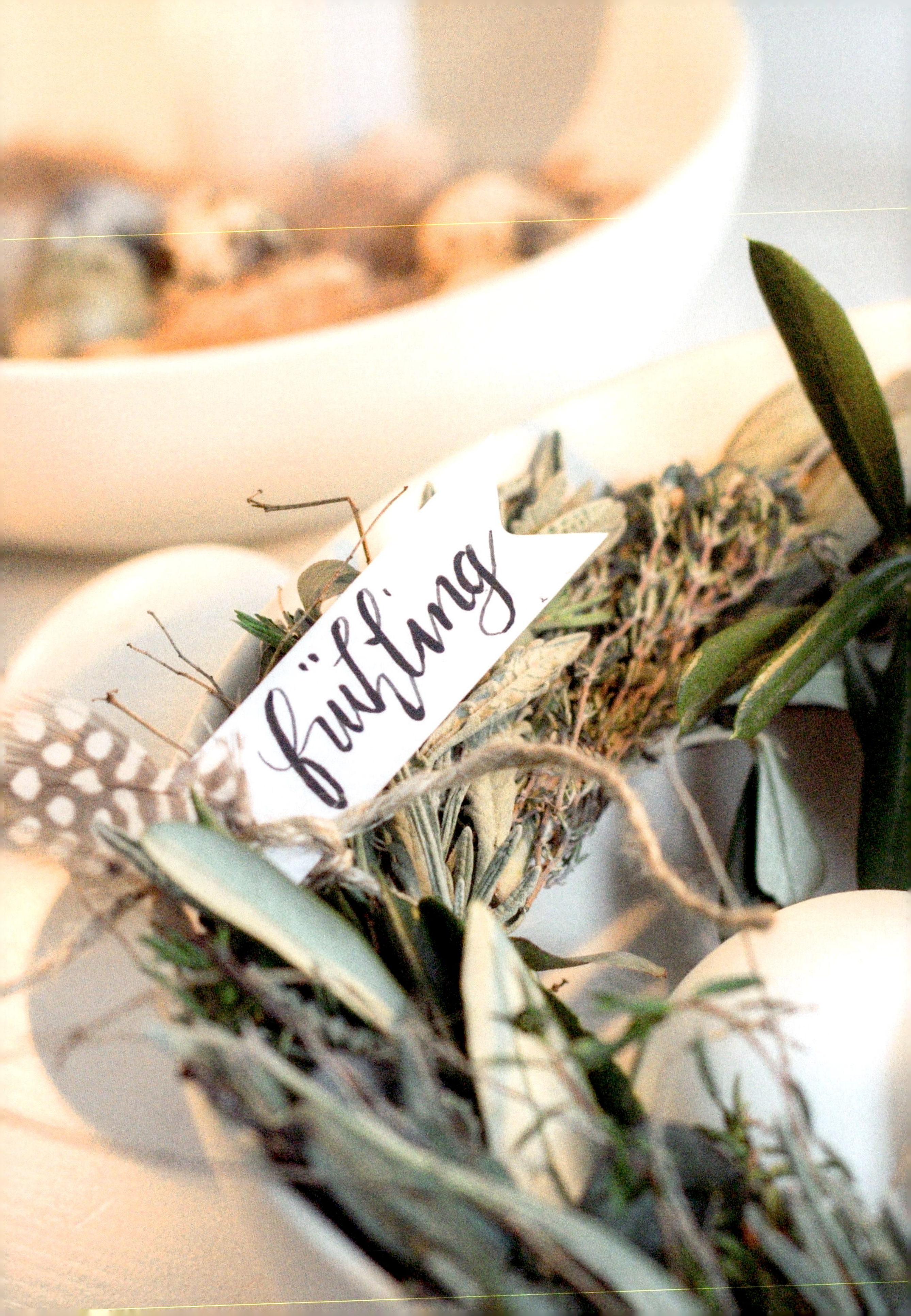
frühling

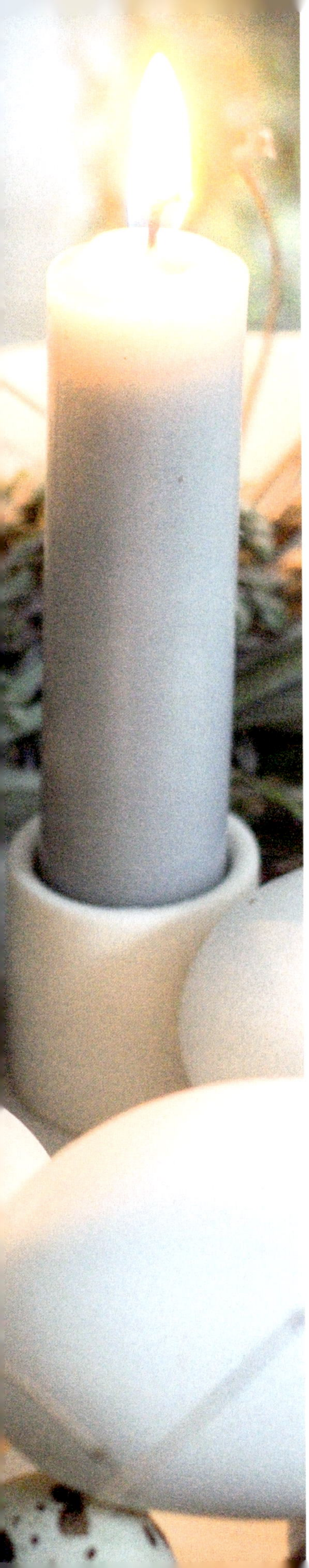

FRÜHLING

FRÜHLING

Der Frühling gehört auf jeden Fall zu meinen liebsten Jahreszeiten. Spätestens ab Mitte Januar habe ich meistens genug vom kalten, grauen, trüben Winter, sodass ich mir den Frühling herbeisehne, mit allem was dazu gehört. Allem voran natürlich Sonne, blauer Himmel, die ersten zarten Frühblüher im Garten und im Haus, blühende Magnolienbäume und nicht zu vergessen, die rosa blühenden Kirschbäume. Diese lieben wir ganz besonders und so findet fast in jedem Jahr ein »rosa Wolkenbaum-Shooting« statt. Denn meine Tochter ist auch immer so begeistert von den zarten rosa Blüten. Es gibt einen ganz besonderen Ort, wo wir die rosa Wolken immer einfangen und wo schon sehr viele wunderschöne Erinnerungen entstanden sind.

Wenn die rosa Bäume blühen, ist es bald Zeit, die Strickpullis gegen Shirts und die Winterstiefel gegen Ballerinas zu tauschen. Die Lebensgeister erwachen, ich fange an, unser Haus auf den Kopf zu stellen, putze, räume auf, streiche Wände und rücke Möbel. In jedem Jahr liebe ich es aufs Neue. Gefühlt könnte ich dann Bäume ausreißen, stattdessen schmieden wir Urlaubspläne für den Sommer. Es ist die Jahreszeit, in die mein Geburtstag fällt, und ich liebe es, ein Frühlings-Geburtstagskind zu sein. Ich verbringe diesen so gerne zu Hause oder in Zeeland. Meine Mama backt mir immer Stachelbeer-Baiser-Torte, es ist die beste Torte der Welt, und da es die liebste Torte meines Hubbies ist, backe ich sie mittlerweile auch. Wenn ich Glück habe, können wir sogar schon auf der Terrasse anstoßen.

Ostern steht vor der Tür, wir färben Eier und feiern ein kleines, aber sehr schönes Osterfest ohne Stress.

MEINE TIPPS FÜR DEN FRÜHLING

- Farben: Weiß, Beige und dezente pastellige Bonbonfarben
- Auf- und Ausräumen bringt Klarheit im Kopf und im Raum
- Den Winter durch frische Blumen und eine klare minimalistische Deko vertreiben
- Hyazinthen in Becher stellen, mit etwas Moos abdecken – eine schöne Deko in der Küche und auf dem Tisch
- Magnolien- und Quittenzweige in großen Vasen sind ein frühlingshafter Hingucker
- Kerzen in Gläsern dürfen weiterhin nicht fehlen, sie zaubern zu jeder Tageszeit Gemütlichkeit
- Die Sofakissen aus dem Winter werden ausgetauscht gegen Kissenhüllen in Naturtönen – Musselin und Leinen sind jetzt die perfekten Begleiter
- Frische Bilder an den Wänden
- Eine schlichte Osterdekoration passend zum hyggeligen Leben: Ganz nach dem Motto weniger ist mehr, einfach ein paar Federn in einem Glas oder Becher drapieren, Betoneier auf dem Tisch und daneben einen Strauß dicker, weißer Tulpen, Ranunkeln oder Anemonen platzieren

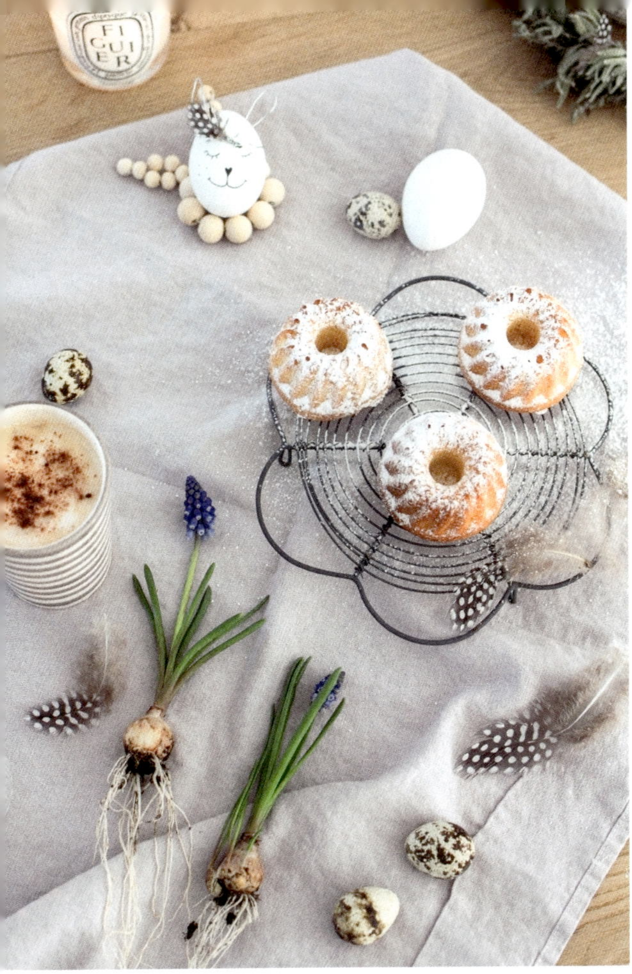

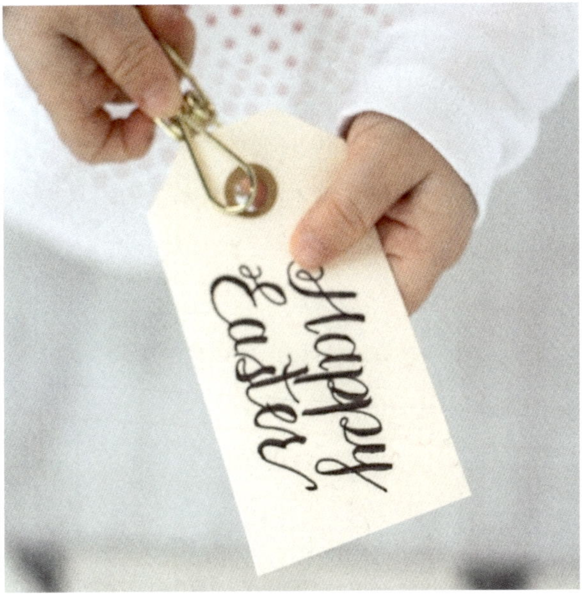

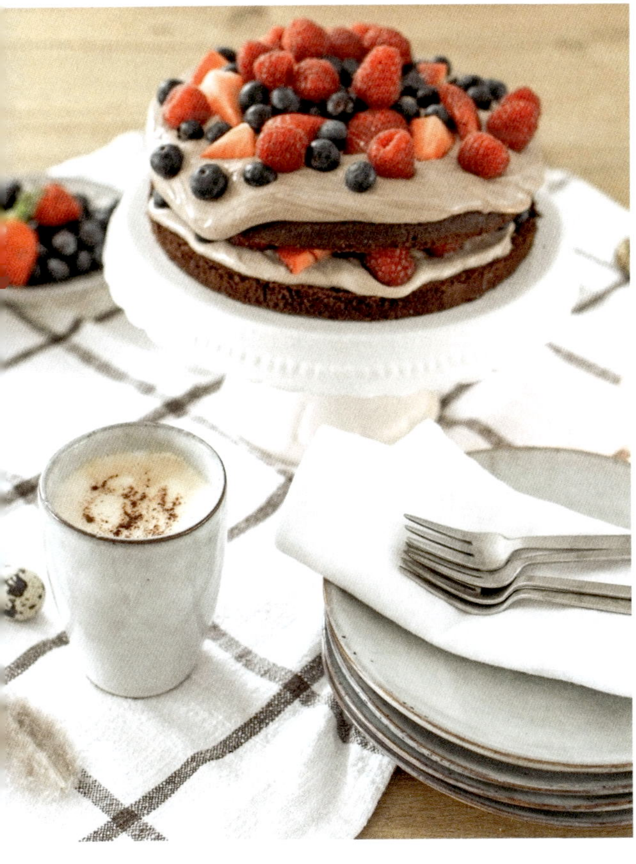

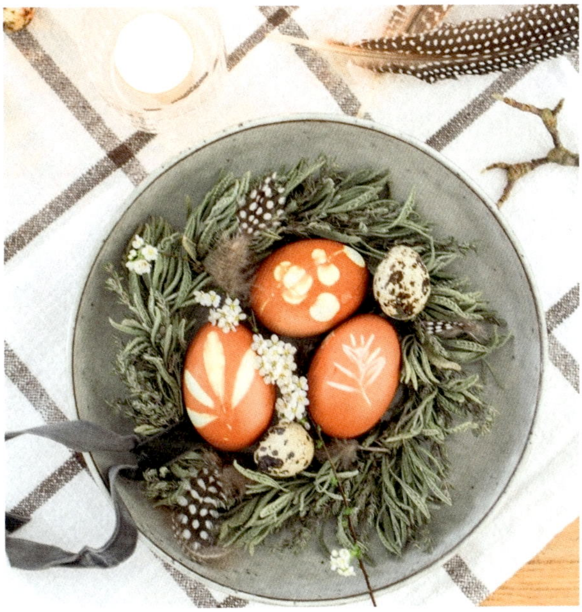

Den Frühling locken wir mit zarten Frühblühern, Federn, luftigem Gebäck und zarter Deko. Pastellige Farben und ganz viel Rosa begleiten bei uns die frühlingshaften Tage.

RHABARBERSIRUP

Es ist bereits zehn Jahre her, als ich in meiner damals noch cremefarbenen Küche stand, mit direktem Zugang zur Terrasse, und den ersten Rhabarbersirup einkochte. Den Rhabarber hatte ich damals von einer Kollegin bekommen. Es war so viel, dass ich neben Kuchen auf jeden Fall noch eine andere Leckerei ausprobieren wollte.
Bei Rhabarber kommen bei mir gleich Kindheitserinnerungen hoch. Ich sehe mich noch in der Küche meiner Oma sitzen und die sauren Stangen in den Zuckertopf tauchen. Es war so köstlich! Ich weiß, meine Oma hätte den fruchtigen Sirup geliebt!

ZUTATEN

2 kg Rhabarber
100 g Erdbeeren
350 g Zucker
2 l Wasser
Saft von 1 Zitrone

Außerdem
Hübsche Flaschen
Feines Sieb

ZUBEREITUNG

Den Rhabarber waschen und putzen, die Haut dabei dran lassen, so erhält der Sirup eine schönere Farbe. Die Stangen in 2 cm große Stücke schneiden.

Die Erdbeeren ebenfalls waschen, putzen und in Stücke schneiden. Rhabarber, Erdbeeren, Zucker, Zitronensaft und Wasser in einen großen Topf geben und sprudelnd aufkochen. Den Sirup 20 Minuten einkochen und anschließend noch 30 Minuten ziehen lassen, damit sich das ganze Aroma entfaltet.

In der Zwischenzeit die Flaschen mit kochendem Wasser sterilisieren. Den Sirup durch ein feines Sieb gießen und in die vorbereiteten Flaschen füllen.

Kühl und dunkel gelagert hält sich der Sirup locker ein paar Monate!

Der Sirup lässt sich mit Mineralwasser, Sekt oder sogar Weißwein aufgießen. Je nach Geschmack nimmt man ca. ⅓ Rhabarbersirup im Verhältnis zu ⅔ Mineralwasser.

Wir lieben den Sirup gekühlt mit Eis, Minze, Rosmarin oder Beeren. Mit einem Zuckerrand an den Gläsern, bekommt man einen richtigen Rosa-Hingucker.

TIPPS

Am besten gleich die doppelte Menge kochen und einen schönen Sirup-Vorrat für den Sommer anlegen. Damit ist man bei jedem Grillen der Hit. Es ist ein tolles Geschenk, weil man es mit so vielen Dingen kombinieren kann.

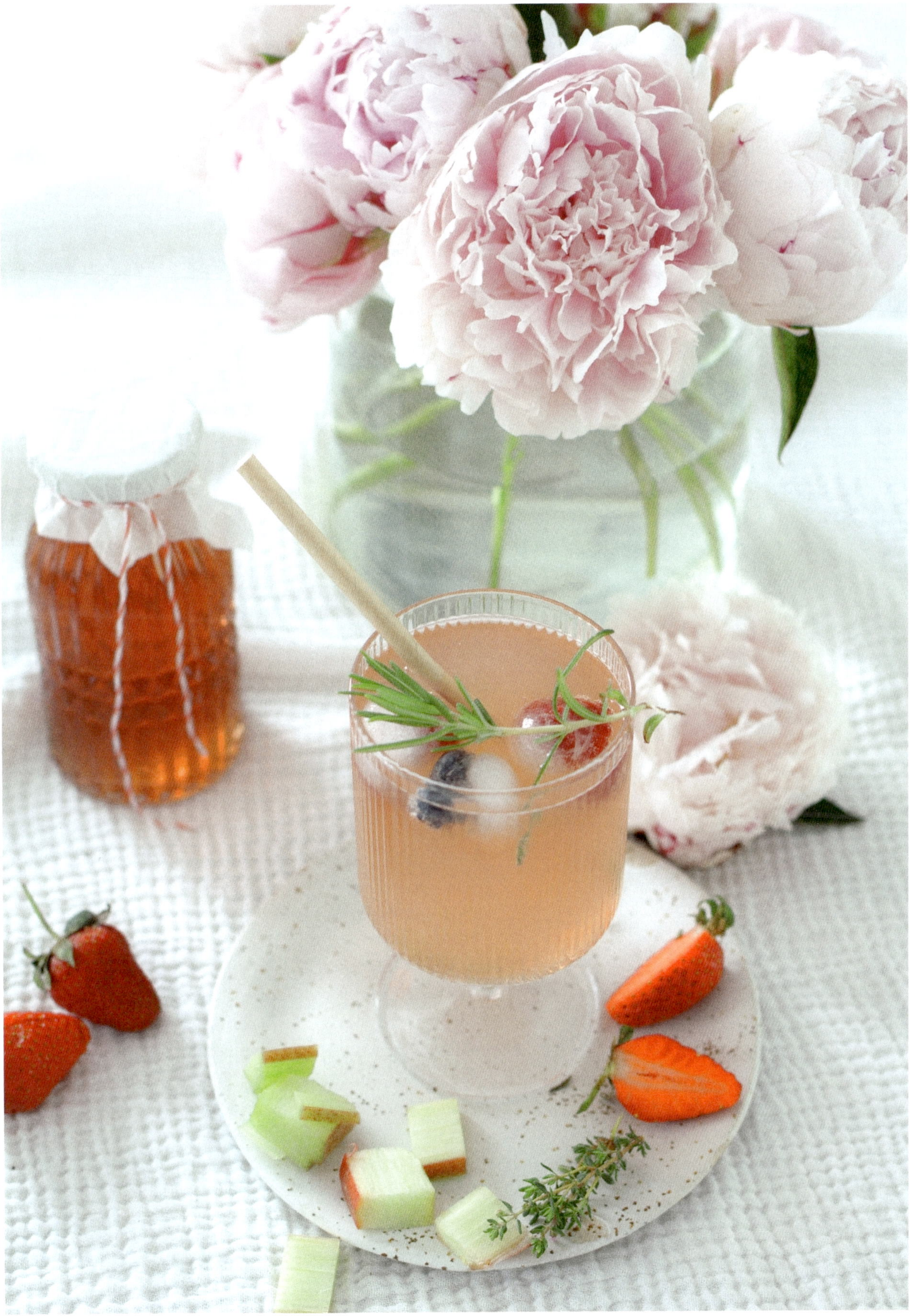

HERZ-BERLINER-BALLEN

Valentinstag ist bei uns zu Hause kein wirkliches Thema. Die kleinen »Berliner-Herzen« schmecken natürlich trotzdem richtig gut und das nicht nur zum Valentinstag. Bei uns heißen Krapfen übrigens »Berliner«, nur falls sich jemand fragt, wovon ich eigentlich schreibe. Traditionell gibt es diese Leckerei bei uns an Neujahr, am Rosenmontag und wenn wir mögen nun auch zum Valentinstag.

Diese Herzen sind tatsächlich das erste Gebäck, welches ich frittiert habe. Es hat direkt problemlos geklappt und das Ergebnis ist einfach so lecker. Eine Fritteuse besitze ich übrigens nicht, das klappt prima im Kochtopf auf dem Herd!

ZUTATEN
(für ca. 50 Stück)

Für den Teig

750 g Mehl
375 ml lauwarme Milch
1 frischer Würfel Frisch-Hefe
2 Eier Größe M
1 Prise Salz
100 g Butter
100 g Zucker

Außerdem

Pflanzenfett zum Frittieren
Zucker zum Bestreuen

ZUBEREITUNG

Das Mehl in eine Schüssel geben und in die Mitte eine Vertiefung drücken. Die Milch erwärmen und die Hefe darin auflösen. Die Flüssigkeit in die Mehlmulde geben. Außerdem die Eier, eine Prise Salz, die geschmolzene Butter und den Zucker hinzufügen. Alle Zutaten mit den Händen zu einem glatten Teig verkneten. Den Teig mit einem sauberen Trockentuch abdecken und an einem warmen Ort ca. 60 Minuten gehen lassen, bis sich der Teig deutlich vergrößert hat.

Den Teig erneut durchkneten und auf einer bemehlten Arbeitsplatte mit einem Nudelholz ca. 1,5 cm dick ausrollen und Herzen ausstechen.

Die Herzen auf ein mit Backpapier ausgelegtes Backblech legen und kurze Zeit gehen lassen.

In der Zwischenzeit das Fett in einem Topf zum Schmelzen bringen und eine Schüssel mit Zucker neben dem Topf vorbereiten.

Das Fett ist heiß genug, wenn man ein Holzstäbchen hineinhält und Blasen daran aufsteigen. Wenn das Fett heiß genug ist, die Herzen vorsichtig in das Fett geben und zwischendurch umdrehen.

Sie werden recht schnell braun. Wenn sie fertig sind, in dem Zuckertopf wälzen und auf einem Kuchengitter auskühlen lassen.

Am besten schmecken sie natürlich direkt warm.

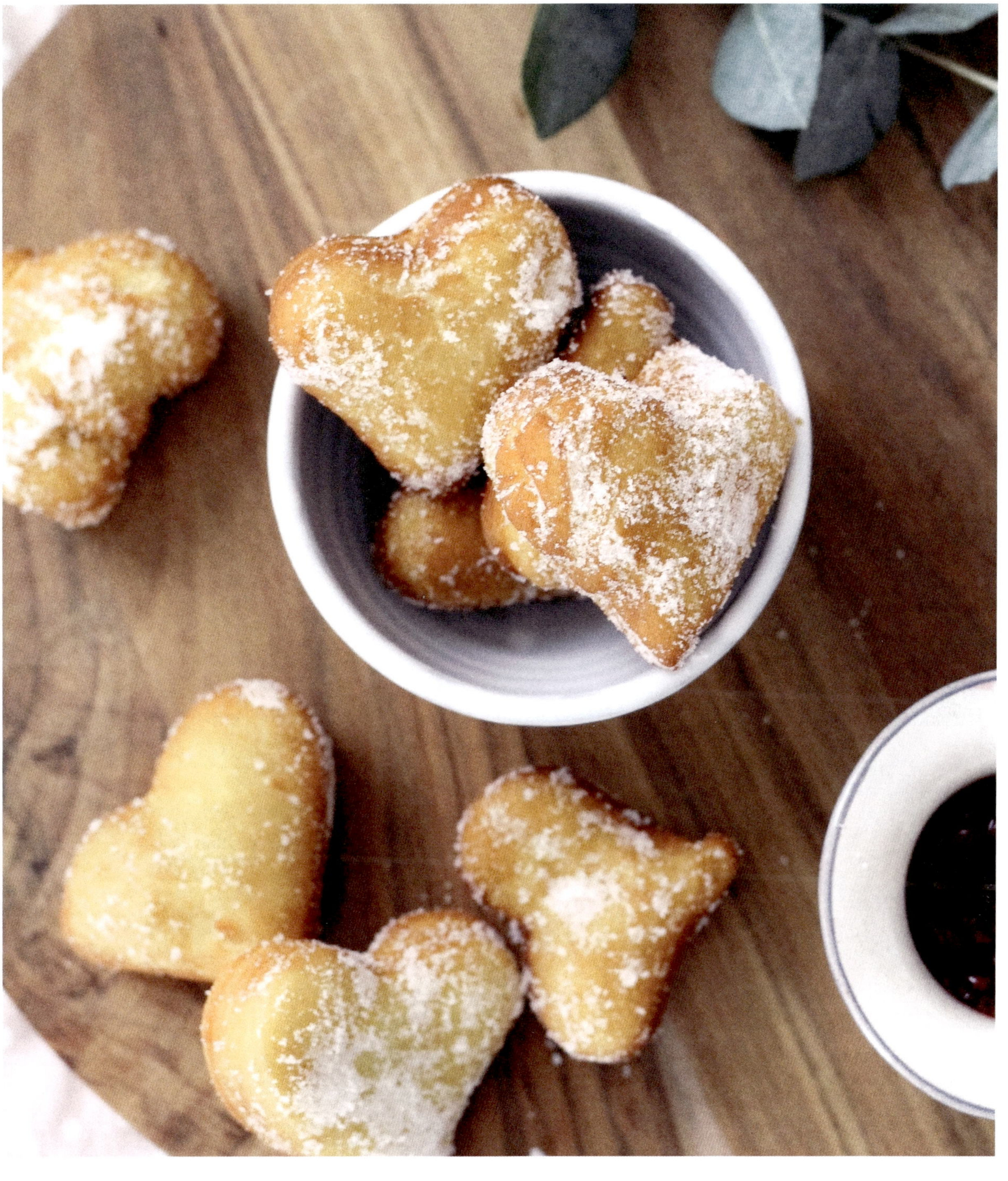

Dazu habe ich leckere Himbeer-Marmelade gereicht, die ich aus dem letzten Dänemark-Urlaub mitgebracht habe. Wenn man das Ganze noch toppen möchte, kann man die Marmelade natürlich auch mit einer kleinen Spritze in die Berliner spritzen. Oder man stippt sie einfach ein, so wie wir es machen.

SPIEGELEIER-KEKSE AUS ZITRONEN-MÜRBETEIG

Die Kekse aus diesem Kapitel erinnern ein ganz klein wenig an Spitzbuben aus der Weihnachtsbäckerei. Die Zubereitung ist ganz ähnlich, aber der Geschmack so herrlich fruchtig, dass man gar nicht genug bekommt.

Perfekt für das Osterfest oder einfach nur, um den Frühling zu feiern. Meine Kinder haben riesigen Spaß daran, auch im Frühling Kekse auszustechen, so wandern auch immer gleich noch ein paar Hasen mit in den Backofen.

Der Teig ist ein geschmackvoller, butteriger Mürbeteig mit dezentem Zitronenaroma, das sich durch Lemon Curd noch mal verstärkt. An dieser Stelle kann man selbstverständlich auch jede andere gelbe Marmelade verwenden. Hauptsache die Kekse sehen aus wie Spiegeleier, denn das macht sie so besonders.

ZUTATEN
(für ca. 35 Stück)

Für den Teig

200 g Butter
180 g Zucker
1 Ei (Größe M)
Saft und Schale von 1 Bio-Zitrone
3 EL Zitronensaft
1 Prise Salz
400 g Mehl

Für die Dekoration

Puderzucker
Lemon Curd oder Pfirsichmarmelade

Außerdem

Eierausstecher
Kleiner runder Ausstecher

ZUBEREITUNG

Die weiche Butter mit dem Zucker cremig rühren. Das Ei zufügen und weiterrühren. Den Abrieb der Bio-Zitrone sowie den Zitronensaft und das Salz zugeben und unterrühren.

Zum Schluss das Mehl hinzufügen. Alles mit den Händen kneten und zu einer Kugel formen, in Frischhaltefolie wickeln und für ca. 1 Stunde in den Kühlschrank legen.

Im Anschluss den Teig dritteln und auf einer leicht bemehlten Arbeitsfläche ca. 3 mm dick ausrollen und Eier-Kekse ausstechen. Man benötigt später ein Unter- und ein Oberteil. Aus den Oberteilen zusätzlich ein kleines Loch ausstechen. Ich habe das mit einem Apfelkernausstecher gemacht.

Die Kekse auf ein mit Backpapier ausgelegtes Backblech legen und bei 180 Grad Umluft ca. 5 Minuten backen, bis die Ränder leicht gebräunt sind. Anschließend gut abkühlen lassen.

Die Keks-Oberteile mit Puderzucker bestäuben. Das Lemon Curd in einem Kochtopf leicht erhitzen, glattrühren und die Unterseite der Kekse damit bestreichen. Jeweils ein Oberteil auf ein Unterteil legen. Die Kekse gut trocknen lassen.

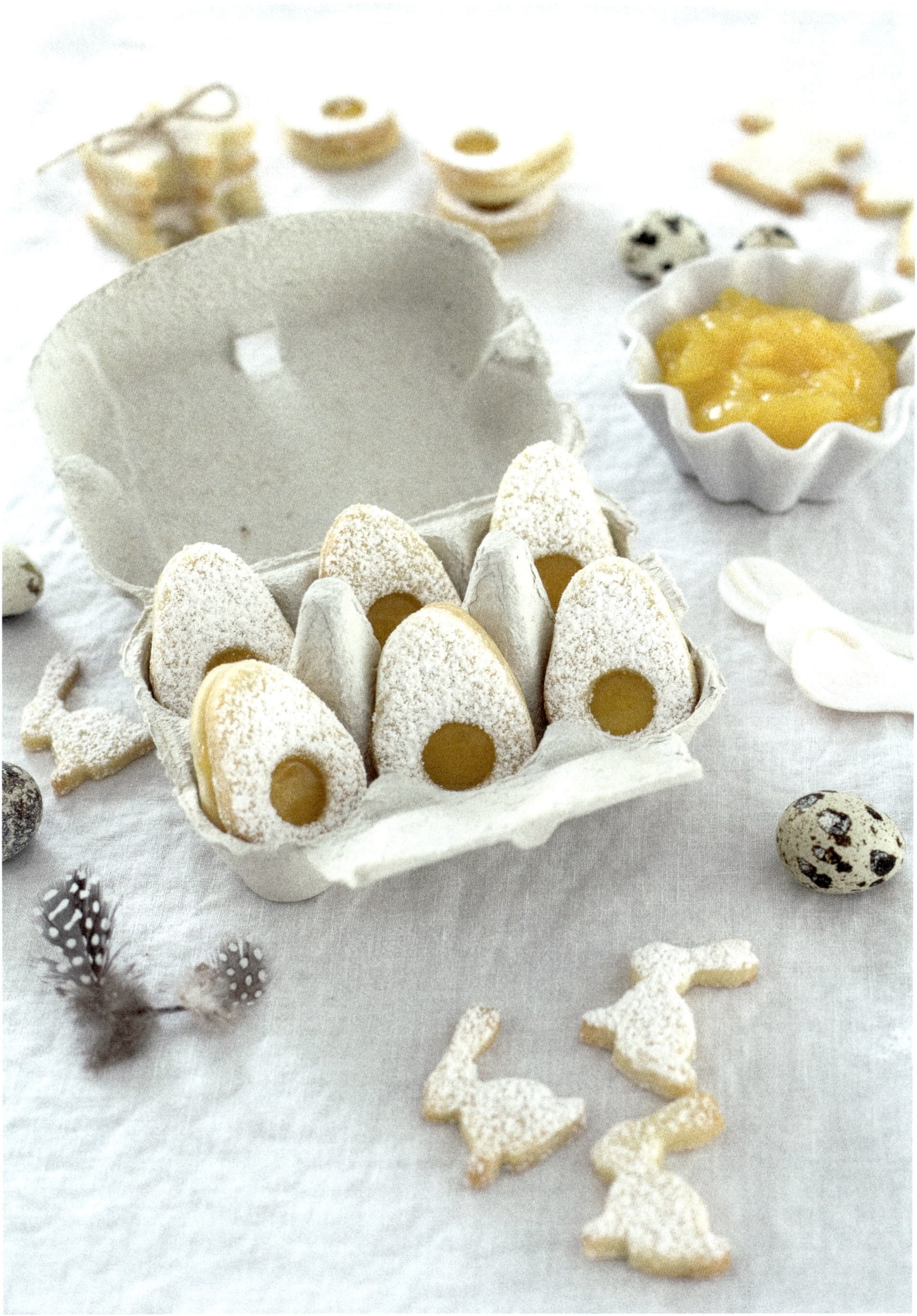

STACHELBEER-BAISER-TORTE

Diese Torte ist in unserer Familie ein echter Alltime-Favorite. Sie schmeckt immer und zu jeder Jahreszeit. Erst vor zwei Jahren habe ich mich zum ersten Mal selbst an dieses Rezept gewagt und war danach ganz erstaunt, dass es eigentlich so einfach ist. Meine Mama hat früher immer zu meinem Geburtstag diese Torte gebacken. Als ich meinen Mann kennenlernte, erzählte er mir irgendwann, dass er auch am liebsten Stachelbeer-Baiser-Torte isst, da wusste ich, das muss ein gutes Zeichen sein.

ZUTATEN
(für eine Springform, 26 cm ø)

Für den Mürbeteig

100 g weiche Butter
125 g Zucker
1 Päckchen Vanillezucker
4 Eigelb
150 g Mehl
½ Päckchen Backpulver

Für das Baiser

4 Eiweiß
200 g Zucker
100 g gehobelte Mandeln

Für die Füllung

1 Glas Stachelbeeren
1 Päckchen klaren Tortenguss
2 Becher Sahne
1 Päckchen Sahnesteif

TIPP

Wer nicht so gerne Stachelbeeren mag, kann diese auch super durch Kirschen ersetzen. Das schmeckt auch richtig gut, allerdings lieben wir hier alle Stachelbeeren, weshalb wir die Torte nur selten mit Kirschen zubereiten.

ZUBEREITUNG

Butter, Zucker, Vanillezucker, Eigelb, Mehl und Backpulver erst mit den Knethaken und anschließend mit den Händen zu einem Mürbeteig kneten. Eine Kugel formen und diese in Frischhaltefolie gewickelt 30 Minuten in den Kühlschrank legen.

Das Eiweiß mit dem Zucker steif schlagen und kurz zur Seite stellen.

Aus dem Teig werden zwei Böden gebacken: Entweder nacheinander in einer Springform oder parallel in zwei Formen.

Die Backformen jeweils mit einem Blatt Backpapier auslegen.

Den Backofen auf 160 Grad Umluft vorheizen.

Den Mürbeteig in zwei Hälften teilen. Anschließend als Boden gleichmäßig in die Springformen drücken, ein Rand muss nicht hochgezogen werden.

Die Eiweißmasse gleichmäßig auf beide Springformen verteilen und verstreichen. Die Mandelblättchen gleichmäßig in den beiden Formen und über der Eiweißmasse verteilen.

Die Böden für ca. 30 Minuten backen. Sobald das Baiser leicht gebräunt ist, die Formen aus dem Ofen nehmen und gut auskühlen lassen.

Die Springformen entfernen.

Einen der Tortenböden auf eine Tortenplatte legen und einen Tortenring darumlegen. Die Stachelbeeren abtropfen lassen, dabei etwas vom Saft auffangen. Die Beeren gleichmäßig auf dem unteren Boden verteilen.

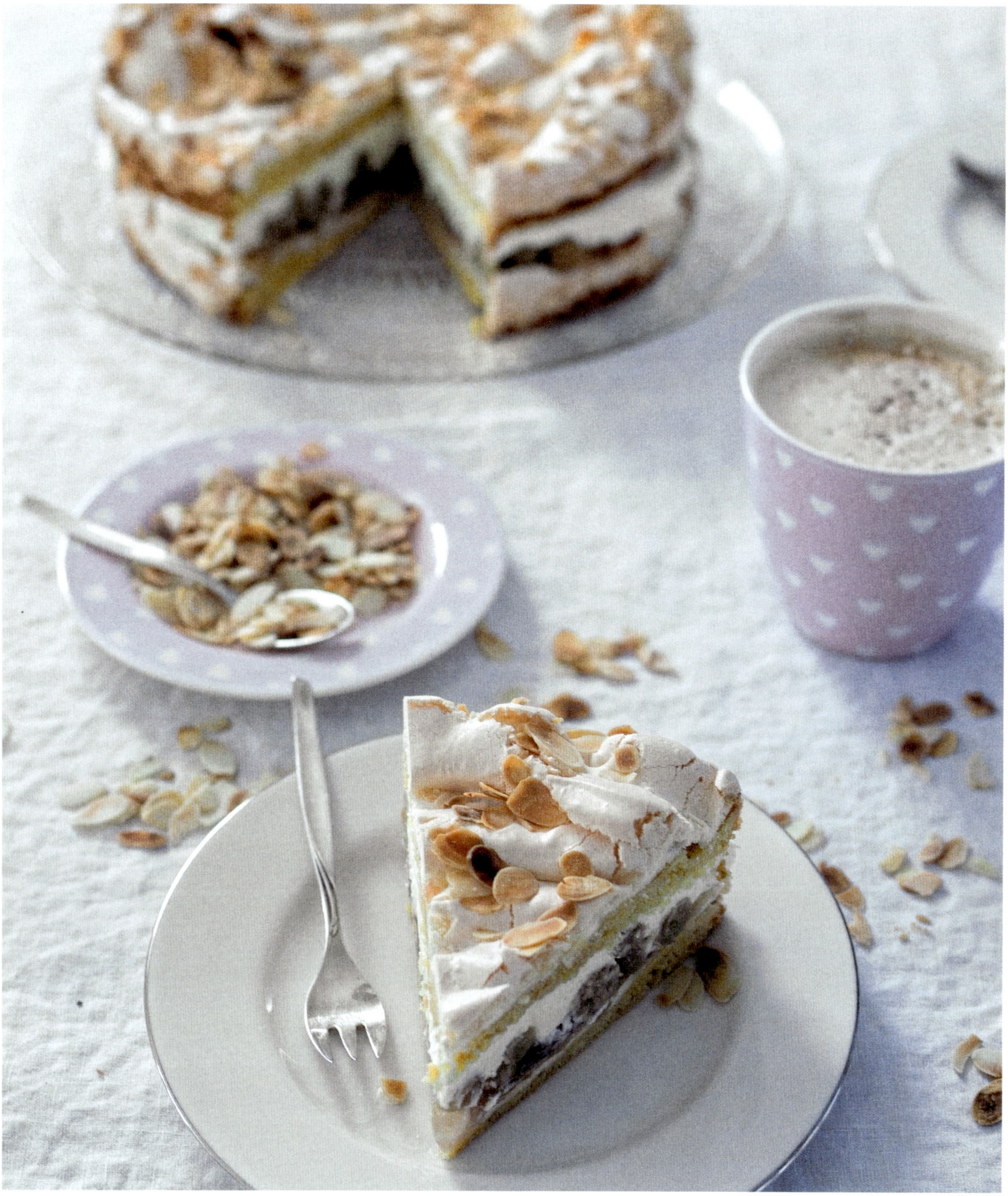

Den Tortenguss nach Packungsanweisung mit dem Saft der Stachelbeeren zubereiten und mit einem Löffel über die Beeren gießen. Zwei Becher Sahne mit dem Sahnesteif steif schlagen und auf den Stachelbeeren verteilen. Darüber dann vorsichtig den zweiten Tortenboden setzen.

DUFTENDE SEIFENSTÜCKE

Seife zu gießen ist super entspannend und dabei entsteht ein hyggeliges Wohlfühlprodukt. Wir haben im letzten Jahr einige Seifenstücke gegossen, worüber sich die Beschenkten immer sehr gefreut haben. Je nach Anlass und Jahreszeit lassen sich die Seifenstücke in unterschiedlichen Varianten gestalten, sodass man ganz schnell ein individuelles Geschenk zaubern kann. Auch Kinder ab ca. 5 Jahren haben Spaß daran. Hierfür sind kleine Kuchenformen aus Silikon perfekt, so hat man später kleine Törtchen im Bad stehen, und damit wäscht sich bestimmt jedes Kind gerne die Hände.

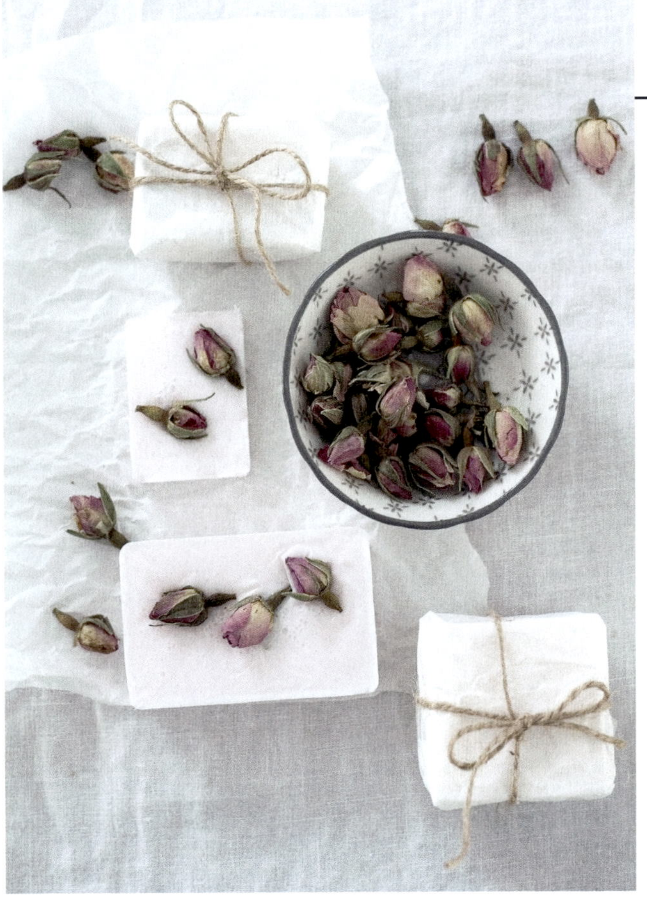

BENÖTIGTES MATERIAL

Seifenmasse opak (z. B. von Rayher)
Seifenfarbe z. B. rosa
Seifen Duftöl z. B. Lavendel
evtl. Seifenschaumkonzentrat
evtl. Aloe Vera Öl (gegen trockene Haut)
evtl. Seifenprägeform
Blütenblätter z. B. Rosenblätter oder Lavendel

Außerdem
Holzstäbchen
Seifengießform
Schneidebrett
Messer
Topf mit Schmelzschüssel aus Metall oder ein mikrowellengeeigneter Topf

SO WIRD'S GEMACHT

Für drei Seifenstücke ca. 300 g des opaken Seifenblockes in kleine Würfelstücke schneiden. Je kleiner die Seife geschnitten ist, umso schneller schmilzt diese. Geschmolzen wird entweder im Wasserbad mit Topf oder in der Mikrowelle.

Einen Topf mit Wasser füllen, die Seifenwürfel in einen hitzebeständigen Behälter geben und diesen in den Topf hängen. Die Schmelztemperatur für Seife liegt ca. bei 60 Grad. Das Wasser muss also nicht kochen. Beim Schmelzen in der Mikrowelle wird die klein geschnittene Seifenmasse in einen mikrowellengeeigneten Behälter gegeben und bei ca. 500 Watt langsam geschmolzen. Dabei darf die Seife nicht kochen.

In die geschmolzene Seife nun ein bis zwei Tropfen Seifenfarbe geben. Diese ist sehr ergiebig, deshalb zu Beginn lieber sparsam sein und lieber noch mal nachnehmen. Je nach Bedarf 5 Tropfen Seifenschaumkonzentrat und 5 Tropfen Aloe Vera Öl zugeben.

Die fertig gemischte Seife nun langsam in eine Gießform füllen und direkt mit einigen Blütenblättern bestreuen. Die Seife in der Form ca. 1 bis 2 Stunden aushärten lassen und dann vorsichtig aus der Gießform lösen.

Zur Weihnachtszeit lässt sich die Seife mit goldenem Glitzer, weihnachtlichen Düften und z. B. Sternanis toppen. Am liebsten verpacke ich unsere Seifenstücke in weißes Packpapier und wickle noch etwas Juteband herum.

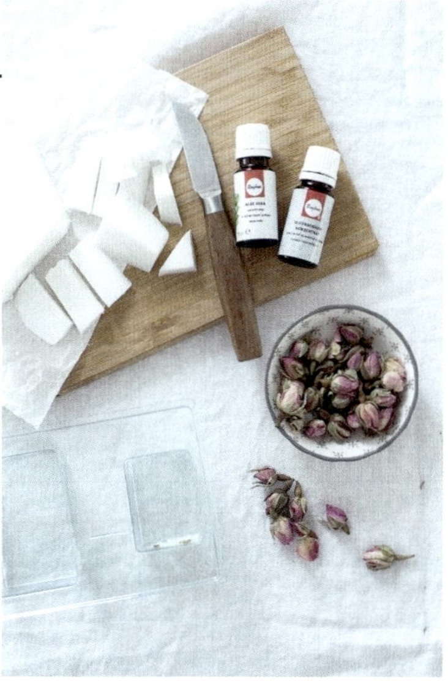

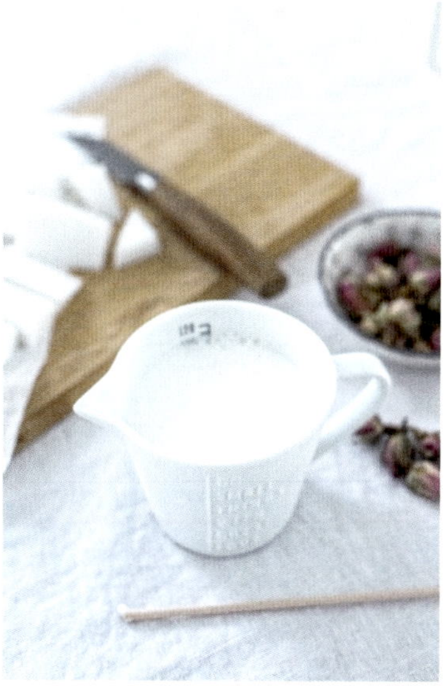

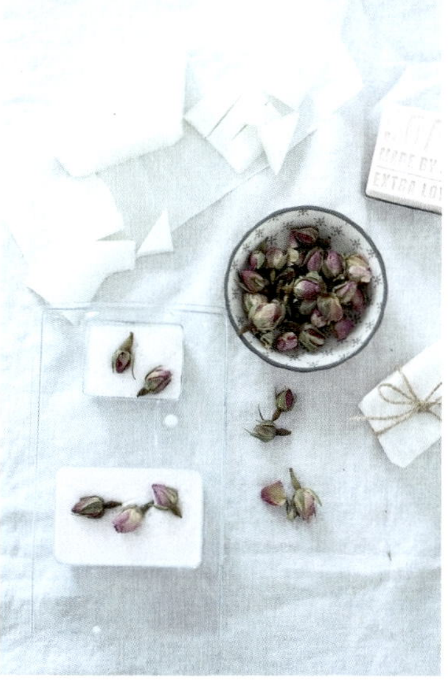

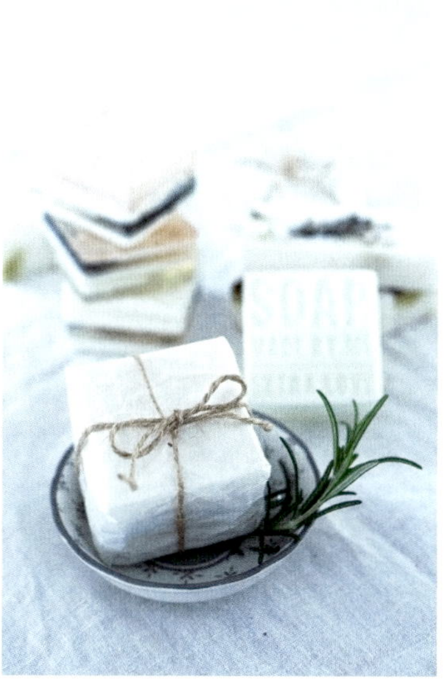

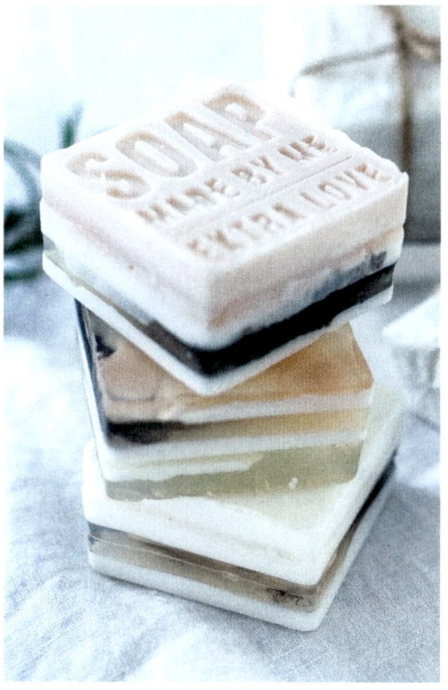

TIPP

Für die gestreiften Seifen einfach opake und transparente Seife in verschiedenen Töpfen schmelzen und diese anschließend in verschiedenen Töpfen und Farben unterschiedlich einfärben. Dann wird jeweils eine Schicht Seife in eine Gießform gefüllt, kurz antrocknen lassen und dann die nächste Schicht drüber gießen. So lassen sich ganz tolle Seifenmuster herstellen.

SAMENBOMBEN UND SAATPAPIER

Die Welt ein klein wenig bunter machen, das wünsche ich mir meistens, wenn der Frühling naht und wir den Garten wieder richtig nutzen und verschönern wollen. Zwei kleine Möglichkeiten sind die Blumenbälle, auch Samenbomben genannt, und Samenpapier. Beide DIYs sind super einfach umzusetzen und eine wunderschöne Idee für den Frühling. Auch wer keinen Garten hat, kann damit die Umgebung ein wenig aufhübschen. Außerdem eignen sich die Ideen super als kleine Gastgeschenke für Taufen, Hochzeiten und andere Feste. Selbst gemacht sind sie schnell und das Rollen der Blumenkugeln ist wunderbar entspannend. Für Kinder ist es super schön, die Kugeln und das Samenpapier selbst herzustellen und den zarten Pflänzchen anschließend beim Wachsen zuzusehen.

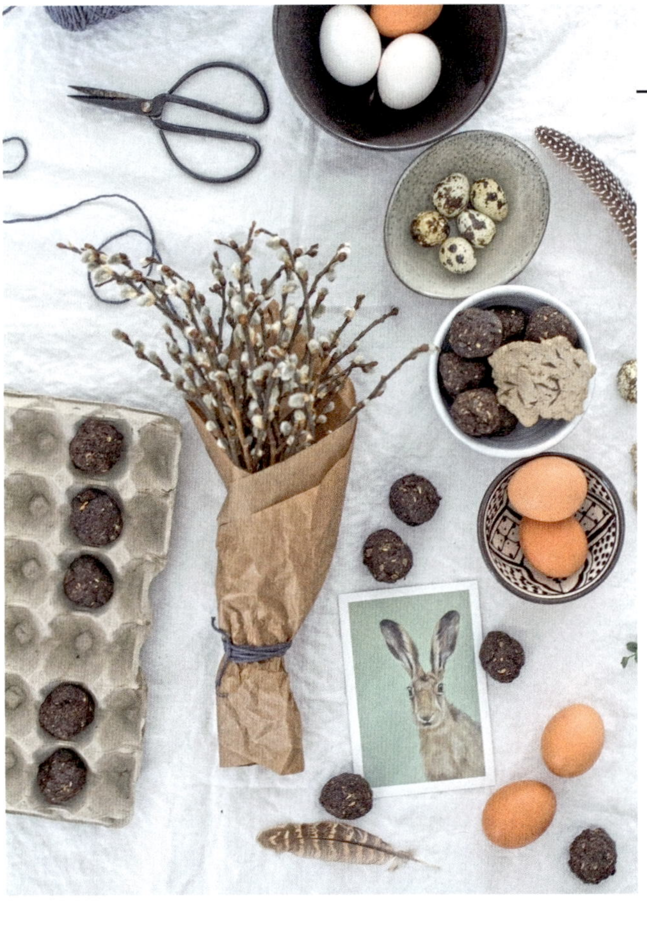

BENÖTIGTES MATERIAL

Für die Samenbomben

5 Teile Blumenerde
4 Teile Bentonit (Tonerde)
1 Teil Blumensamen (am besten eine bunte Mischung, die auch Bienen und Hummeln gerne haben)

Außerdem

größere Schüssel, Rührlöffel, Wasser

Für das Saatpapier

Blumensamen
Eierkartons
Netz eines Kartoffelsackes oder ein Fliegengitter, o. Ä.
Evtl. Lebensmittelfarbe

Außerdem

größere Schüssel, Mixer, Kuchengitter, Rührlöffel

SO WIRD'S GEMACHT

SAMENBOMBEN

Die Blumenerde, Bentonit und Samen grob abmessen und in einer großen Schüssel miteinander vermischen.

Dann wird Wasser hinzugefügt und zwar genau so viel, bis eine geschmeidige, aber recht feste Masse entsteht, die sich gut zu Kugeln formen lässt.

Aus der Mischung walnussgroße Kugeln formen. Die fertigen Kugeln zum Trocknen in einen leeren Eierkarton legen. Die Trocknungszeit beträgt ca. 24 Stunden.

SAATPAPIER

Eierkartons in kleine Stücke reißen und in eine Schüssel geben. Mit heißem Wasser übergießen, sodass die Kartons mit Wasser bedeckt sind und ca. eine halbe Stunde einweichen lassen.

Die eingeweichten Kartons anschließend mit einem Pürierstab zerkleinern. Die Masse, die nun entsteht nennt sich Pulpe. Hier lässt sich auch etwas Lebensmittelfarbe hinzufügen, wenn die Samenblätter später eine bestimmte Farbe haben sollen. Das Netz eines Kartoffelsackes, oder ein Stück Fliegengitter so zuschneiden, dass es sich auf ein Kuchengitter legen lässt. Mit einem Löffel kleine Kreise der Pulpe auf das Netz streichen und diese großzügig mit Blumensamen bestreuen.

Diese leicht andrücken und gut trocknen lassen.

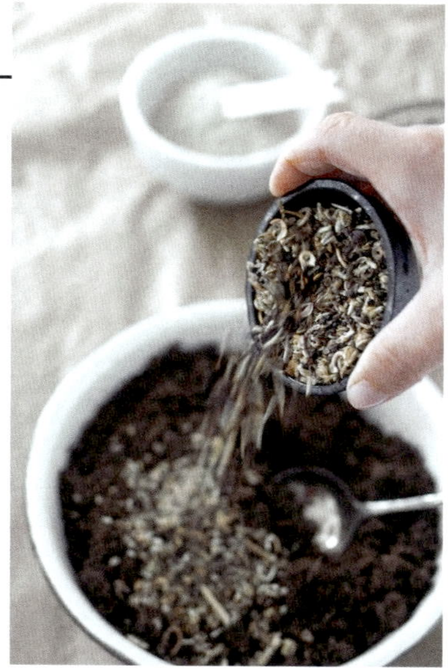

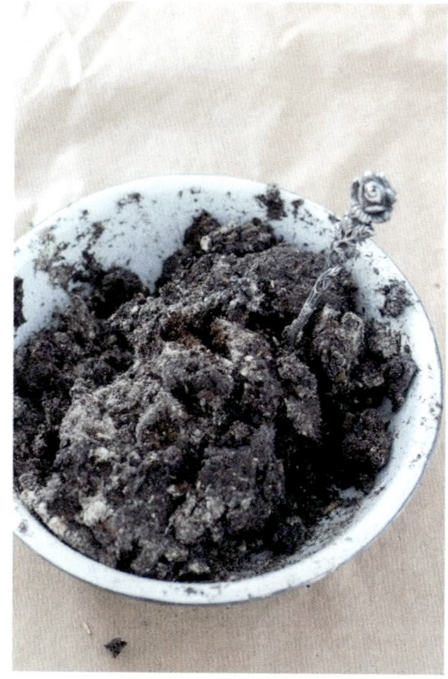

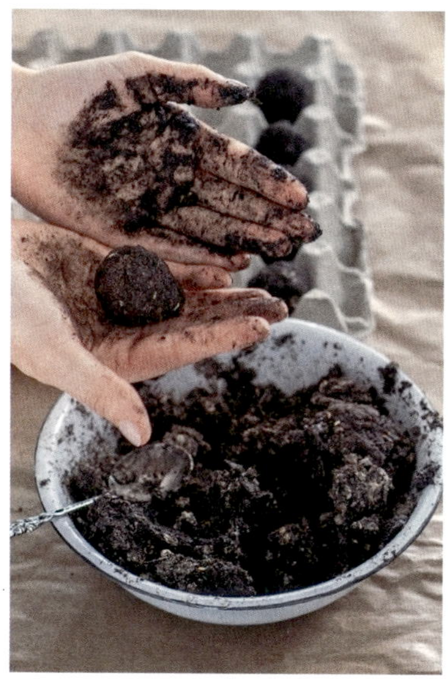

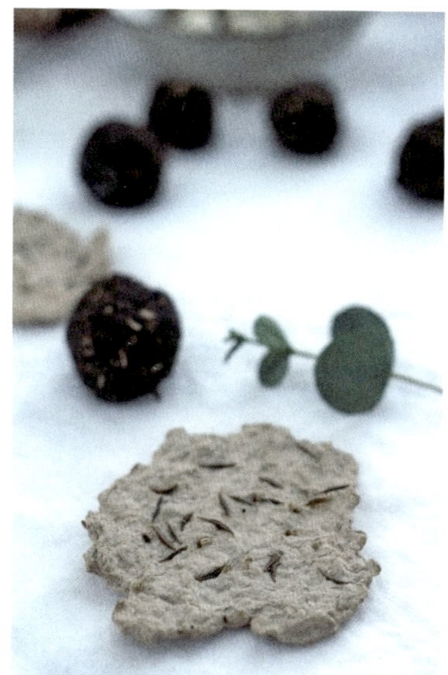

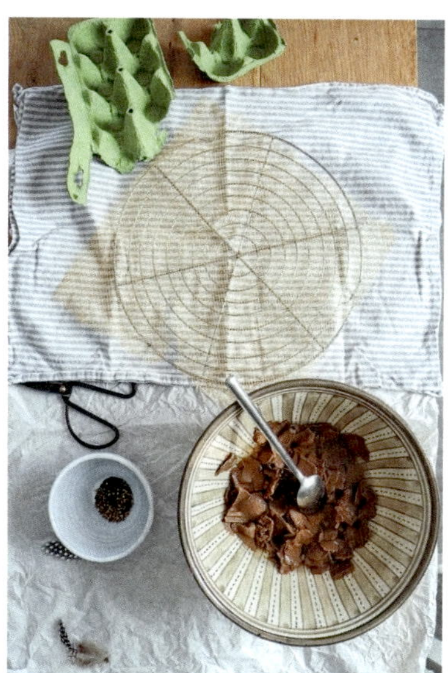

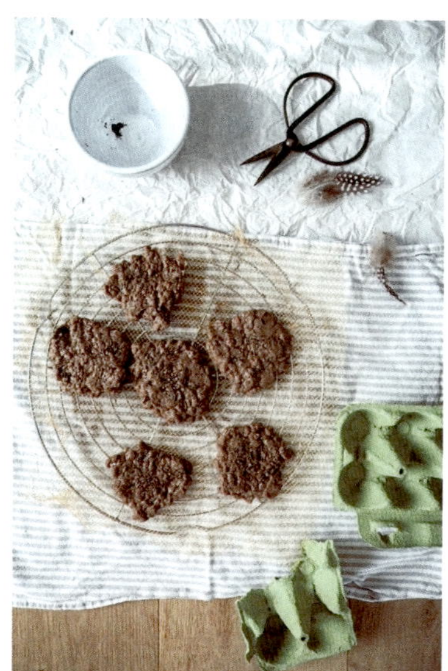

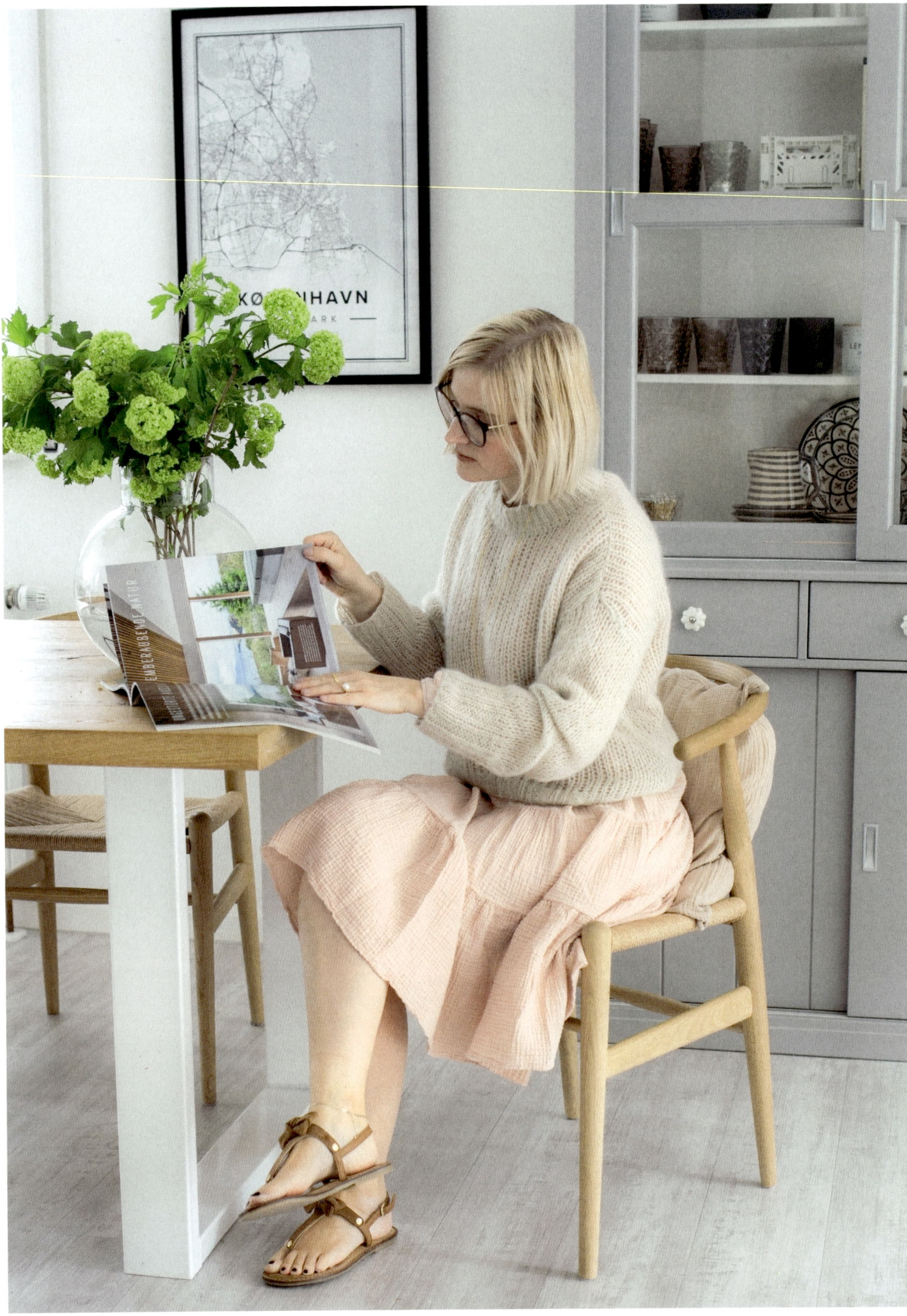

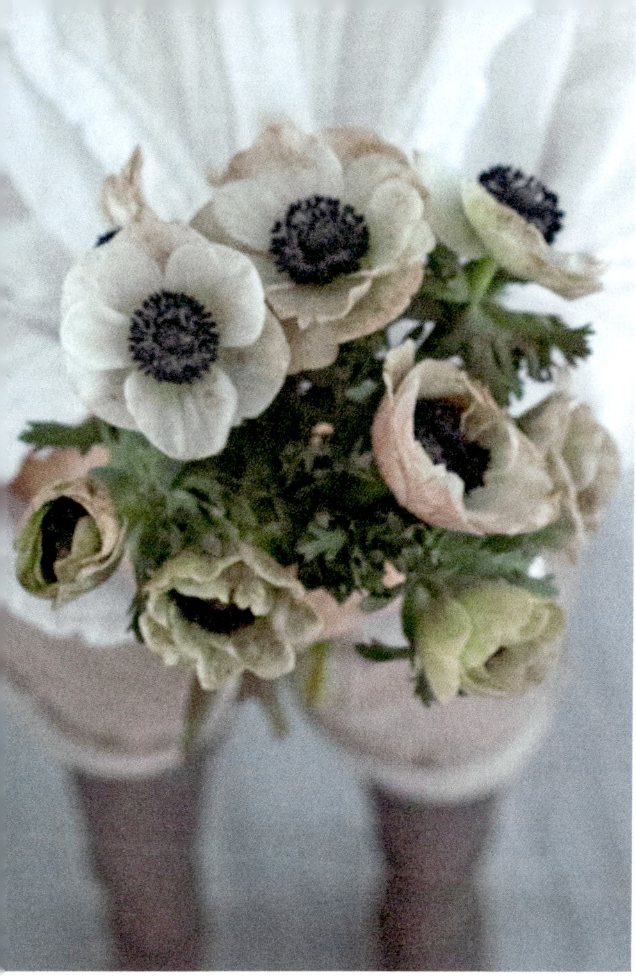

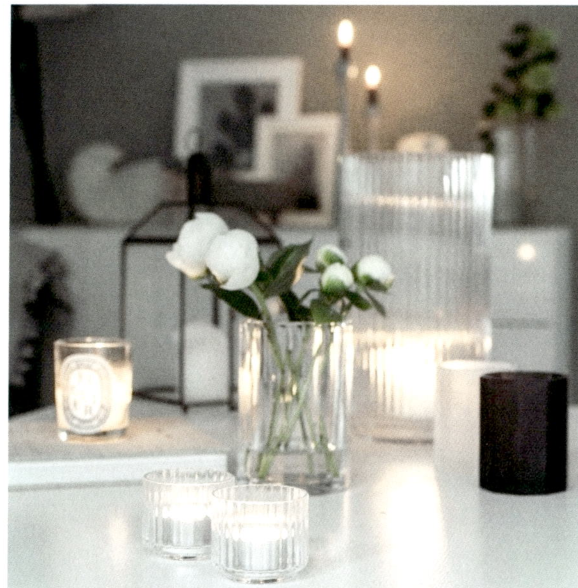

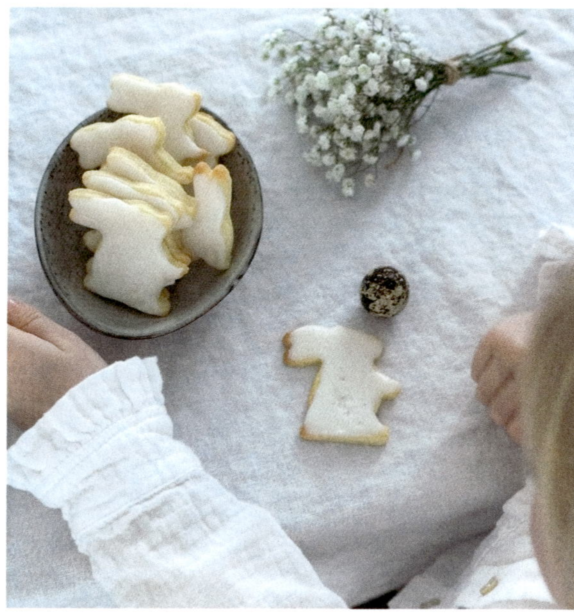

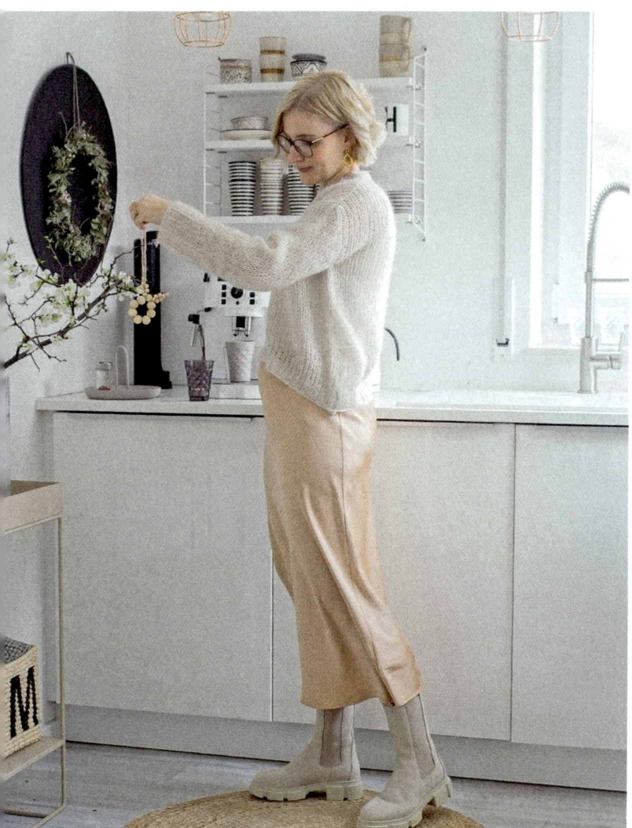

Leichte Blüten, Kerzen und Kekse: Der Frühling ist hell und luftig. Die Sonne schaut endlich wieder häufiger vorbei und lässt Ranunkeln, Anemonen und Zweige in ihren Vasen noch schöner aussehen.

BESTEMPELTE SERVIETTEN

In meinem großen, grauen Schrank im Wohnzimmer befindet sich richtig viel Lieblingsgeschirr. Vorzugsweise finden sich dort die Farben Weiß, Grau, Beige und Muster mit Grau und Schwarz. Ich liebe es, den Tisch zu decken und dann die passenden Servietten auszusuchen. Man kann also ganz einfach mal seinen eigenen Geschirrschrank öffnen, sich inspirieren lassen und die Muster, Formen und Farben fürs Bestempeln aufgreifen. Aus Kartoffeln lassen sich mit einem scharfen Messer ganz einfach simple Formen ausschneiden und anschließend auf Stoffe stempeln. Besonders grafische Muster gefallen mir bei dieser Arbeit total gut.
Bestempeln lässt sich alles Mögliche, da muss man nicht bei Servietten aufhören, sondern kann gleich noch passende Kissenbezüge oder Ähnliches mitmachen. Ich habe für die vier Servietten jeweils unterschiedliche Muster verwendet, um diese später mit meinem schwarz-weißen Geschirr zu kombinieren.

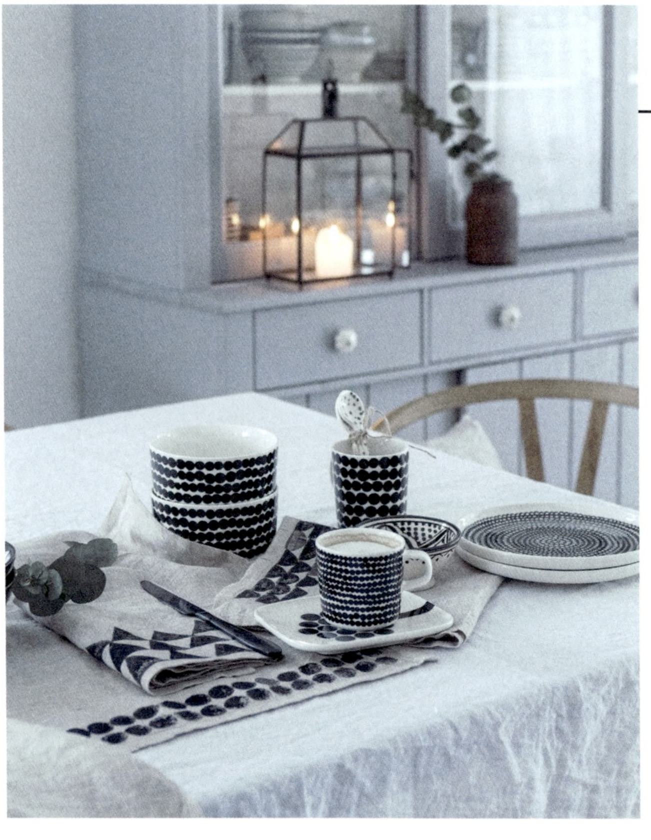

BENÖTIGTES MATERIAL

Stoffmalfarbe (z. B. von Rayher, Trocknungszeit 24–48 Stunden)
Stoffe, z. B. Servietten
Material zum Drucken: z. B. Korken, Kartoffeln, Stoffstempel, o. Ä.

Außerdem
Unterlage zum Drucken, z. B. altes Papier
Schwamm
Evtl. Pinsel

SO WIRD'S GEMACHT

Die »Stempel« vorbereiten und zurechtlegen, dafür mit einem Schälmesser Muster in die Kartoffel schneiden, Korken und Stoffstempel funktionieren hier auch super gut.

Etwas von der Stoffmalfarbe auf einen Schwamm geben und den Stempel in den Schwamm tunken, bis dieser genügend Farbe aufgenommen hat. Zunächst auf einem Stück Papier einige Probedrucke machen.

Den Schwamm für die Stempel immer mal wieder mit etwas Stoffmalfarbe tränken. Die Servietten gerade auf eine Unterlage legen und Muster aufstempeln.

Die fertig bedruckten Stoffe nach der jeweiligen Anleitung weiterbearbeiten. Die Stoffmalfarbe von Rayher muss mindestens 24 Stunden trocknen und kann dann bei 40 Grad ohne Weichspüler gewaschen werden.

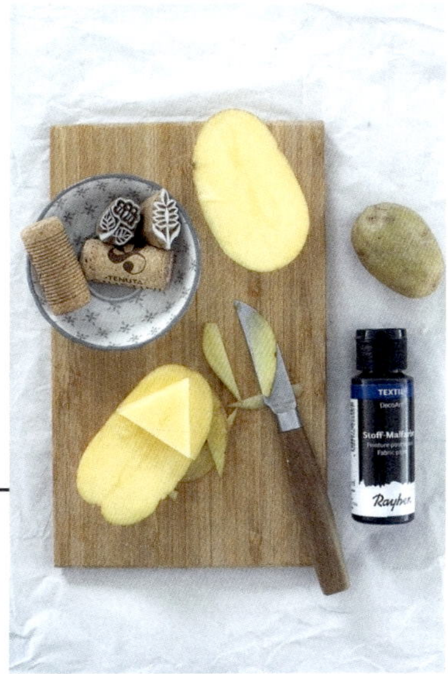

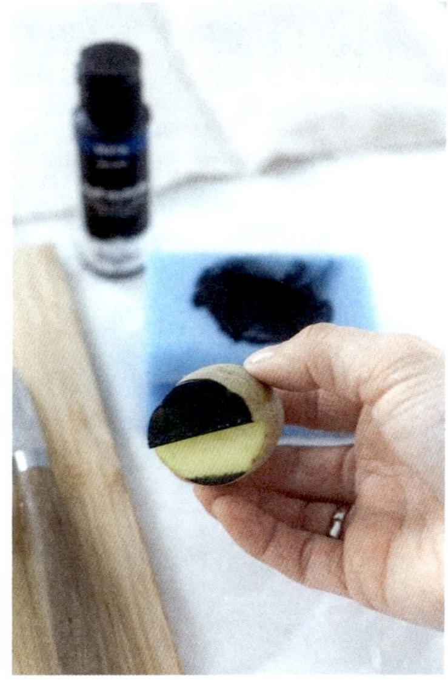

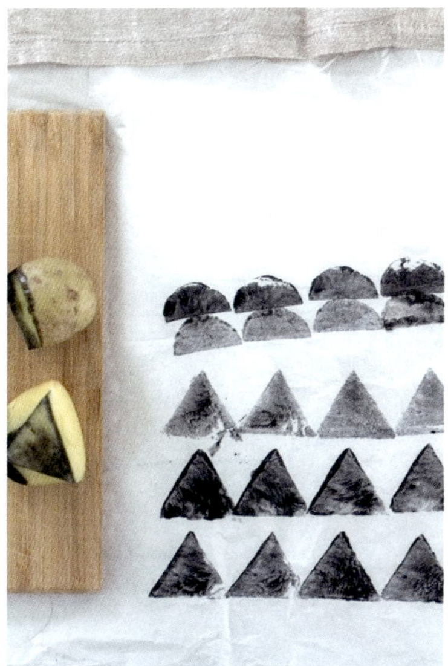

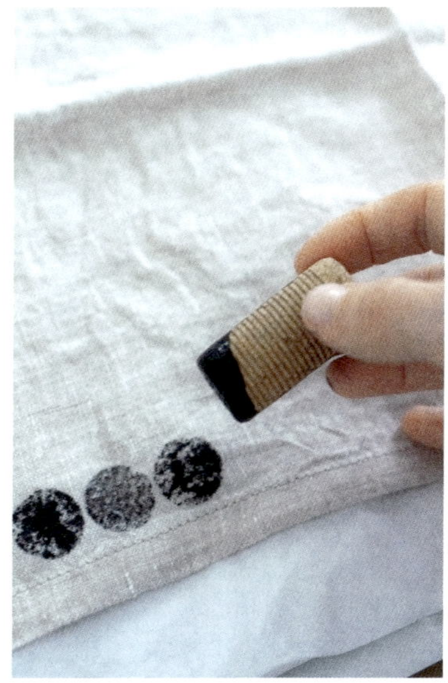

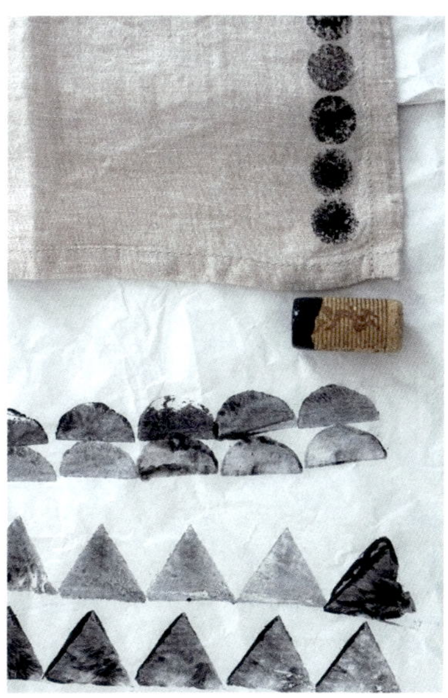

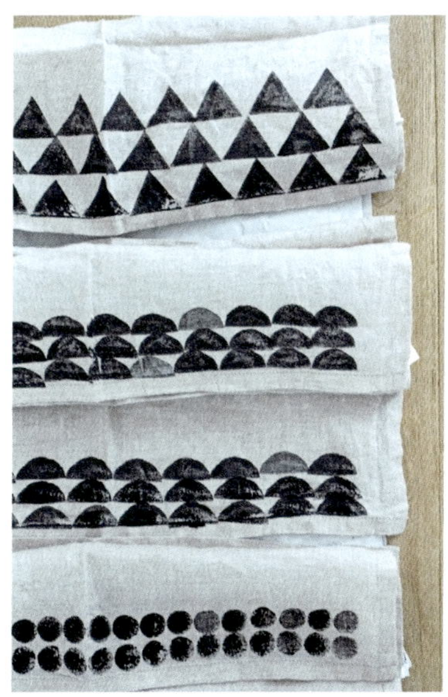

EIER AUS BETON

Rückt die Osterzeit näher, müssen natürlich auch ein paar schnelle DIYs her. Gerade für die Kinder dekoriere ich immer ein wenig für Ostern. Ein paar Hasen und Eier dürfen dabei nicht fehlen. Zusätzlich zu den klassisch gefärbten und bemalten Ostereiern habe ich einige aus Beton gegossen. Diese lassen sich jedes Jahr wieder dekorieren und je nach Einrichtung und Vorliebe gestalten. Meine sind ganz einfach weiß geworden und haben ein paar goldene Akzente.

Da ein paar bunte Eier zu Ostern einfach dazu gehören, werden auch immer ein paar Eier mit Kreidefarben angepinselt. Dadurch bekommen sie nicht nur eine matte Optik, sie sehen auch super aus im Osternest.

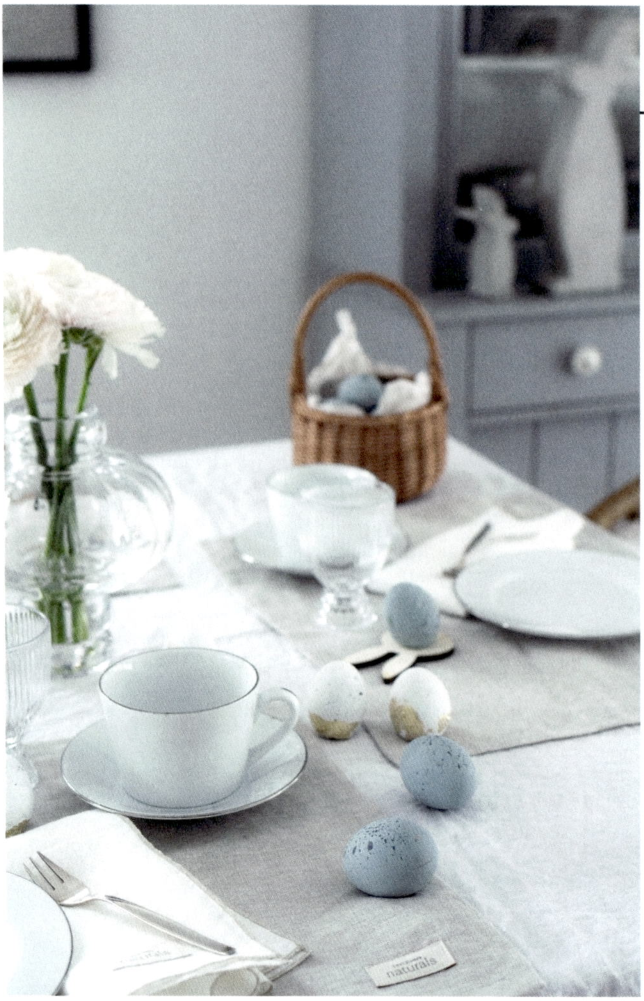

BENÖTIGTES MATERIAL

Für die Eier aus Beton
6 Eier
1 EL Speiseöl
Backpinsel
Wasser
800 g Kreativbeton (z. B. von Rayher)
altes Glas zum Anrühren des Betons
alter Löffel
Eierverpackung

Zutaten für die spätere Dekoration der Betoneier
Kreidefarbe (z. B. von Rayher)
Pinsel
Evtl. Blattgold (z. B. von Rayher)

Außerdem
Küchenwaage

Für die bemalten Eier
Eier
Kreidefarben in min. zwei verschiedenen Farbtönen (z. B. von Rayher)
Pinsel

SO WIRD'S GEMACHT

Zunächst die Eier auspusten. Dafür an der oberen Seite nur ein stecknadelgroßes Loch machen, auf der unteren Eierseite darf das Loch ruhig größer sein, denn hier wird später der Beton eingefüllt.

Die Eier durch das große Loch an der unteren Seite mit Hilfe des Backpinsels mit etwas Speiseöl auspinseln, so lässt sich die Eierschale später einfacher entfernen.

Die Eier mit dem kleinen Loch nach unten in den Eierkarton stellen.

Dann wird der Kreativbeton angerührt. Für 6 Eier benötigt man ca. 800 g Kreativbeton, der mit ca. 100 ml Wasser angerührt wird. Den Beton so lange mit dem Wasser vermengen, bis sich eine etwas dickflüssige Masse gebildet hat, die sich mit Hilfe eines alten Löffels in die Eier füllen lässt. Ist der Beton noch zu klumpig, noch mal eine kleine Menge (ca. 1 EL) Wasser unterrühren. Den angerührten Beton dann in die Eier füllen.

Die Eier 24 Stunden trocknen lassen. Anschließend die Schale von den Eiern »pellen«. Sollte die Schale sich nicht so gut von dem Beton lösen, kann man gut mit einem Schälmesser nachhelfen.

Die Betoneier lassen sich anschließend mit Kreidefarbe bemalen.

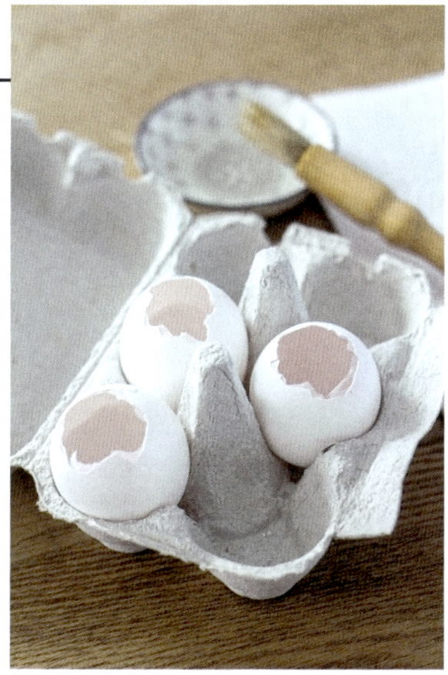

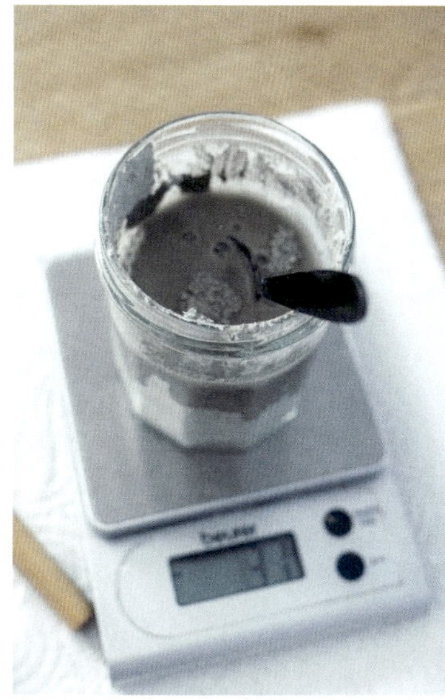

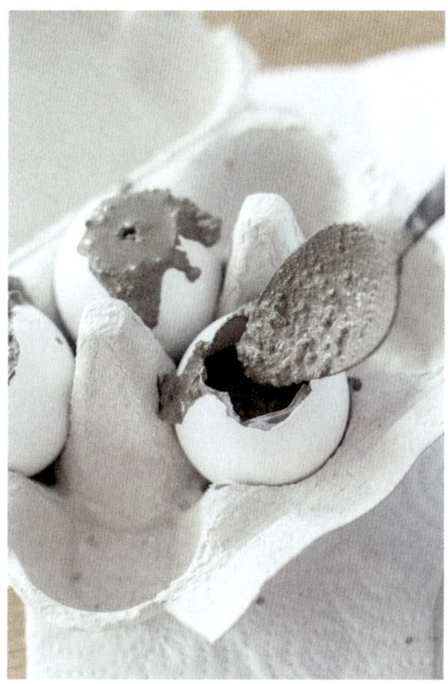

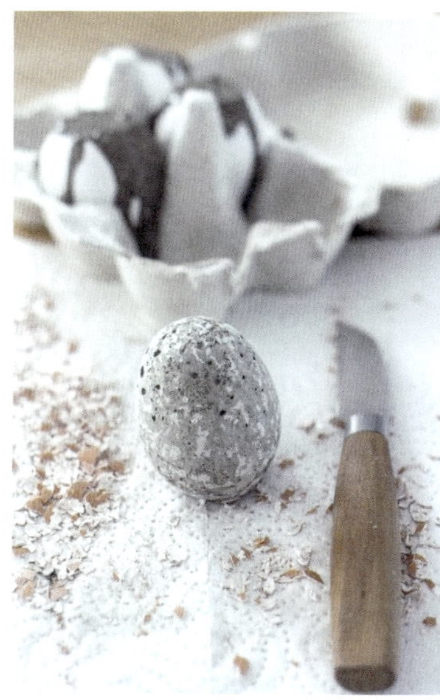

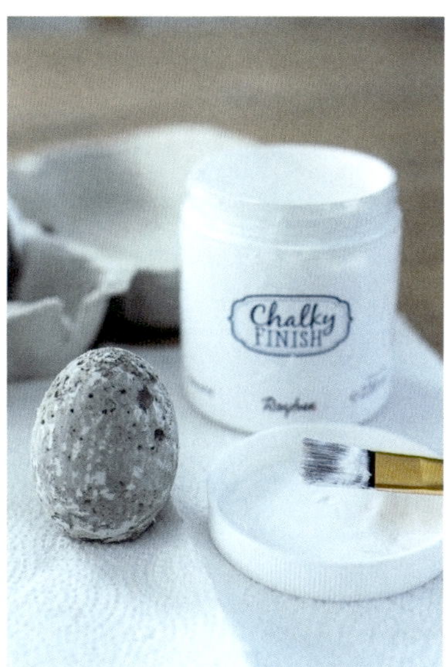

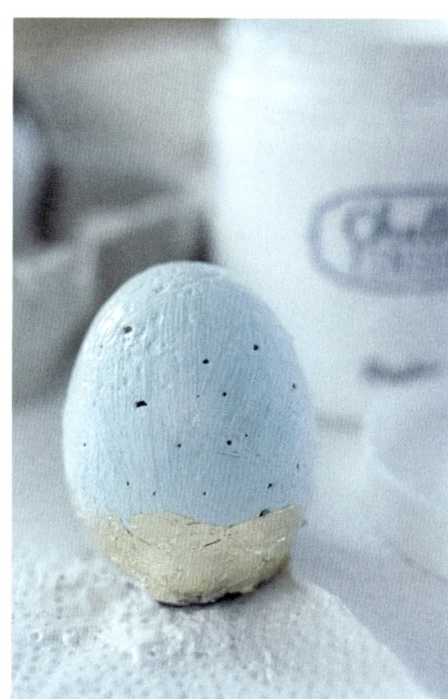

Das Blattgold kann auf die noch nasse Farbe gelegt und mit den Fingern leicht angedrückt werden. So trocknet es auf dem Ei an.

Durch das breite Loch auf der unteren Eierseite bekommen die Betoneier eine tolle Standfläche.

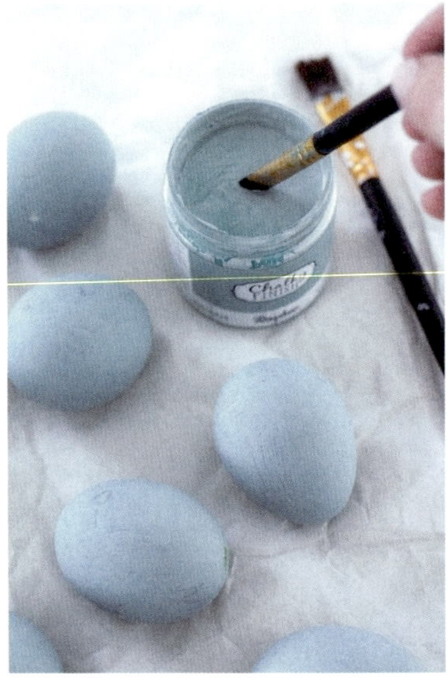

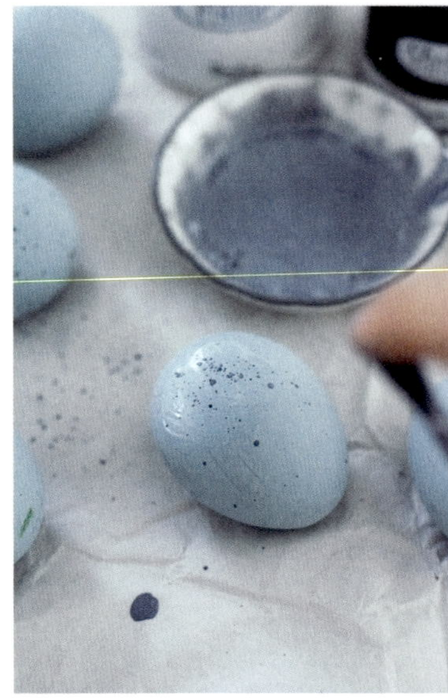

BEMALTE EIER

Ausgeblasene Eier, oder Eier zum Basteln mit Kreidefarbe bemalen.

Anschließend mit Hilfe eines Pinsels und einer weiteren passenden Kreidefarbe bespritzen, sodass sie schöne Sprenkel bekommen. Kurz von der einen Seite trocknen lassen und dann die andere Seite besprenkeln.

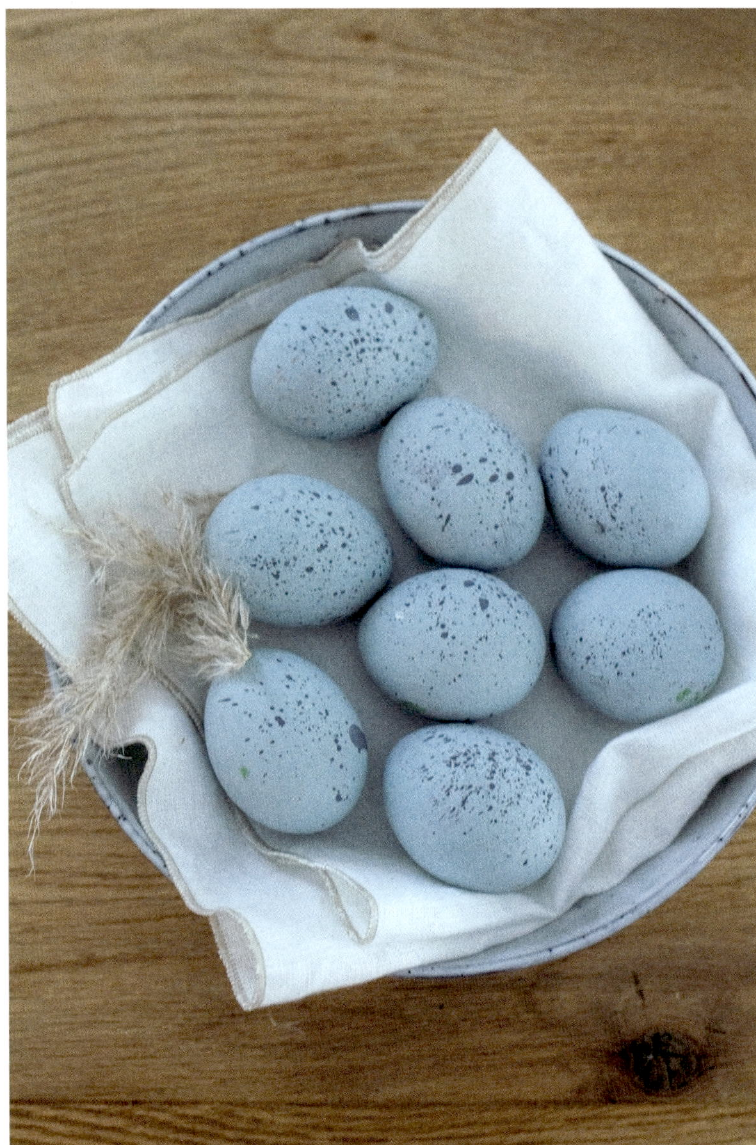

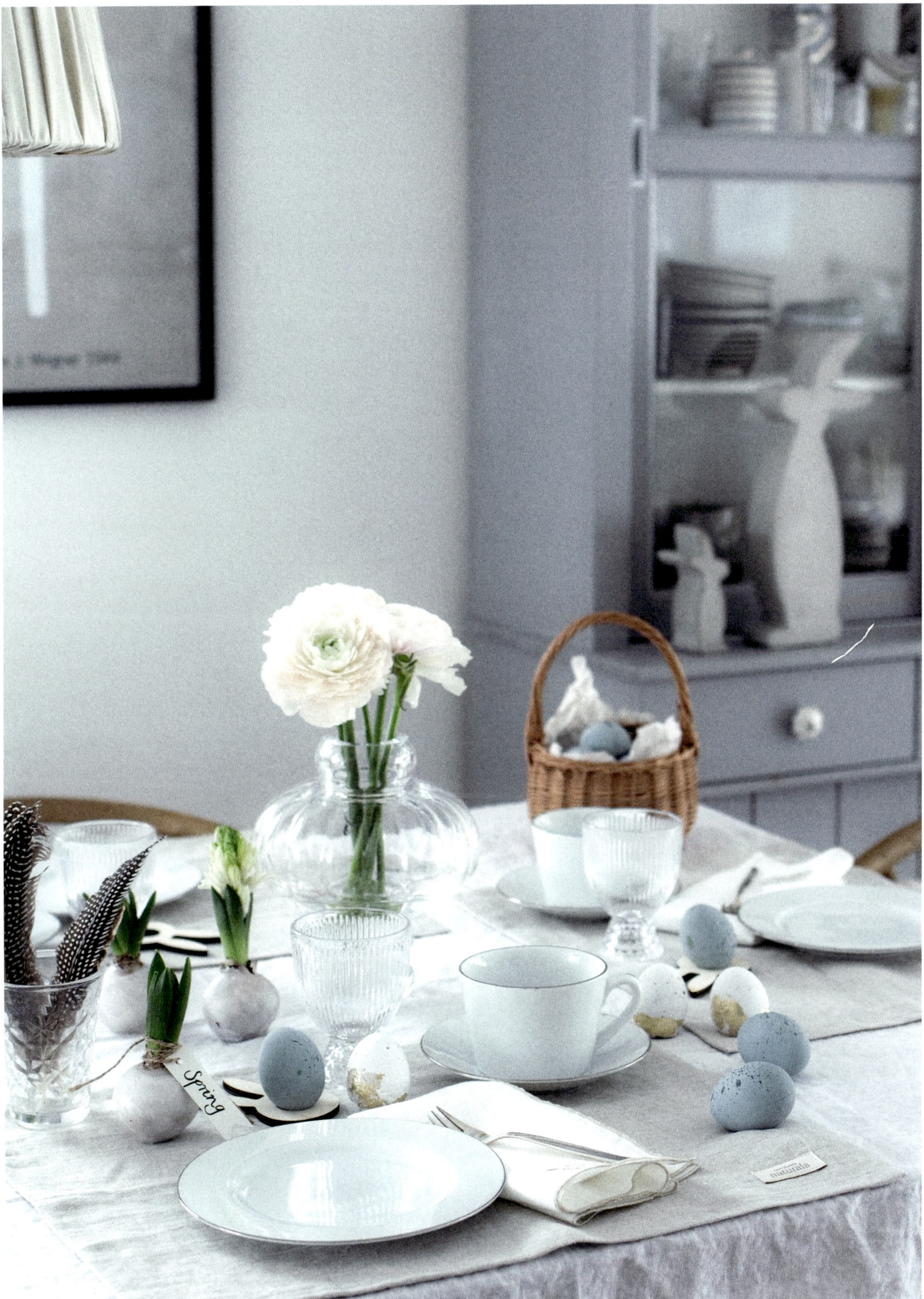
Spring
naturals

TASSELANHÄNGER

Neben Papier steht Wolle schon immer ganz oben auf der Liste meiner liebsten Materialien. Die Quasten aus dieser Anleitung sind vielseitig einsetzbar, je nachdem welches Garn man verwendet, sind sie größer oder kleiner, feiner oder etwas derber. Sie lassen sich nicht nur als Anhänger für Schlüssel verwenden, sondern auch an Kissen, Decken, Vorhängen und Kleidungsstücken befestigen. Die Vorgehensweise ist dabei immer gleich.

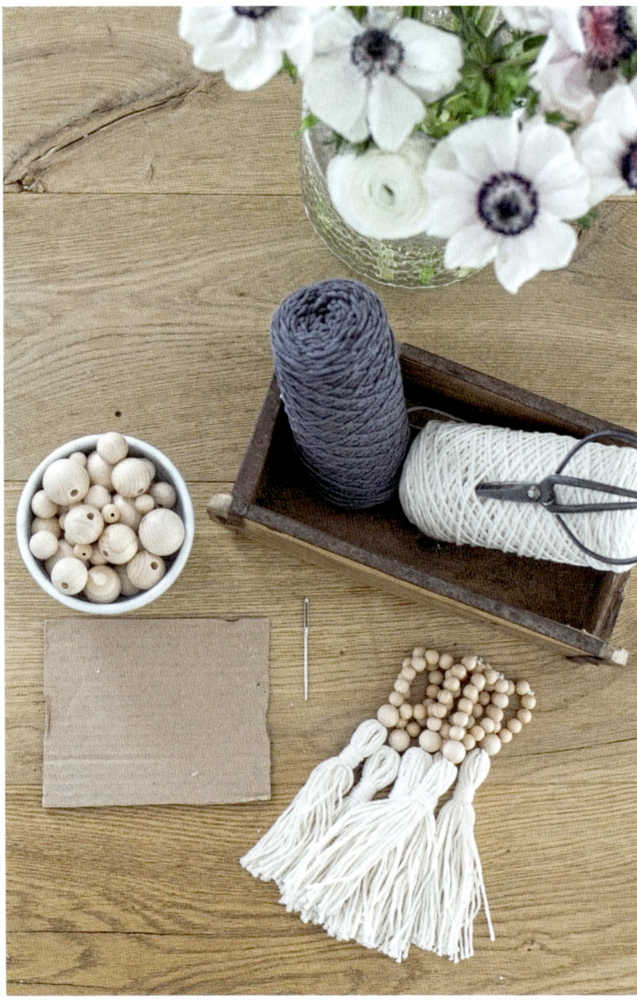

BENÖTIGTES MATERIAL

Ein Stück Pappe (z. B. 10 x 16 cm)
Garn (z. B. von Rayher)
Holzperlen in verschiedenen Größen
(z. B. von Rayher)
Schere

SO WIRD'S GEMACHT

An einem kurzen Ende des Pappstücks beginnen und das Garn so lange um die Pappe wickeln, bis die Quaste, die gewünschte Dicke erreicht hat. Den Faden abschneiden.

Einen weiteren ca. 20 cm langen Faden abschneiden und am oberen Ende zwischen der Pappe und dem Garn der Quaste ziehen und diese damit zusammenknoten.

Die Pappe entfernen und das Garn am unteren Ende aufschneiden.

Ungefähr 1 ½ cm unterhalb des oberen Randes einen Faden mehrmals um die Quaste wickeln, so entsteht das typische Aussehen des Anhängers.

Die unteren Enden auf eine Länge kürzen.

Auf den Faden, mit dem die Quaste zusammengeknotet wurde, lassen sich nun noch Perlen fädeln. Alternativ lässt man den Anhänger so schlicht, wie er ist.

Werden noch Perlen aufgefädelt, lässt sich zuerst eine etwas größere Perle über beide Fäden ziehen, um auf diese Fäden anschließend noch kleinere Perlen zu ziehen.

Die Fadenenden miteinander verknoten und ggf. mit einer Nadel in die Perlen ziehen, sodass der Faden komplett verschwindet.

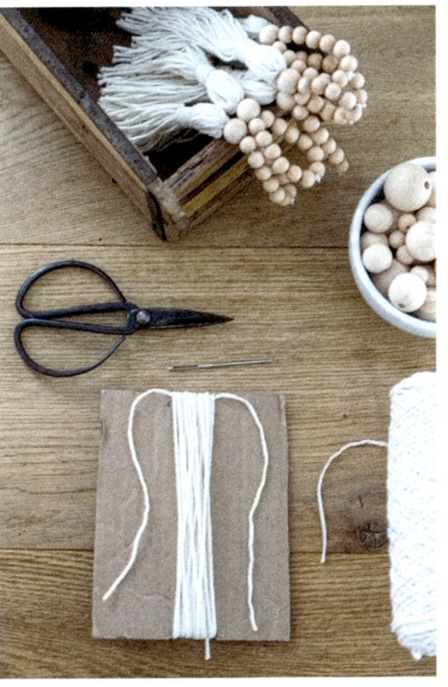

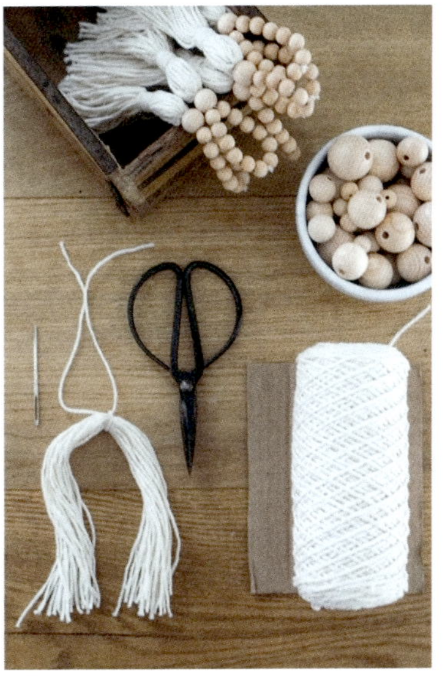

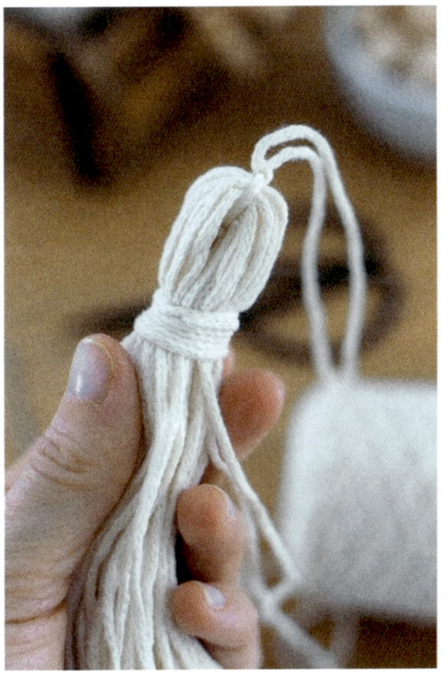

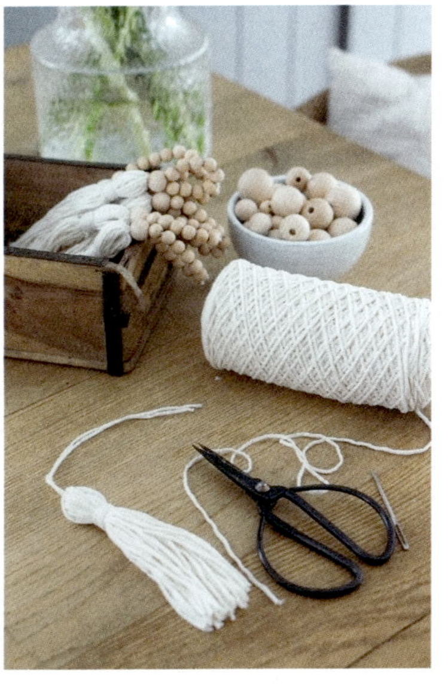

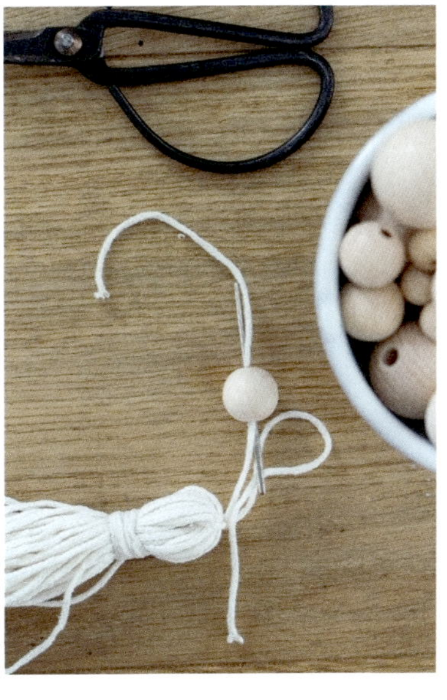

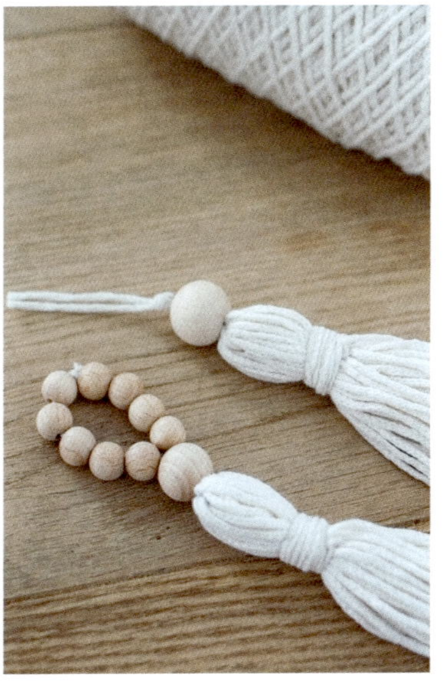

EIER MIT GESICHTERN UND KOPFSCHMUCK

Jedes Jahr, wenn die Osterzeit vor der Tür steht, fangen wir an, Eier auszupusten und sie zu bemalen. Die fertigen Exemplare werden dann z. B. in Kirsch- oder Quittenzweige gehängt. Die folgende Anleitung für Ostereier mit Gesicht eignet sich nicht nur für ausgepustete Eier, sondern auch für hart gekochte Eier auf dem Ostertisch. Da erhält dann jeder Gast am Tisch sein ganz eigenes »Eiergesicht«.

Wir lieben die kleinen Eier und haben ihnen noch etwas Kopfschmuck gebastelt. Dafür eignen sich kleine zarte Blüten, wie die des Schleierkrauts, aber auch Blumendraht, aus dem sich passende Hasenohren für jedes Ei ganz schnell biegen lassen.

Wenn man die Eier aus ausgeblasenen Eier fertigt, lassen sie sich perfekt in die Osterdeko integrieren. Die fällt bei uns immer eher dezent aus, genauso wie die kleinen Freunde hier.

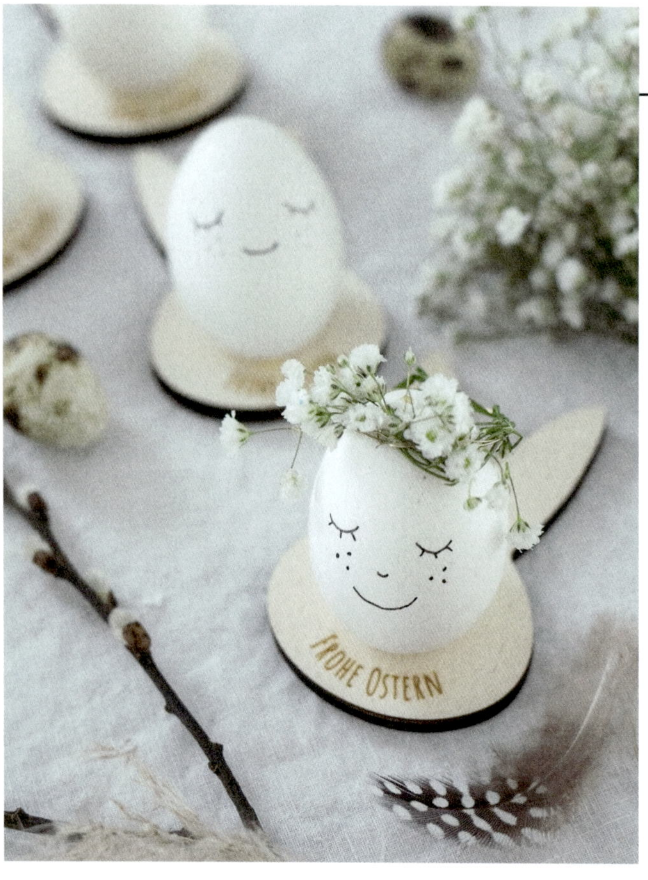

BENÖTIGTES MATERIAL

Ausgeblasene Eier oder hartgekochte Eier
Dünner goldener Draht 1 mm
Schere
Wasserfester schwarzer Stift 0,8 mm
Schleierkraut
Blumendraht
Eierbecher aus Holz (von »Hallo Anna Alles Mit Liebe«)
Evtl. Heißkleber

SO WIRD'S GEMACHT

Mit dem schwarzen Stift lächelnde Gesichter auf die Eier malen. Das Gesicht kurz trocknen lassen, damit die Farbe nicht verwischt.

Von dem goldenen Draht ein ca. 20 cm langes Stück abschneiden und dieses zu einem kleinen Ring (Ø ca. 3,5–4 cm) formen, der auf ein Ei passt. Den Ring mehrmals umwickeln, sodass er mehrere »Schichten« hat. In diese Schichten wird dann ein längerer Zweig Schleierkraut eingearbeitet.

Je nachdem wie »struppig« man den Kranz haben möchte, zieht man den Zweig enger oder lockerer in den Draht ein. Den fertigen Kranz auf das Ei setzen. Bei ausgeblasenen Eiern kann man diesen zusätzlich noch mit ein wenig Heißkleber fixieren.

Um den Eiern Hasenohren zu machen, ein ca. 20 cm langes Stück des Blumendrahtes abschneiden und zu einem Ring biegen. Die Enden so lange um den Ring wickeln, bis dieser etwas dicker ist, die Drahtenden einarbeiten. Ein weiteres ca. 15 cm langes Stück Blumendraht abschneiden und im mittleren Teil zwei Hasenohren biegen. Die beiden Enden des Drahtes an den bereits vorhandenen Ring wickeln. Fertig sind die »Eier-Ohren«.

Auf dem Ostertisch verteilt sind die Eier eine individuelle Deko. In die Öffnungen der ausgepusteten Eier lassen sich zusätzlich kleine Blüten stecken. Die Eier stehen in zauberhaften Holzhäschen, die sie zusätzlich aufwerten. Hier eignen sich natürlich Eierbecher jeglicher Art.

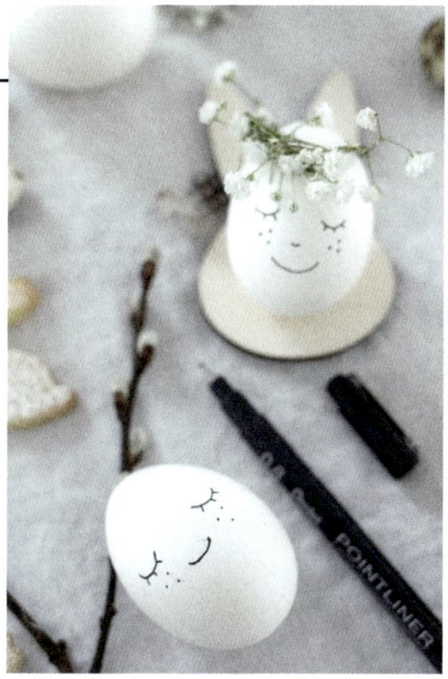

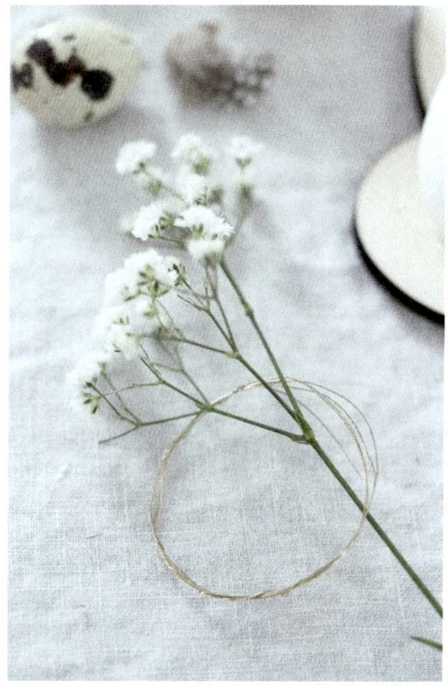

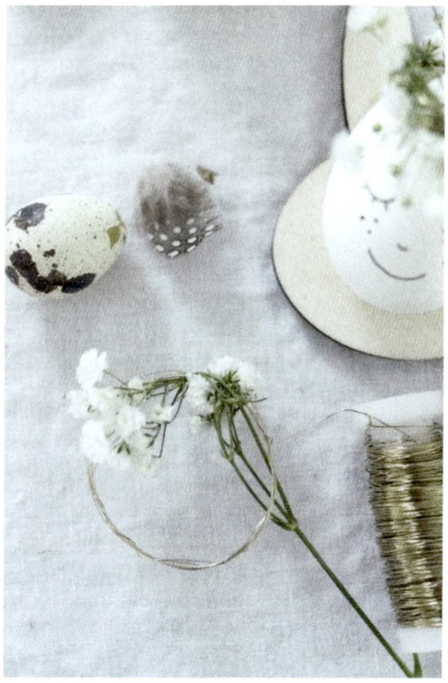

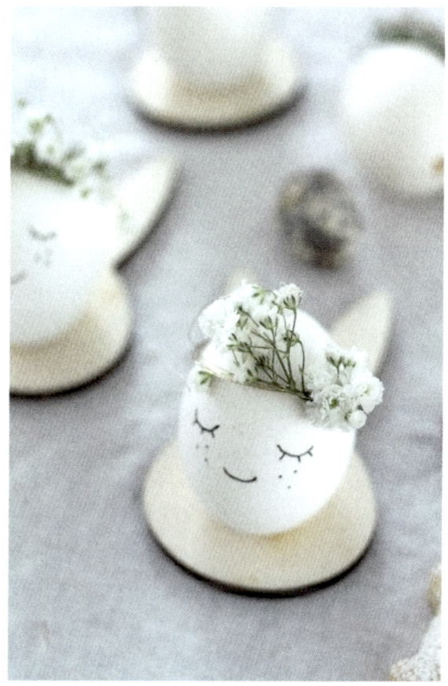

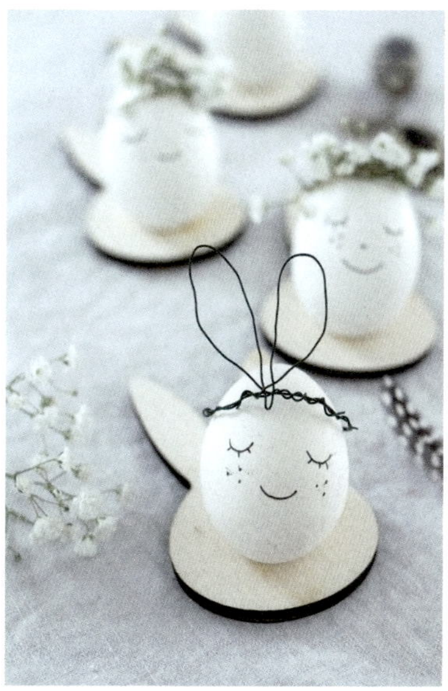

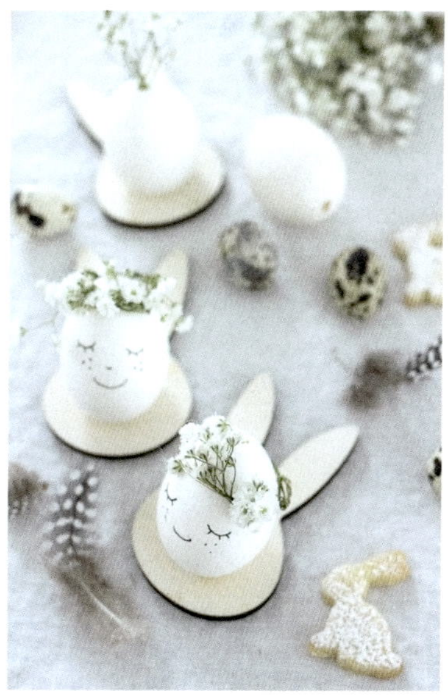

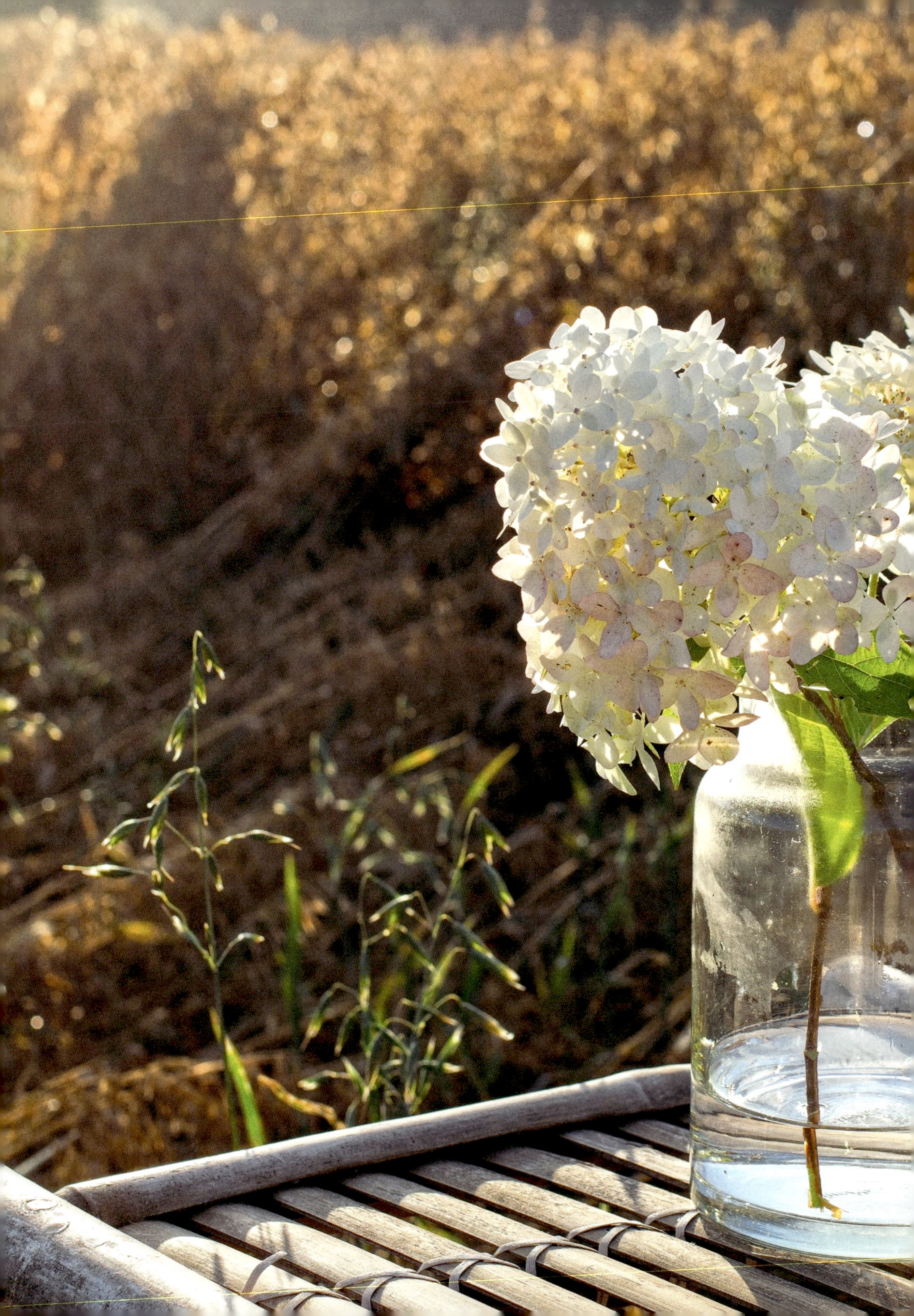

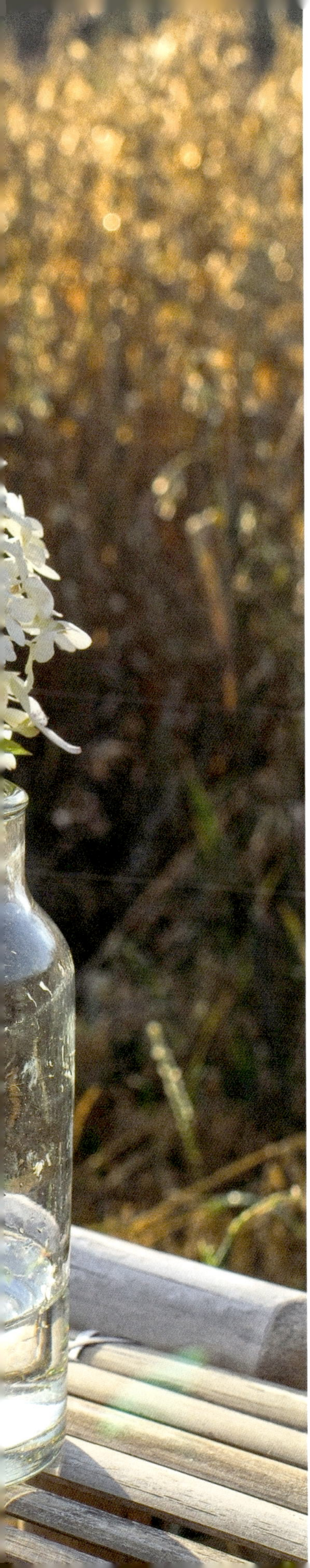

SOMMER

SOMMER

Es ist die Zeit, in der wir unser Leben in den Garten verlagern. Wir haben dann mit unserer Terrasse ein zweites Wohnzimmer und verbringen so viel Zeit wie möglich dort. Auch am Abend liebe ich es, ganz lange draußen zu sitzen. Vor allem den Juni mag ich sehr, denn wir feiern Mittsommer mit herrlichen Leckereien, wie Blaubeerkuchen und Zitronenlimo. Wir grillen mit der Familie, trinken Eiskaffee und bauen für die Kinder den Pool auf. Lange Spaziergänge vorbei an Kornfeldern und Mohnblumen sind meine ganz persönlichen Highlights, die ich in dieser Jahreszeit nicht missen möchte.

Mit den Kindern mache ich nachmittags manchmal ganz spontan ein Picknick im Park. Dann bereiten wir uns Kleinigkeiten vor, die wir gut in einer kleinen Kühlbox mitnehmen können.

Alle freuen sich auf den Urlaub. Ich liebe Dänemark und die Niederlande, aber auch Mallorca habe ich von den schönsten Seiten kennen- und lieben gelernt. Geprägt haben mich die Sommer in Nordjütland. Drei Wochen haben wir dort früher im Sommer verbracht, ganz hoch oben in Lönstrup, wo bunte Fischerboote am Strand liegen, wir Softeis mit Lakritzstreuseln gegessen haben und ich die vielen Galerien im Ort bewundert habe. Es ist ein wunderschöner Ort mit Steilküste, der sich in den Jahren durch das raue Klima verändert hat, aber seinen wunderbaren Charme nicht verloren hat. Es sind meine Erinnerungen, die man auch in unserem Zuhause spürt.

MEINE TIPPS FÜR DEN SOMMER

- Farben: Zu Beige und Grau passen perfekt Blau- und Grüntöne. Auch ein bunter Blumenstrauß darf im Sommer auf dem Tisch stehen
- Muscheln und bemalte Steine erinnern an schöne Urlaube am Meer, sie bringen eine Leichtigkeit zurück ins eigene Zuhause
- Ein gepflückter Feldblumenstrauß steht auf dem Mittsommertisch
- Frische Beeren als Deko in einer großen Schale, da kann man direkt noch im Vorbeigehen naschen
- Dekoriere Korbtaschen und fülle sie mit leichten Kissen und Decken. So hast du immer eine Tasche parat, um es dir auf einer Liege auf dem Balkon oder der Terrasse gemütlich zu machen
- Der Außenbereich wird zum zweiten Wohnzimmer: Ein gemütlicher Teppich darf hier nicht fehlen. Hier sitzen wir im Sommer auch gerne auf dem Boden und zaubern unsere DIYs
- Kerzen verbreiten am Abend auf dem Gartentisch, verteilt im Garten oder auf dem Balkon eine wundervolle Stimmung

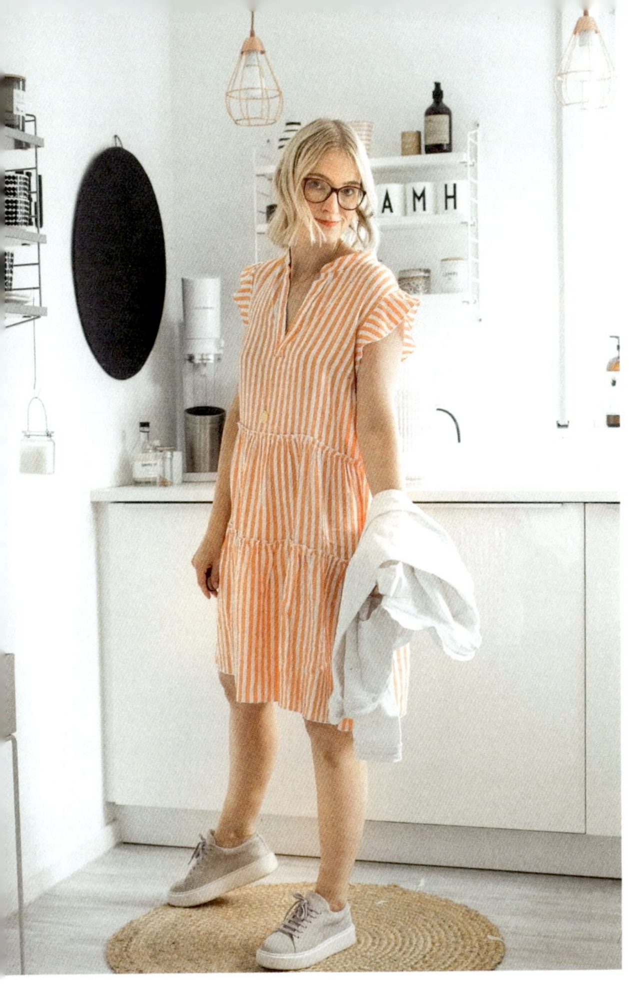

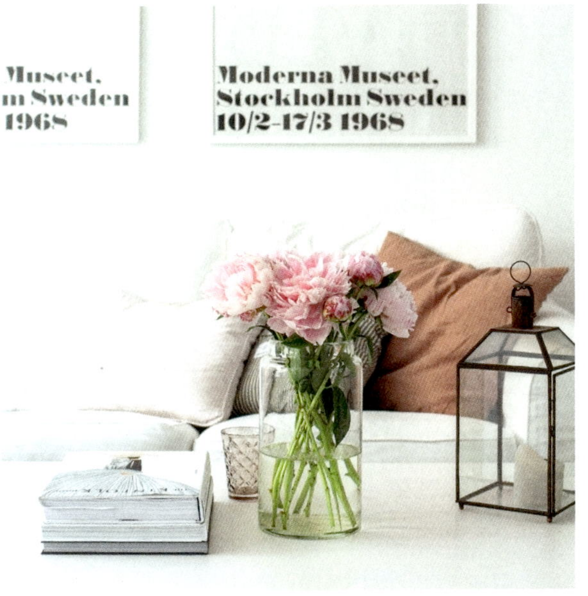

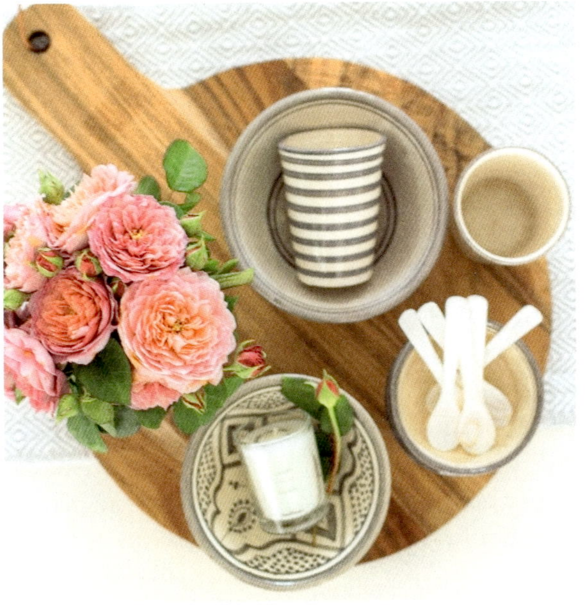

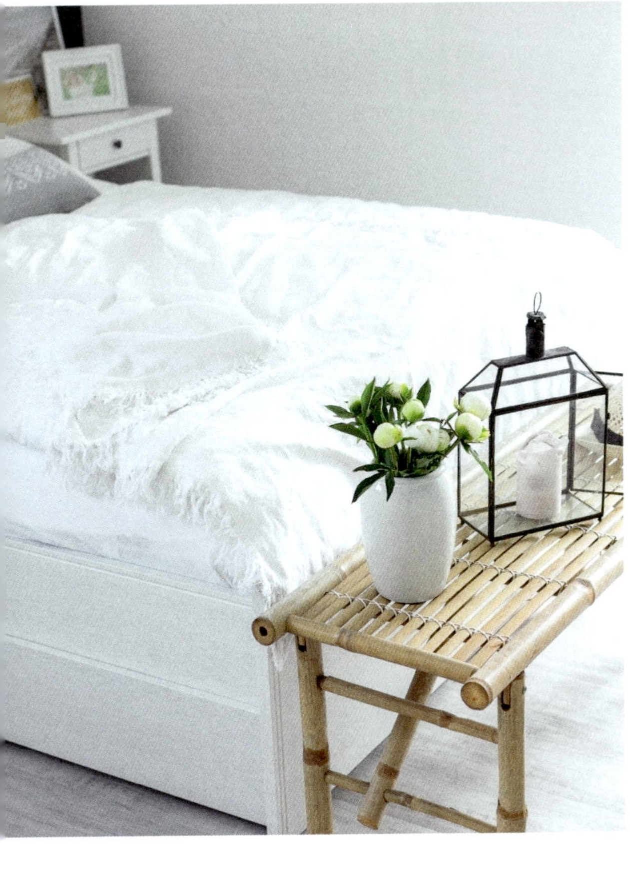

Im Sommer kaufe ich selten Blumen. Ein paar Blumen aus dem Garten oder ein schöner Wiesenstrauß reichen in dieser Jahreszeit vollkommen aus. Geschirr lässt sich wunderbar in offenen Regalen dekorieren und auch eine Schale mit Beeren oder Zitrusfrüchten kann Teil der Deko sein.

SCHWEDISCHE HAFERKEKSE MIT SCHOKOLADE

Die Schwedischen Haferkekse sind einfach jedes Jahr wieder ein Muss. Meistens backe ich sie tatsächlich zur Sommersonnenwende. Die Schweden feiern diesen Tag mit Musik, Tanz, Blumenkränzen im Haar und so leckerem Essen. Es gibt ein großes Picknick und jeder bringt etwas mit. Ich bringe heute meine Haferkekse mit, denen ich noch einen kleinen Schokoladenmantel verpasst habe. Dann feiern wir die Nacht, in der es hoch oben im Norden so gut wie nicht dunkel wird, und ich denke an die Sommer in Lönstrup, in denen es abends so lange hell war, dass wir als Kinder immer erst ganz spät schlafen gegangen sind.

ZUTATEN
(für ca. 25 Stück)

100 g weiche Butter
80 g Zucker
Mark einer Vanilleschote
1 Prise Salz
1 Ei
80 g Mehl
1 TL Backpulver
1 TL Kardamom
100 g zarte Haferflocken
80 g kernige Haferflocken
eine kleine Hand voll Mandelsplitter

Für die Dekoration

Weiße- und/oder Zartbitter-Kuvertüre und gehackte Pistazien.

ZUBEREITUNG

Die Butter schmelzen, kurz abkühlen lassen und mit Zucker, Salz, Vanillemark und dem Ei aufschlagen, bis eine cremig gelbe Masse entstanden ist.

Mehl mit Backpulver und Kardamom vermischen und unter den Teig rühren. Dann die Haferflocken und Mandelsplitter mit einem Teigschaber unterheben.

Den Backofen auf 180 Grad Umluft vorheizen und zwei Backbleche mit Backpapier auslegen. Den Teig mit den Händen zu kleinen Kugeln formen und auf das Blech legen, etwas plattdrücken. Zwischen den Keksen genügend Abstand lassen, da sie beim Backen aufgehen.

Nach ca. 10 Minuten, wenn der Rand goldbraun ist, sind die Kekse fertig gebacken. Kurz auf dem Blech abkühlen lassen und dann auf einen Kuchenrost ziehen und komplett erkalten lassen.

In der Zwischenzeit die Kuvertüre im Wasserbad schmelzen. Die abgekühlten Haferkekse mit einer Hälfte in die Schokolade tauchen und sofort mit den gehackten Pistazien bestreuen. Auf Backpapier trocknen lassen.

In einer Keksdose luftdicht verschlossen lassen sich die Kekse am besten aufbewahren. Meistens kommen sie bei uns gar nicht erst so weit.

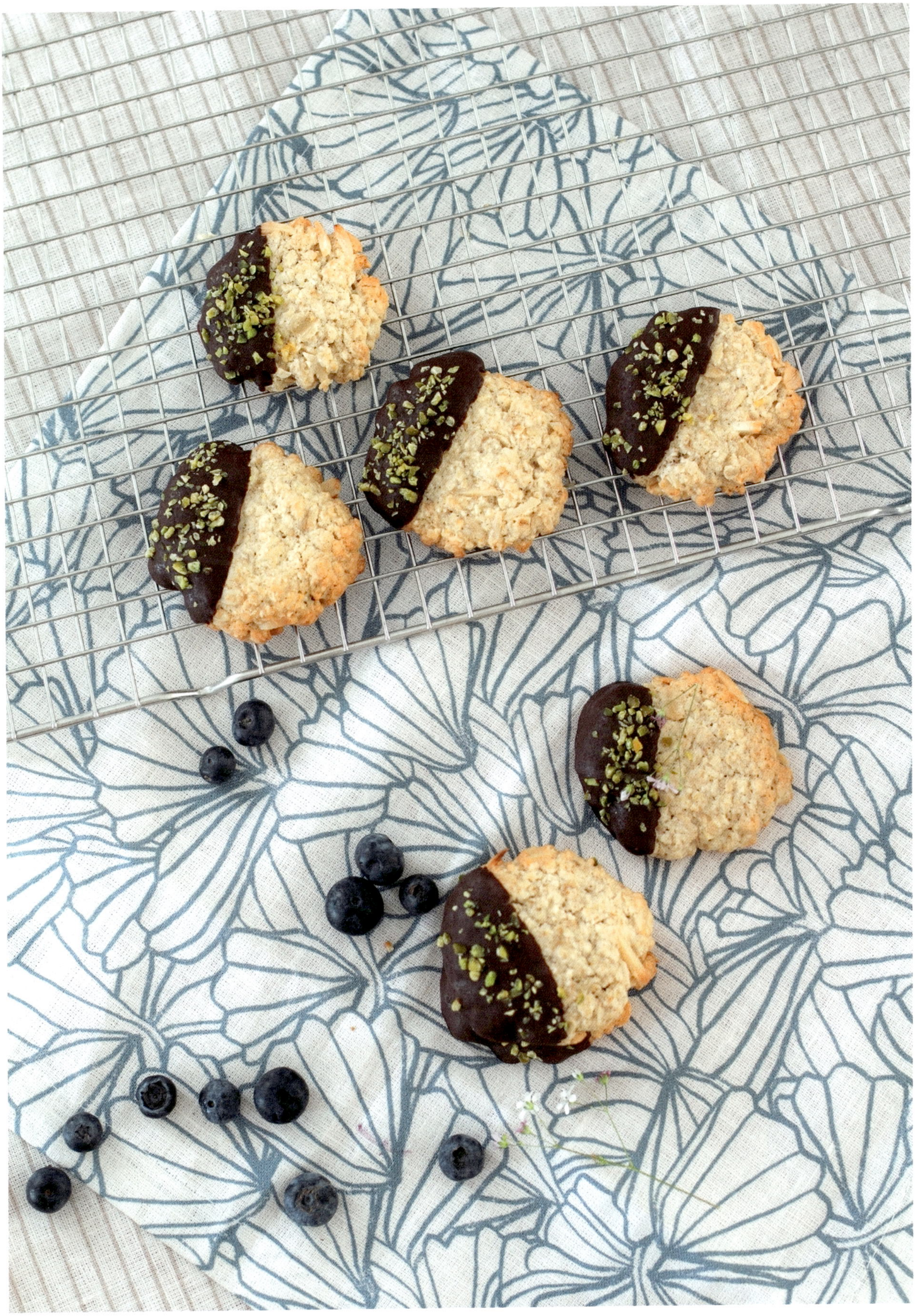

SCHWEDISCHER BLAUBEERKUCHEN

Egal wo, Blaubeerkuchen schmeckt einfach immer und darf im Sommer auf keinem Kuchentisch fehlen. Meine beiden Kinder und ich lieben es, Kuchen zu backen und es wird jedes Mal richtig zelebriert, denn jeder hat seine eigene Schürze und teilweise sogar eine Backmütze. Außerdem hat jeder seinen festen Platz und es gibt eine klare Aufgabenverteilung.
Es freut mich so sehr zu sehen, welchen Spaß schon die ganz Kleinen am Backen haben können. Den folgenden Blaubeerkuchen haben wir bereits oft zusammen gebacken, jeder bei uns mag ihn sehr gerne.
Wir können ihn mit (warmer) Vanillesoße oder auch warm mit einer Kugel Vanilleeis empfehlen. Durch die Blaubeeren ist der Kuchen super saftig. Er gehört im Sommer definitiv zu meinen liebsten Rezepten. Wer weiß, vielleicht backen ihn meine beiden Kinder mal, wenn sie erwachsen sind und denken an unsere kleinen Treffen an der Küchenmaschine zurück. Und ganz vielleicht haben sie dann ein warmes Gefühl und ein Lächeln im Gesicht.

ZUTATEN
(für eine Springform, 24–26 cm ø)

200 g weiche Butter
175 g Zucker
1 Päckchen Vanillezucker
Abrieb einer Biozitrone
4 Eier
300 g Mehl
2 TL Backpulver
100 g Mandeln gemahlen
200 g Schmand
500 g Blaubeeren
Eine Hand voll Mandelblättchen

Für die Dekoration
Puderzucker

ZUBEREITUNG

Den Backofen auf 180 Grad Umluft vorheizen.

Eine Springform mit Backpapier auslegen. Die Butter mit dem Zucker, Vanillezucker und Zitronenabrieb mindestens 5 Minuten zu einer cremigen Masse rühren.

Nach und nach die Eier zugeben und unterrühren.

Das Mehl mit dem Backpulver darüber sieben und alles mit den Mandeln und dem Schmand zu einem glatten Teig verrühren. In die Springform füllen und glattstreichen. Mit den Blaubeeren und einer Handvoll Mandelblättchen bestreuen und im Ofen 40–45 Minuten goldbraun backen. Dann eine Stäbchenprobe machen und den Kuchen gut auskühlen lassen!

Mit Puderzucker bestreuen und sich wie in Schweden fühlen!

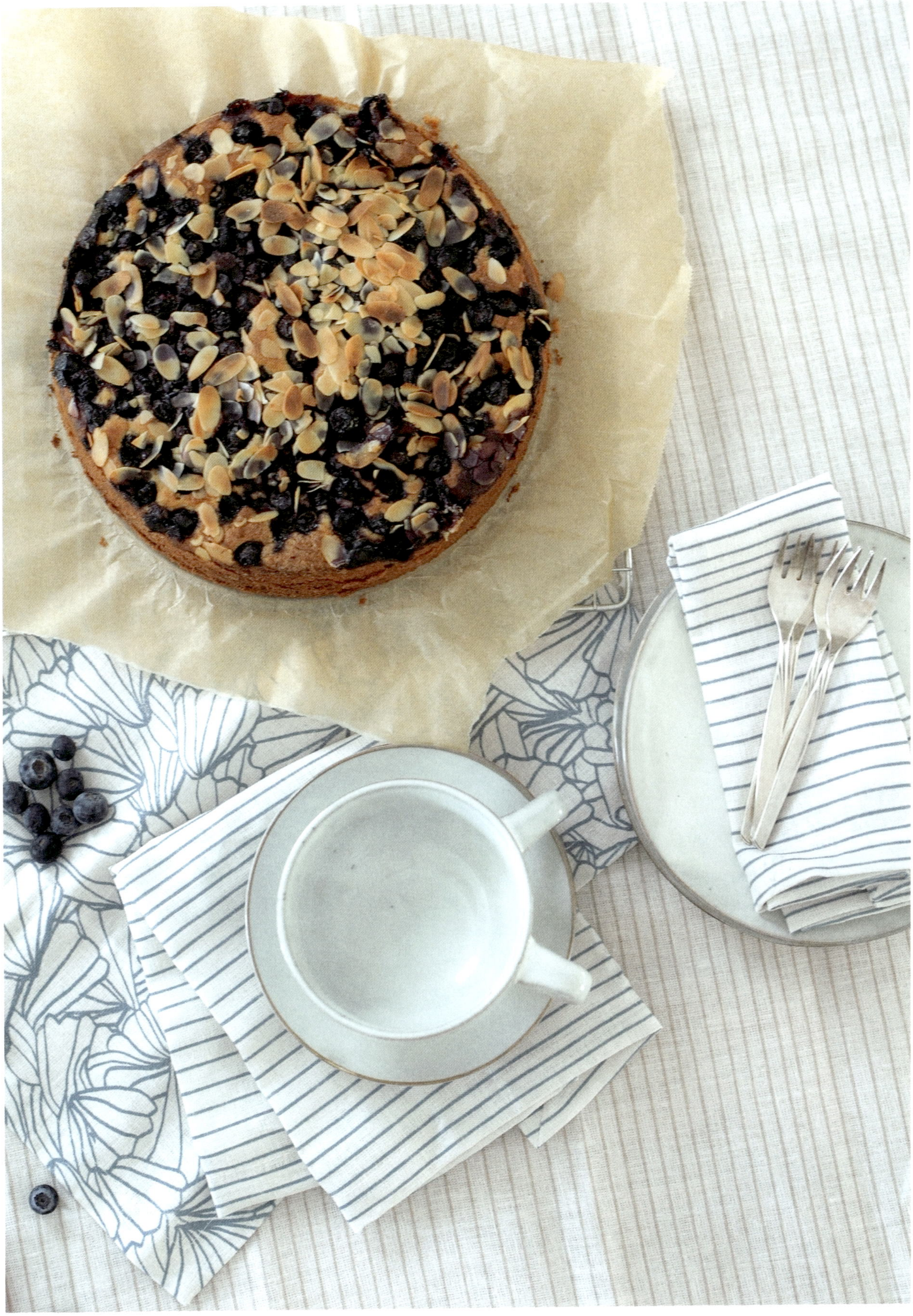

PAVLOVA MIT BEEREN

Im Sommer liebe ich es, am Abend noch eine Runde an den Feldern vorbeizuspazieren. Das Licht ist dann so besonders schön und ganz oft habe ich meine Kamera dabei, um die sommerliche Stimmung einzufangen. So oft habe ich gedacht, hier müssten wir einfach mal am Abend ein kleines Picknick veranstalten und den Sommer genießen. Kurze Zeit später stand ich mit meiner Bank, meiner Pavlova und jeder Menge frischer Beeren am Haferfeld. Es hat allen so großen Spaß gemacht und so lecker geschmeckt, dass ich das zukünftig jeden Sommer machen möchte! Eine Pavlova zu backen ist keine große Kunst, sofern man ein paar Dinge beachtet, damit sie gut gelingt.

ZUTATEN

Für die Baisermasse

6 Eiweiß (Größe L) Raumtemperatur
350 g Zucker
1 EL Speisestärke
1 EL Weißweinessig
1 TL Vanilleextrakt

Für den Belag

250 ml kalte Schlagsahne
1 Päckchen Sahnesteif
300 g Magerquark
50 g Zucker
500 g frische gemischte Beeren (z. B. Erdbeeren, Himbeeren, Blaubeeren)

ZUBEREITUNG

Für die Baisermasse: Den Backofen auf 130 Grad Umluft vorheizen. Ein Backblech mit Backpapier auslegen und mit Hilfe eines Tellers einen Kreis (ca. 25 cm Durchmesser) aufzeichnen, damit die Pavlova schön gleichmäßig wird.

Die Eier sauber trennen. Es darf kein Eigelb mehr im Eiweiß sein. Das Eiweiß auf höchster Stufe schlagen, bis es anfängt steif zu werden. Dann den Zucker esslöffelweise und unter Rühren zum Eiweiß hinzufügen. Anschließend noch mindestens 3 Minuten auf höchster Stufe rühren, bis sich der Zucker vollständig aufgelöst hat und sich glänzende Spitzen bilden.

Vanilleextrakt, Weißweinessig und Speisestärke kurz untermengen.

Mit einem Spaten die Baisermasse auf das Backpapier geben und zu einem Kreis formen. Den Rand dabei nach oben ziehen, sodass sich in der Mitte eine kleine Kuhle bildet, in die später die Sahnemasse gefüllt werden soll.

Die Pavlova auf der unteren Schiene in den vorgeheizten Backofen schieben und die Temperatur auf 100 Grad Umluft reduzieren. Die Backzeit beträgt 60 bis 80 Minuten. Anschließend den Backofen ausschalten und die Pavlova bei geschlossener Backofentür abkühlen lassen. Die Pavlova muss sich erst langsam an die Außentemperatur gewöhnen, sonst besteht die Gefahr, dass sie in sich zusammenfällt.

In einer geschlossenen Keksdose hält sich die ungefüllte Pavlova vier bis fünf Tage lang. Sie lässt sich also super vorbereiten.

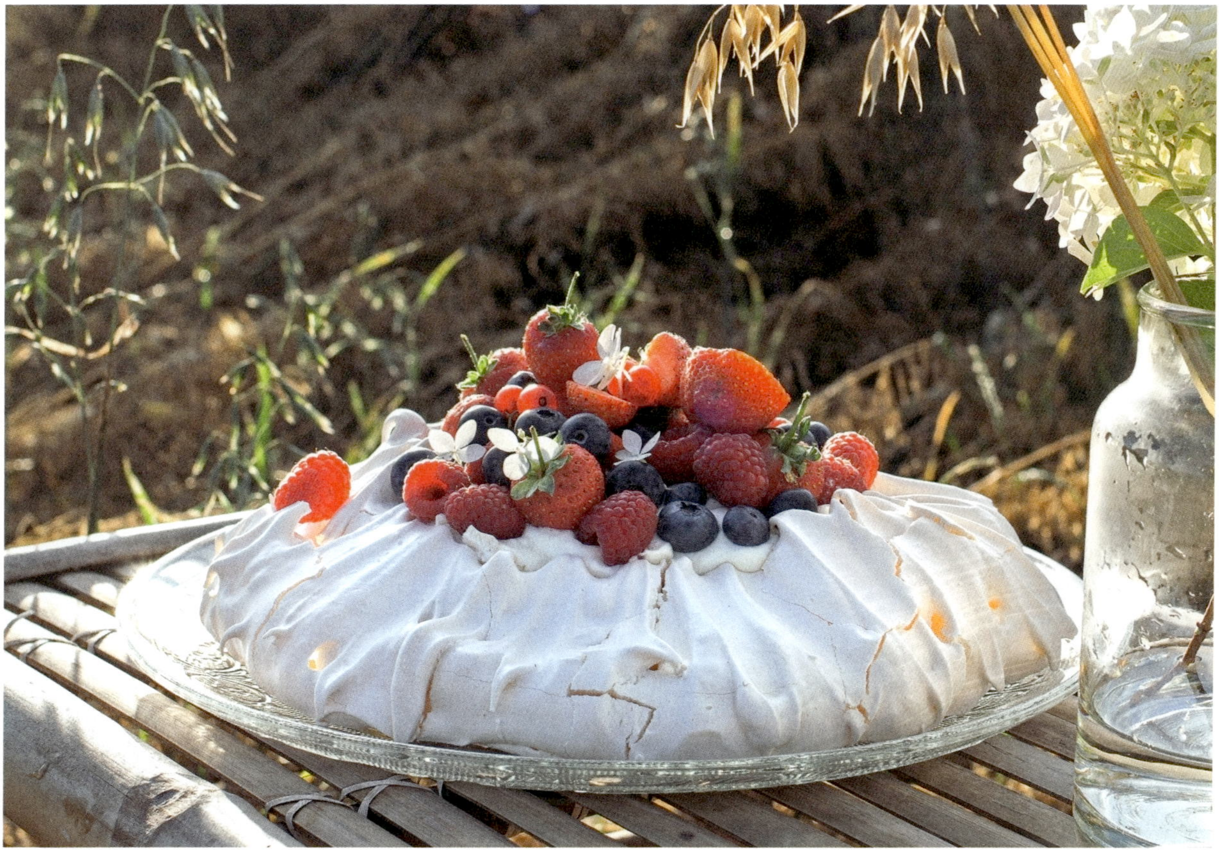

TIPPS

- Alle Backutensilien müssen restlos sauber und fettfrei sein.
- Baiser verträgt sich nicht mit feuchtem und schwülem Wetter.
- Das Baiser muss lange genug geschlagen werden, damit die Eiweißmasse beim Backen nicht auseinanderläuft. Hier braucht man genügend Geduld und erst wenn sich die Schüssel umdrehen lässt, ohne dass etwas hinausfällt, ist die Masse perfekt!
- Während des Backens sollte die Backofentür nicht geöffnet werden, sonst bekommt die Pavlova Risse und sackt zusammen.
- Die Mulde der Pavlova erst kurz vor dem Verzehr mit der Sahnemasse füllen, sonst wird das Baiser matschig.

Für die Füllung: Die Sahne mit dem Sahnesteif steif schlagen, Quark und Zucker unterrühren. Die Masse in die Mulde der abgekühlten Pavlova füllen und mit den Beeren belegen. Es lassen sich auch schon klein geschnittene Erdbeeren unter die Creme rühren, dann wird diese leicht rosa und man hat einen tollen Farbakzent in der weißen Baisermasse.

Wer einmal eine mit Sahne gefüllte Pavlova gegessen hat, weiß wie himmlisch locker und fluffig der Geschmack ist.

Eine winterliche Variante mit eingekochten Birnen, Äpfeln, Zimt und dunkler Schokolade kann ich mir ebenso vorstellen.

ZITRONEN-ROSMARIN-LIMONADE

Im Sommer bei herrlichem Wetter gibt es bei uns fast jeden Tag selbst gemachte Limonaden. Saftschorlen und Co. erfrischen mit Eiswürfeln und für die Kinder ein Highlight mit frischem Obst und Strohhalm.

Am allerliebsten stelle ich die Limos selbst her. Die schmecken einfach viel, viel besser als Limonaden aus dem Supermarkt und sind schnell gemacht. Zumindest habe ich noch keine vergleichbare Limo gefunden, die ebenso gut schmecken würde, wie diese hier.

Wenn dir das Leben eine Zitrone gibt ... :-) Dann macht die Anna eben Sirup draus.

Na ja, etwas mehr als eine Zitrone habe ich dann doch verwendet ...

ZUTATEN

(für ca. 750 ml Sirup)

- 10 Bio-Zitronen (mit unbehandelter Schale)
- 750 g Zucker
- ½ Liter Wasser
- 5 größere Zweige Rosmarin

ZUBEREITUNG

Für den Sirup: Drei Zitronen heiß abwaschen und dünn abschälen, dabei nicht das Weiße unter der Schale mit abschneiden. Alle Zitronen gut auspressen. Das Wasser in einem Topf zum Kochen bringen und den Zucker hinzufügen. Wenn dieser sich vollständig aufgelöst hat, die Zitronenschale, den Saft und Rosmarin hinzufügen und alles gut verrühren. Zehn Minuten köcheln lassen, durch ein Sieb abschütten und in heiß ausgespülte Flaschen füllen.

Für die Limonade: Einfach einen großzügigen Schluck (ca. 4–5 cl) des Sirups in ein Glas geben. Den Sirup mit kaltem Mineralwasser aufgießen und mit Rosmarin, Zitronenscheiben oder frischer Minze garnieren. Wer mag, kann auch noch etwas pürierten Weinbergpfirsich hinzufügen. Das schmeckt dann besonders sommerlich lecker! Zum Schluss füge ich immer ein paar Eiswürfel hinzu.

Es ist der perfekte alkoholfreie Sommerdrink für heiße Tage. Wenn wir auf der Terrasse in der Sonne liegen, kann ich gar nicht genug davon bekommen. So erfrischend schmeckt das!

Die fertigen Sirupflaschen kühl und dunkel lagern, so sind sie den gesamten Sommer über haltbar. Das perfekte Mitbringsel für die nächste Einladung zum Grillen.

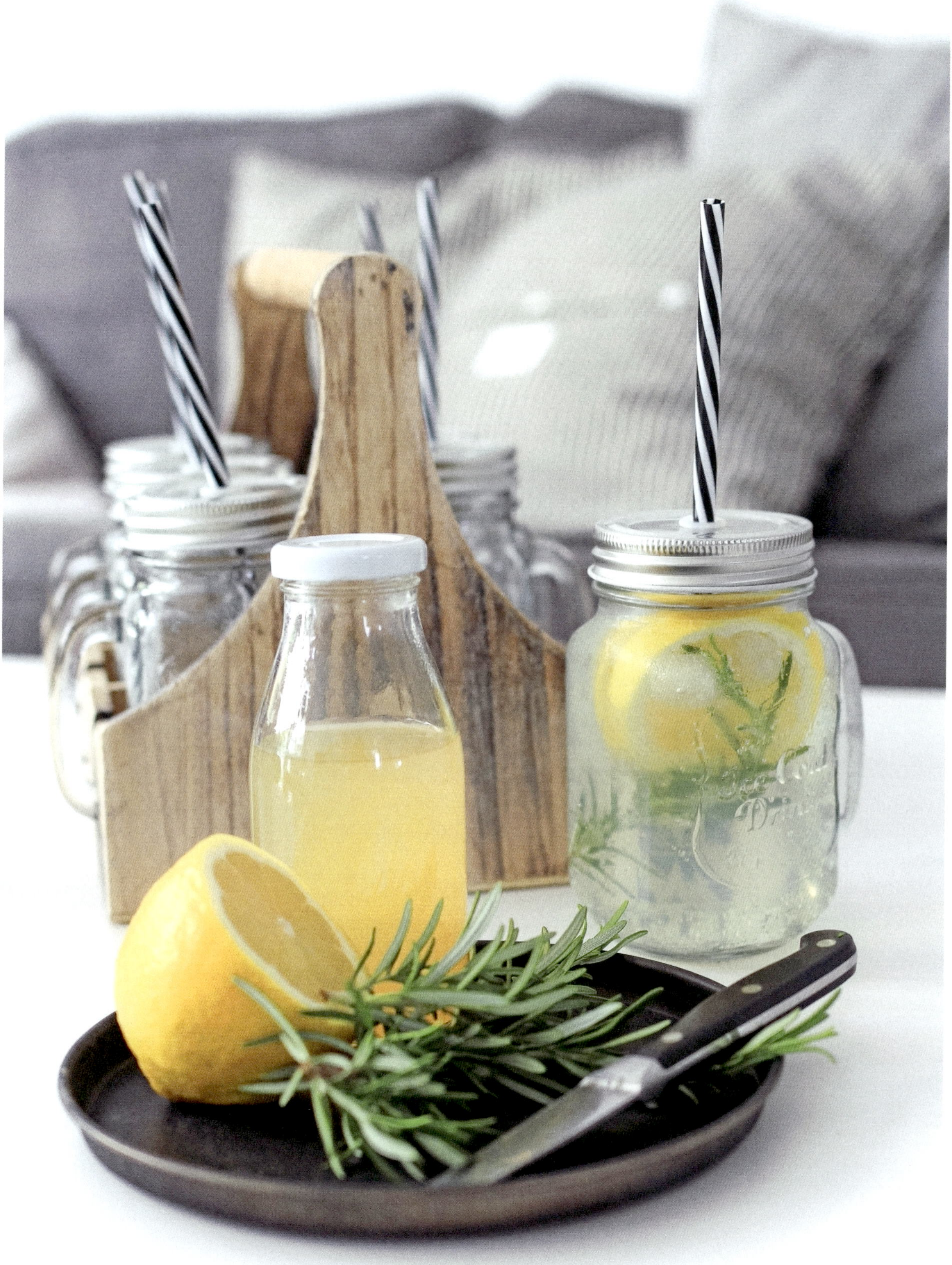

ZITRONENTIRAMISU

Vor ein paar Jahren haben wir im Sommer die Taufe unserer Tochter gefeiert. Es war ein wunderbarer Tag, den wir bei herrlichem Wetter in unserem Garten feiern konnten. Es gab ein sehr leckeres italienisches Buffet mit tollen Speisen. Zum Dessert hatte ich ein Tiramisu zubereitet. Nicht die klassische Variante, die wir alle kennen, sondern ein Zitronentiramisu, das für einen heißen Sommertag einfach perfekt ist. Das Dessert hatte ich in kleine Becher gefüllt, sodass bei allen Gästen noch Platz für die Torte am Nachmittag blieb.

ZUTATEN
(für ca. 5 Portionen)

2 Eier
80 g Zucker
1 EL Vanillezucker
250 g Mascarpone
200 g Speisequark
(keine Magerstufe!)
Schale und Saft von 1 Bio Zitrone
5 EL Lemon Curd
Etwa 15 Löffelbiskuits
2 doppelte Tassen kalter Espresso

Für die Dekoration
Gehackte Pistazien
Limettenscheiben
Baisertuffs
5 kleinere Gläser

ZUBEREITUNG

Die Eier trennen. Die Eigelbe mit dem Zucker und dem Vanillezucker cremig rühren. Der Mascarpone, den Quark, den Zitronensaft- und die Schale hinzufügen und unterrühren. Das Eiweiß sehr steif schlagen und vorsichtig unter die Eigelbmasse heben. Zum Schluss etwas Lemon Curd glattrühren und unter die Creme ziehen.

Die Löffelbiskuits teilen, sodass sie in entsprechende Gläser passen und auf den Boden der Gläser legen. Die Biskuits mit erkaltetem Espresso beträufeln, sodass diese etwas darin aufweichen können. Darauf kommt nun etwas von der Zitronencreme. Diese erneut mit getränkten Löffelbiskuits belegen und mit Creme bedecken. Obenauf mit etwas zerkrümeltem Baiser, gehackten Pistazien und Limette oder Zitrone garnieren.

Bei sommerlichem Wetter ist das Dessert genau richtig und auch an kälteren Tagen ist es ganz bestimmt lecker. Außerdem ist es einfach eine tolle Alternative, zum ganz normalen Tiramisu. Wobei schon alleine die Zitronencreme eine Wucht ist und man damit ganz bestimmt noch andere leckere Dinge anstellen könnte.

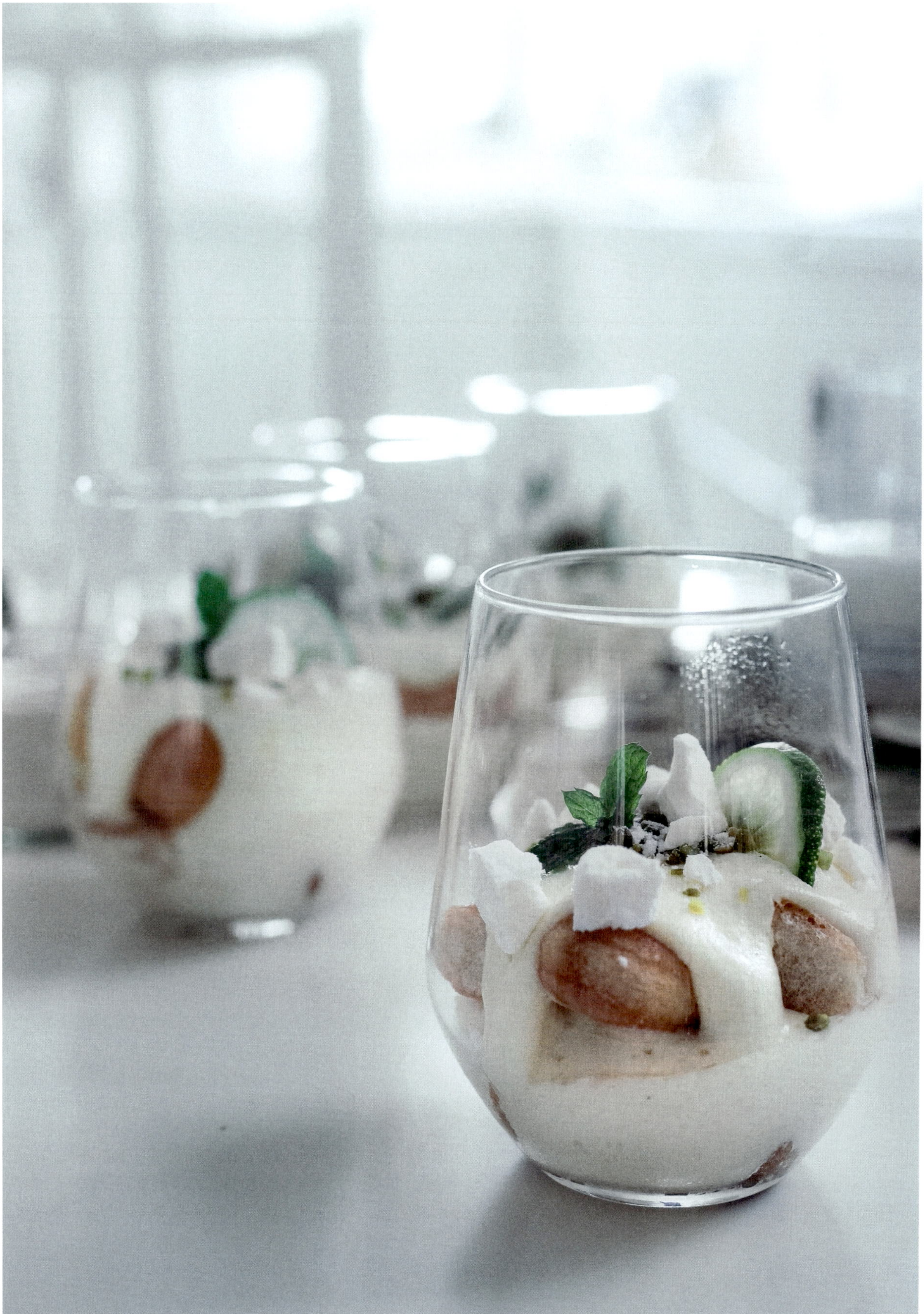

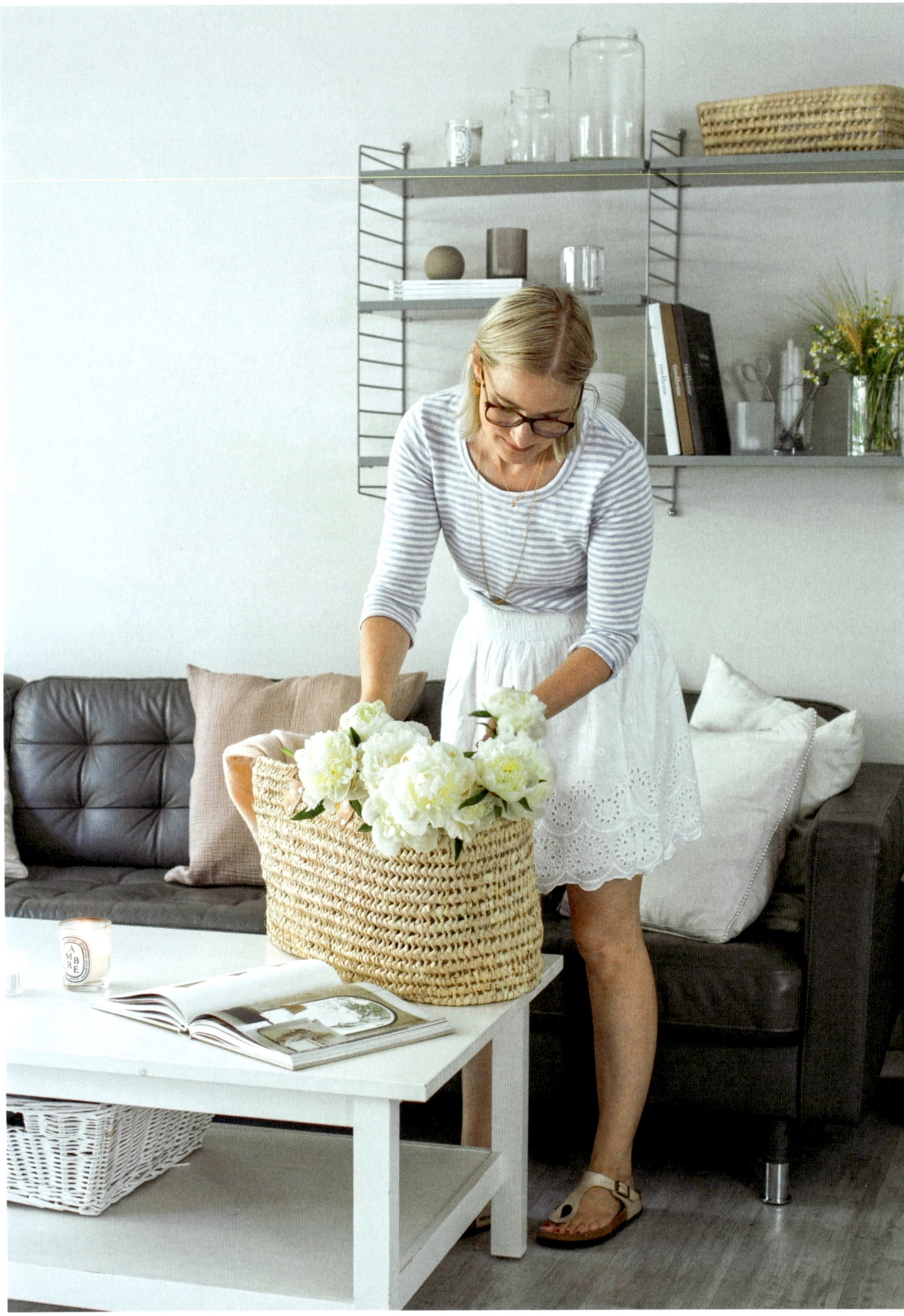

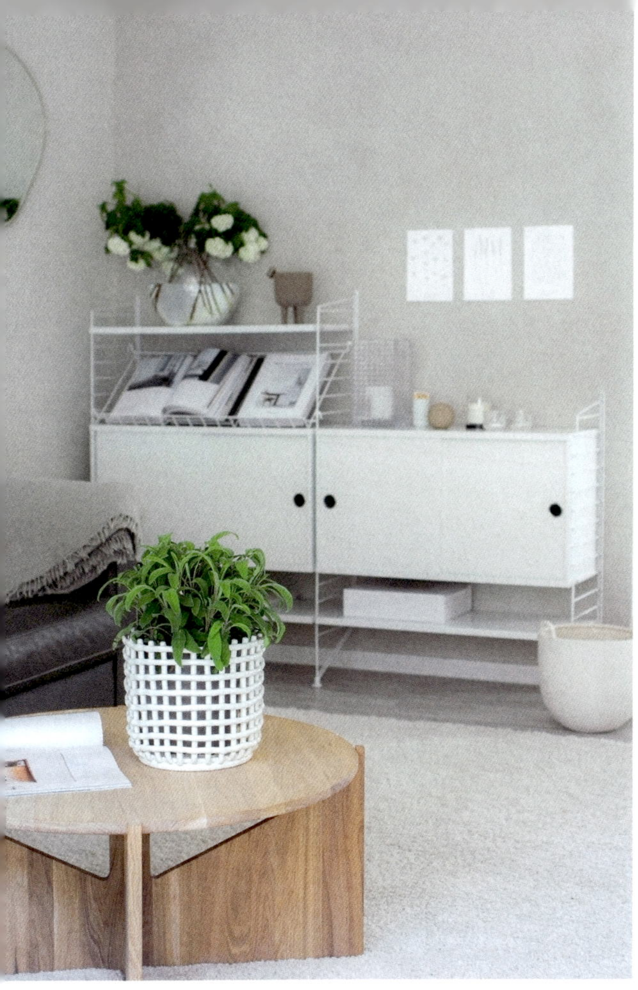

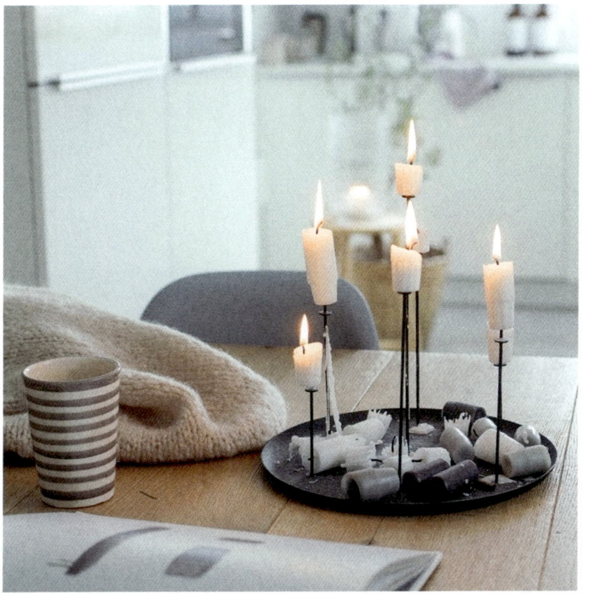

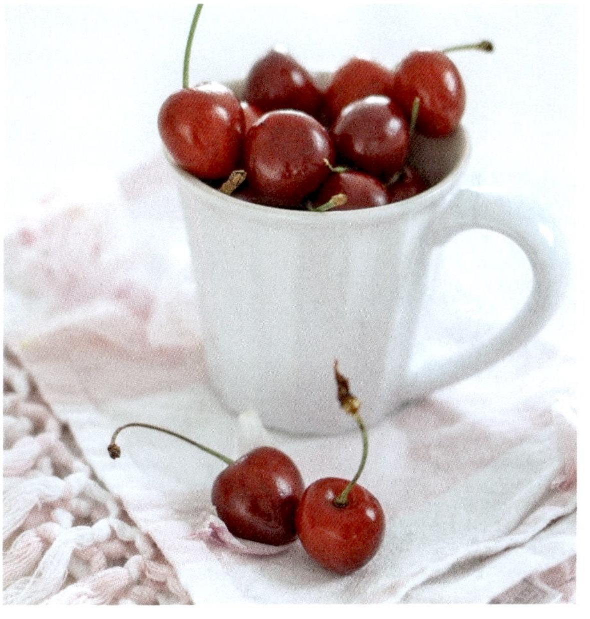

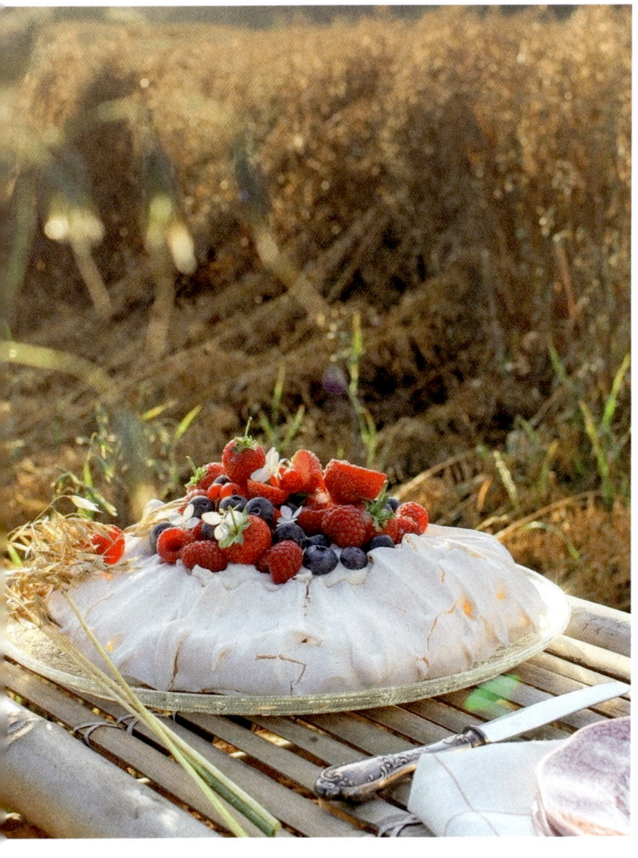

Im Sommer nutzen wir die Zeit für lange Spaziergänge, vorbei an Wiesen und Feldern. Lange Abende auf der Terrasse fühlen sich ein wenig wie Urlaub an. Zwischendurch gibt es Eiskaffee: Einfach drei große Eiswürfel in ein Glas geben, 1 EL Karamellsirup darüber gießen, mit einem heißen, starken Espresso und eiskalter Milch aufgießen.

BEMALTE STEINE – EINE URLAUBSERINNERUNG

Was habe ich in meinem Leben schon für Unmengen an Steinen und Muscheln gesammelt – eine super Möglichkeit, nach einem wunderschönen Urlaub tolle Erinnerungen damit zu kreieren. Meine Steine stammen von einem ganz bestimmten Strand in Dänemark. Dieser befindet sich ca. eine Autostunde entfernt von Kopenhagen. Mein Mann und ich sind durch die Dünen runter zum Strand gelaufen, vorbei an wunderschönen Häusern, in die ich sofort eingezogen wäre, haben uns ein Softeis geholt und dann am Strand gesammelt, was uns Schönes in die Finger fiel.
Bei den Mustern habe ich mich von meinem marokkanisch angehauchten Geschirr inspirieren lassen. Online findet man zahlreiche Muster und Ideen für das Bemalen solcher Steine. Kleine Schriftzüge und Daten, die eine persönliche Bedeutung haben, eignen sich auch perfekt dafür.

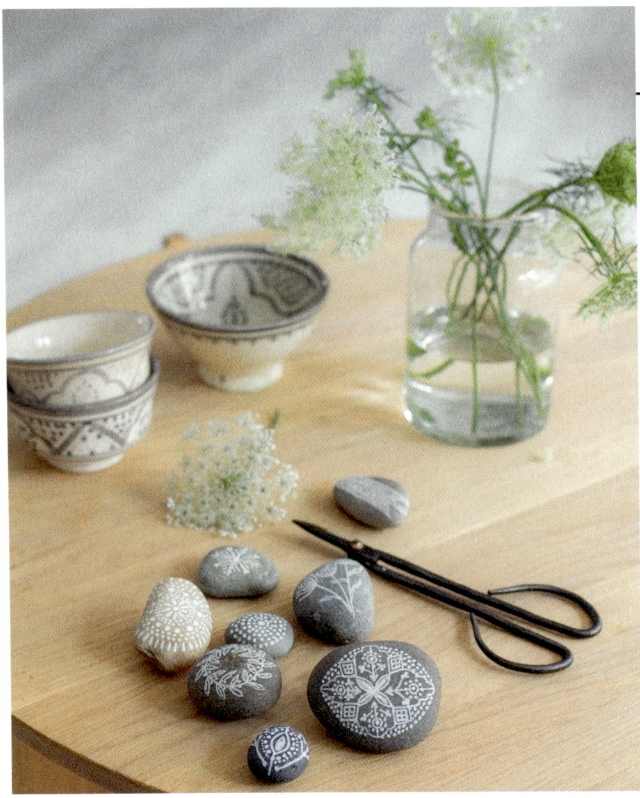

BENÖTIGTES MATERIAL

Steine aus dem Urlaub
Acrylmaler in schwarz und / oder weiß (z. B. von Rayher)
evtl. Vorlagen von Mustern

TIPP

Kinder können die Steine mit bunten Acrylstiften bemalen. Die Stifte nehmen wir auch immer direkt mit in den Urlaub, sodass wir an Ort und Stelle loslegen können.

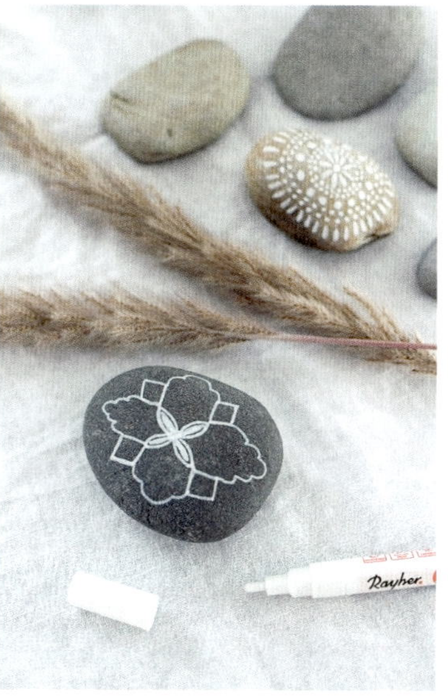

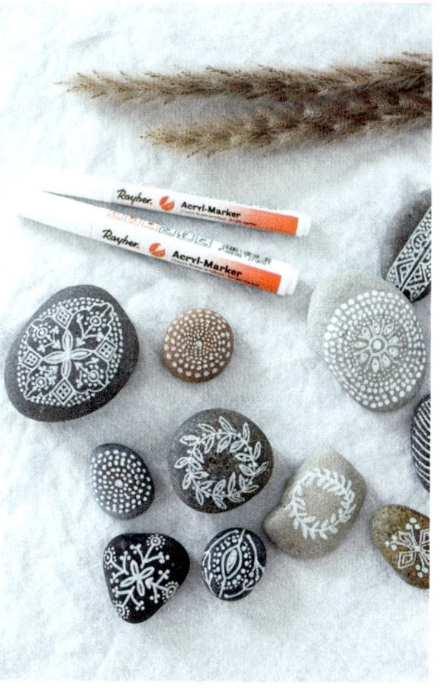

SO WIRD'S GEMACHT

Die Steine mit den Mustern bemalen. Dabei jeweils in der Mitte anfangen und sich an die äußeren Ränder vorarbeiten. Je nach Form und Größe des Steins lässt sich ein passendes Muster finden.

Eventuell macht es hier auch Sinn, Stifte in verschiedenen Größen zu verwenden.

Wenn die Steine draußen dekoriert werden sollen, lassen sich die kleinen Zeichnungen mit etwas Sprühlack fixieren. Für den Innenraum, habe ich sie einfach so gelassen.

Es sind die perfekten kleinen Handschmeichler, Glücksbringer und Erinnerungsstücke.

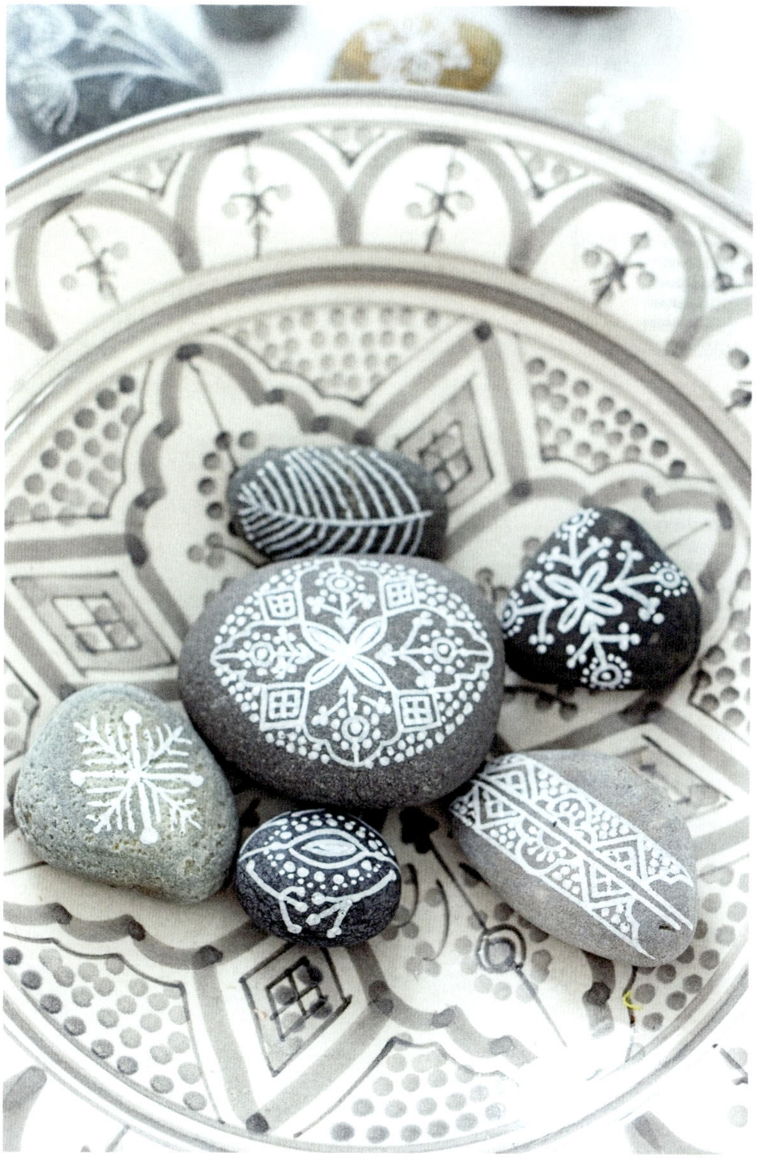

BLECHDOSEN UPCYCLING

Konservendosen sind etwas, was wir immer im Haus haben und mit denen man richtig viele Dinge anstellen kann, wenn sie erstmal geleert und gespült sind. Sie lassen sich nicht nur bemalen, sondern so wie in der folgenden Anleitung mit Bändern bekleben. So werden sie zu den perfekten Aufbewahrungsdosen für die Küche, das Bad und natürlich den Schreibtisch.

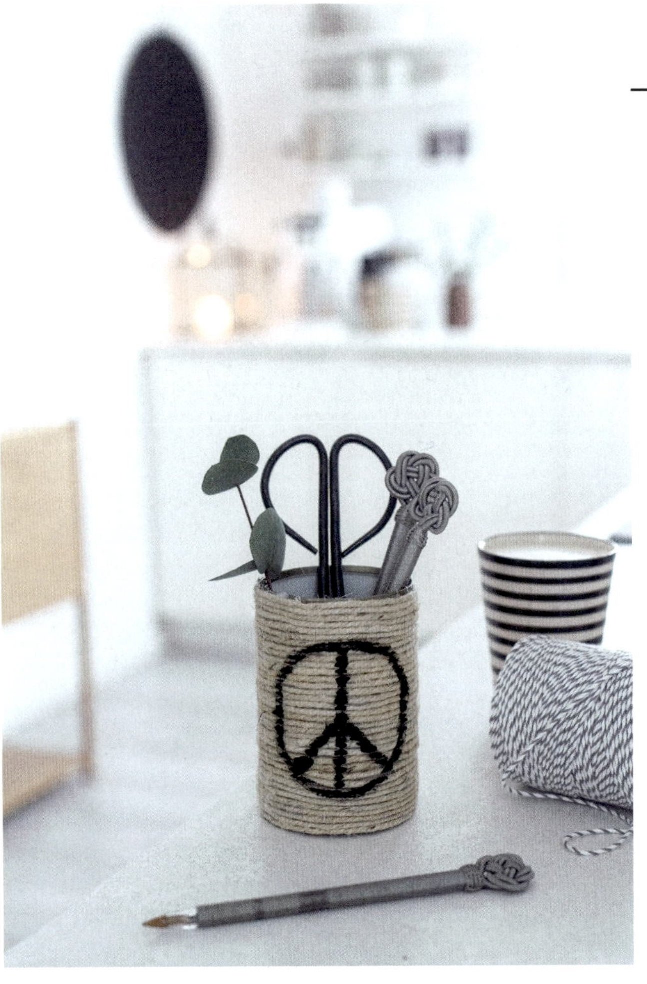

BENÖTIGTES MATERIAL

2 ausgespülte Konservendosen
Heißklebepistole und Heißkleber
(z. B. von Rayher)
Juteband (z. B. von Rayher)
Schere
Stoffmalfarbe
Pinsel

SO WIRD'S GEMACHT

Die Papierbanderole von den Konservendosen entfernen und Papierreste mit einem Schwamm wegrubbeln.

Direkt an der oberen Kante der Dose einen kleinen Streifen Heißkleber auftragen und das Juteband daraufkleben. Nun immer wieder einen kleinen Streifen Heißkleber auf die Dose spritzen und das Band Reihe um Reihe aufkleben.

Dabei sollten die Bänderreihen schön nah aneinander liegen, damit man später das Blech der Dose nicht mehr sieht. So lange fortfahren, bis die gesamte Dose mit dem Band beklebt ist.

Die letzte Reihe befindet sich direkt an der unteren Kante der Blechdose. Das Band dann abschneiden und das Ende gut festkleben.

Mit Stoffmalfarbe können anschließend Buchstaben und Zeichen direkt auf das Band der Dose gemalt werden.

Meine Dosen dienen nun zur Aufbewahrung von Stiften und Scheren. Sie sind aber auch perfekt geeignet um sie im Bad für Pinsel etc. zu verwenden. In der Küche eignen sie sich auch als Blumentopf.

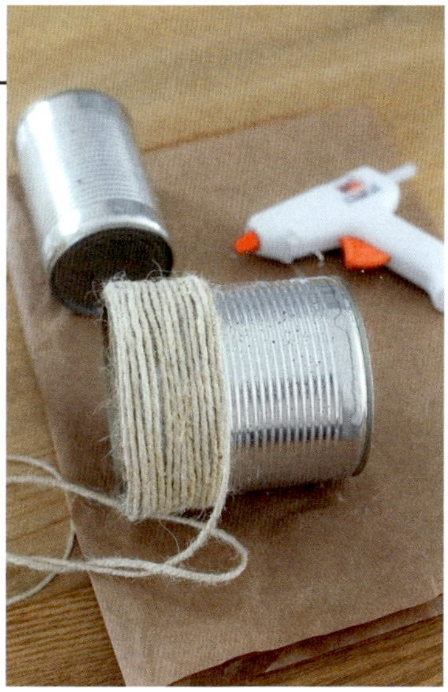

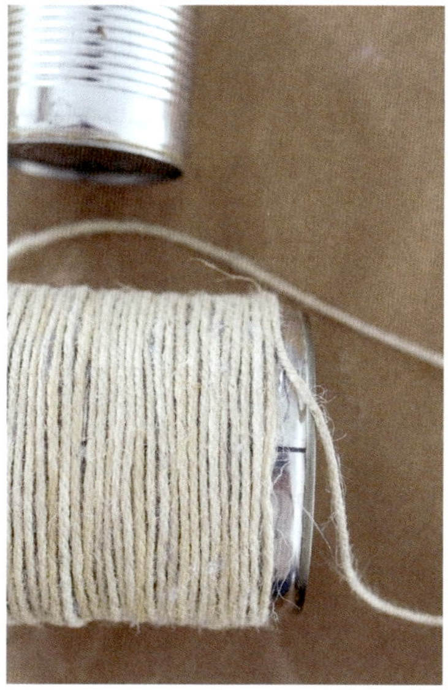

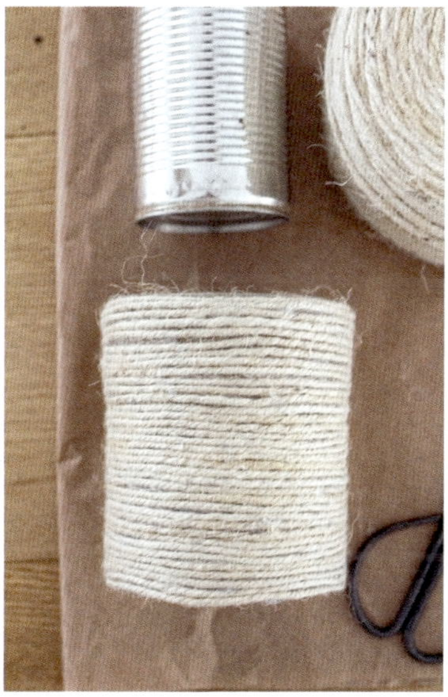

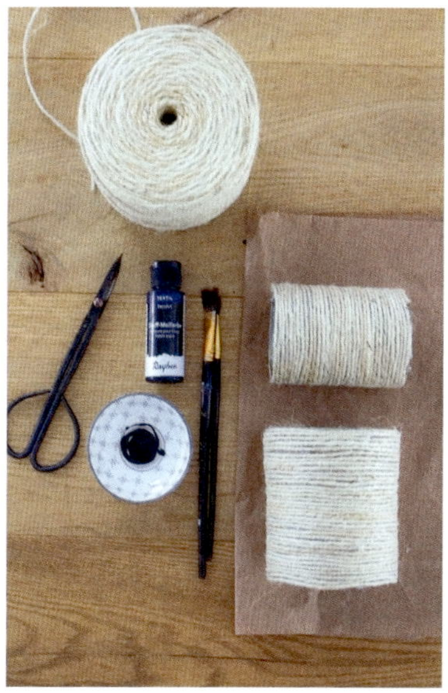

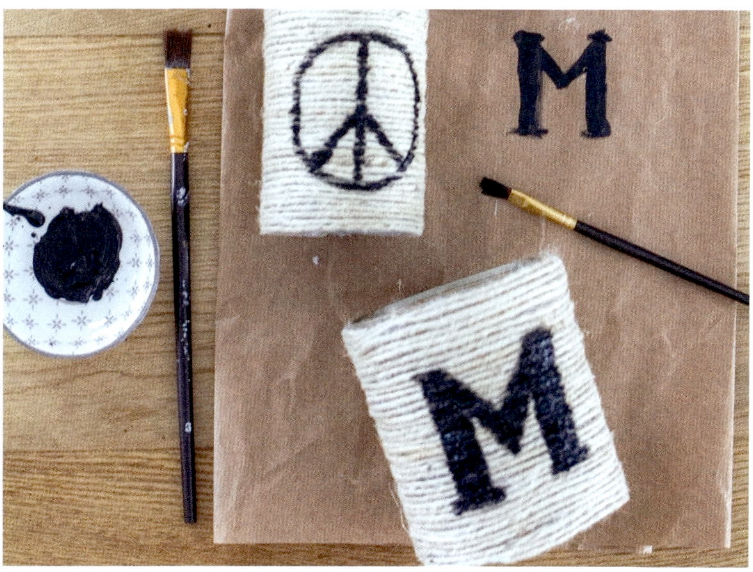

BLÜMCHEN AUS KREPPPAPIER UND STOFF

Wenn es im Sommer eine Sache gibt, die auf gar keinen Fall fehlen darf, dann sind es Blumen jeglicher Art. Wir lieben es, zu Hause unsere wunderschönen Vasen zu füllen und damit ein wenig die Natur in unser Zuhause zu holen. Jeden Freitag laufe ich mit meinem großen Korb über den Markt und suche mir dort am Blumenstand die Schönsten aus. Meistens bewege ich mich dabei in einem weiß-rosa Spektrum ... Vieles haben wir auch im Garten, wo wir uns einfach mit einer Gartenschere bedienen. Vor allem Eukalyptus, Kräuter, Pfingstrosen, Rosen, Hortensien und Lavendel laden in unserem Garten dazu ein, die eine oder andere Vase zu füllen.

Meine Tochter liebt Blumen genauso sehr wie ich. Sie malt sie gerne auf Papier, macht Steckbilder aus Bügelperlen und neuerdings drehen und nähen wir sie aus Krepppapier sowie dünnem Stoff. Dann können sie zu Girlanden zusammengebunden werden, als Tischdeko dienen oder, wenn sie aus Stoff genäht wurden, zur Dekoration von Taschen, Klammern oder Broschen werden.

Da sie so schön fluffig und buschig sind, werden sie egal wo, immer zu einem kleinen Hingucker.

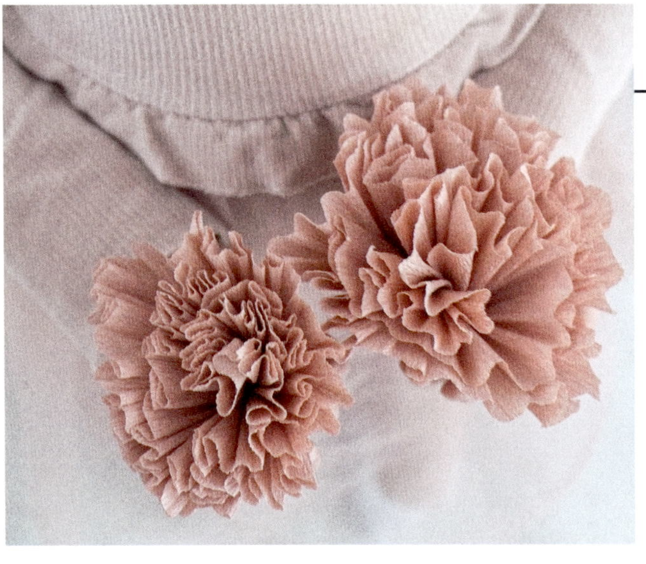

BENÖTIGTES MATERIAL

Krepp- oder Seidenpapier
Dünner Baumwollstoff
Bouillondraht in Silber oder Gold
Farblich passendes Nähgarn und Nadel
Schere
Bleistift
Evtl. Klammern zum Festhalten des Papiers

SO WIRD'S GEMACHT

BLUMEN AUS PAPIER MIT DRAHT

Zunächst das dünne Papier passend zuschneiden. Die Länge des Papiers sollte dabei min. 130 cm betragen, damit die Blumen später schön buschig sind. Eine Breite von 5 cm ist perfekt, um den Draht oder den Faden gut zu befestigen. Natürlich funktionieren auch breitere Papierstücke, dann werden die Blumen größer.

Das Papier in der Breite einige Mal falten und mit drei bis vier Klammen zusammenheften. Mit Bleistift ein Muster an der oberen Kante aufzeichnen und ausschneiden. Es eignen sich alle möglichen Formen, wie Zickzack oder abgerundete Formen und Bögen.

Anschließend wird an einer Seite angefangen das Papier ganz locker ineinander zu drehen. Je lockerer man das Papier hier dreht, umso besser lassen sich später die Blüten auseinanderziehen.

Die untere Kante wird dabei fest zusammengedrückt und nach dem Einrollen ganz fest mit Draht umwickelt.

Das Papier der Blumen lässt sich dann von außen nach innen ganz vorsichtig auseinanderziehen und biegen, sodass eine wunderschöne Blüte entsteht.

➜

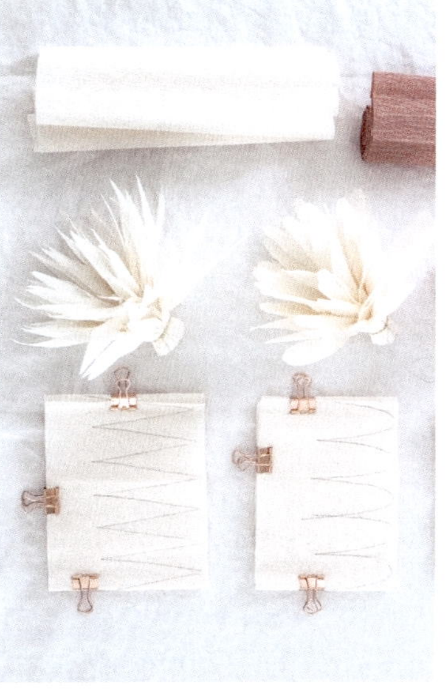

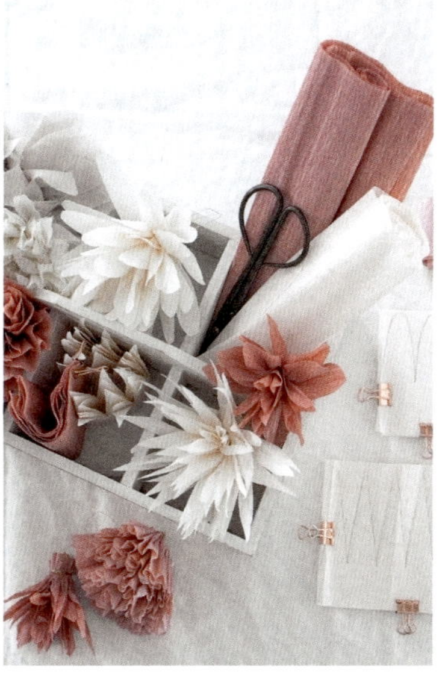

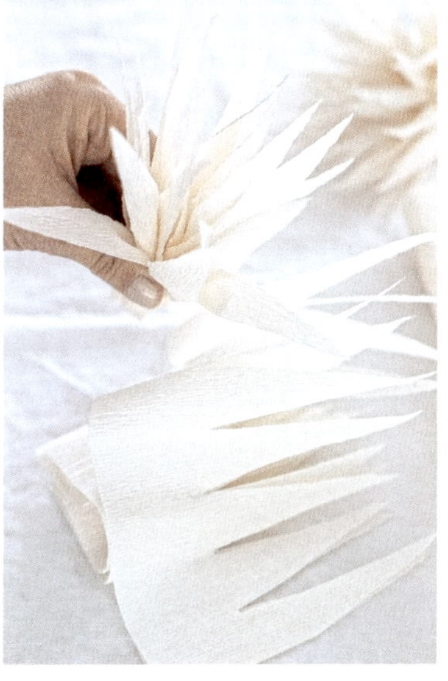

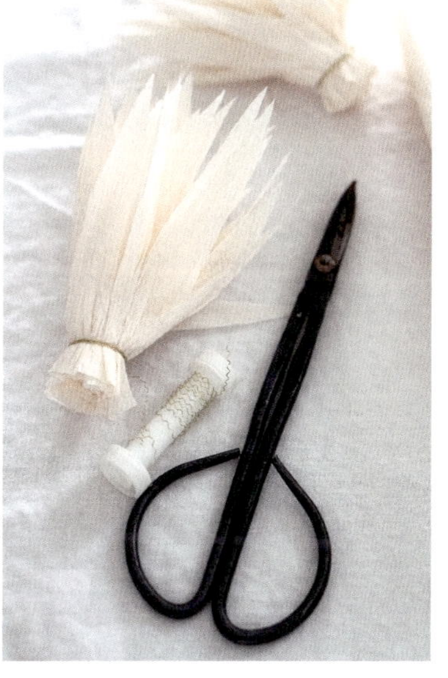

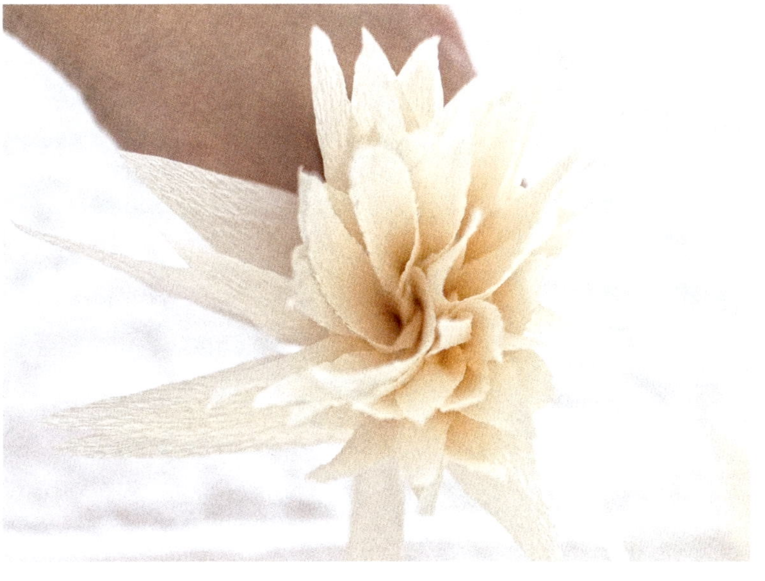

SO WIRD'S GEMACHT

BLUMEN AUS PAPIER ODER STOFF MIT NADEL UND FADEN

Einen dünnen Papier- oder Stoffstreifen mindestens in der Größe 130 x 5 cm zuschneiden und den oberen Rand mit einer bogenförmigen Linie oder einem Muster zuschneiden. Ein langes Stück Nähgarn (ca. 100 cm) in eine Nadel fädeln und die Enden miteinander verknoten, sodass man einen doppelten Faden hat.

Den Faden zwischendurch immer wieder strammziehen, sodass sich das Papier oder der Stoff zusammen kräuseln.

Am Ende angekommen wird die Arbeit vorsichtig zusammengerollt und an der unteren Kante mit einigen Stichen zusammengenäht.

Die Blüten sind wirklich schnell gemacht und so lässt sich auch die Deko für die nächste Feier im Handumdrehen selber machen.

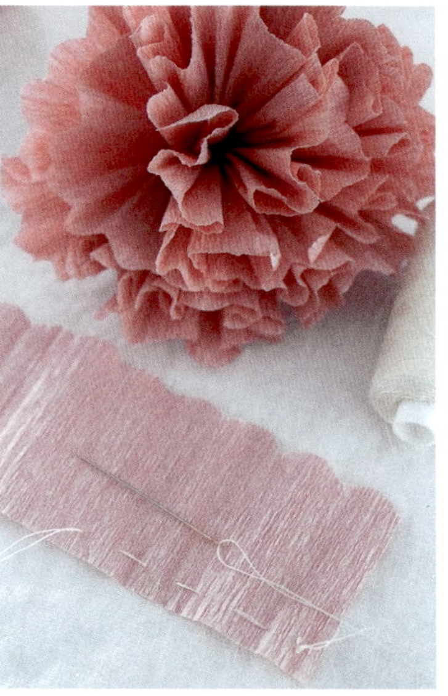

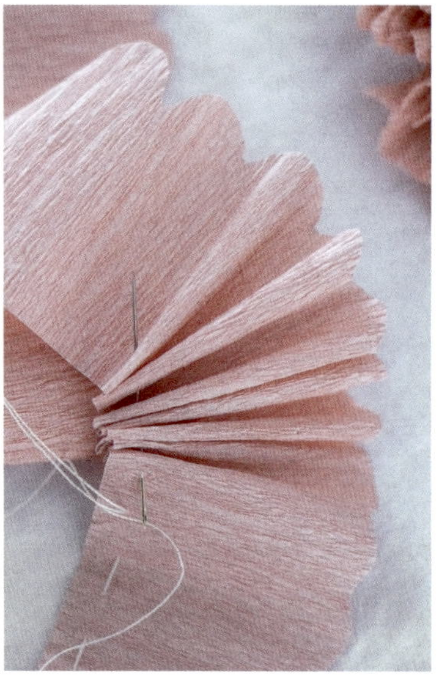

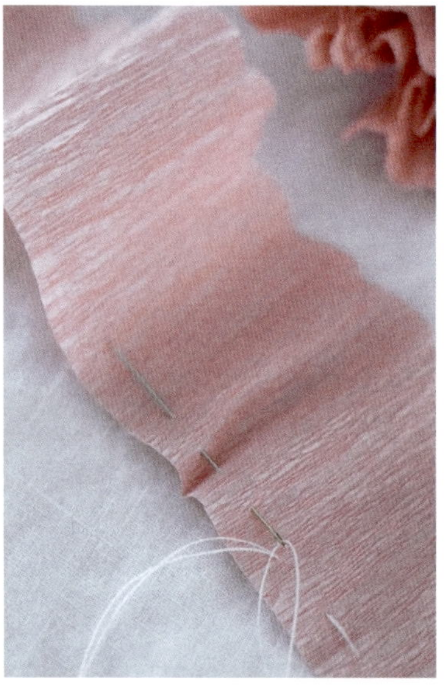

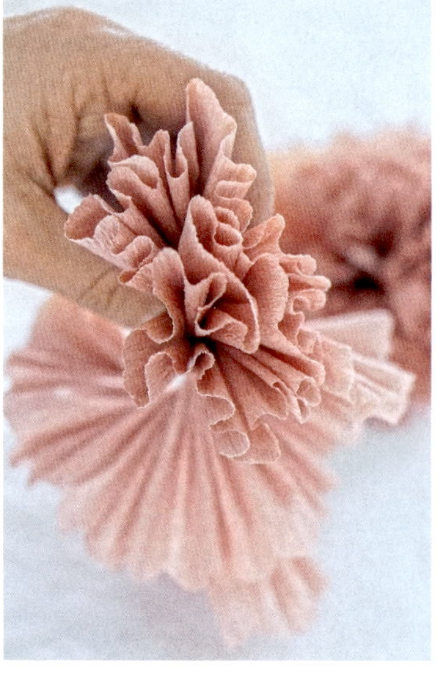

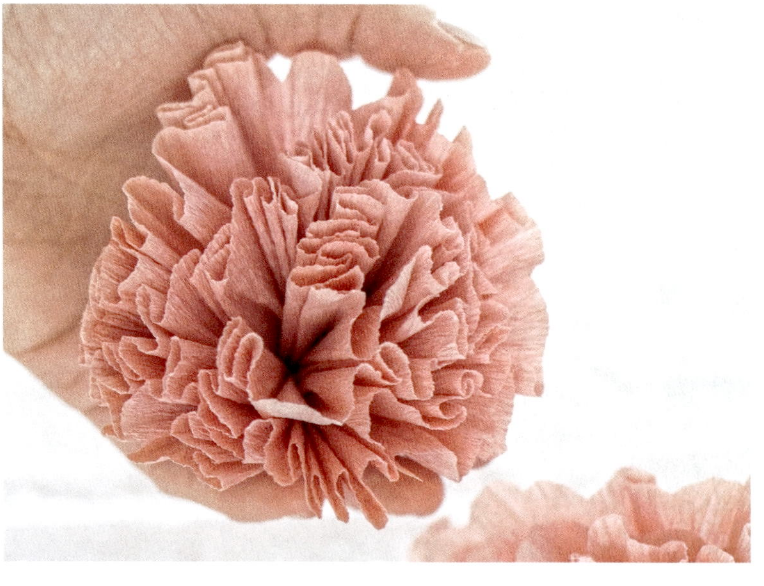

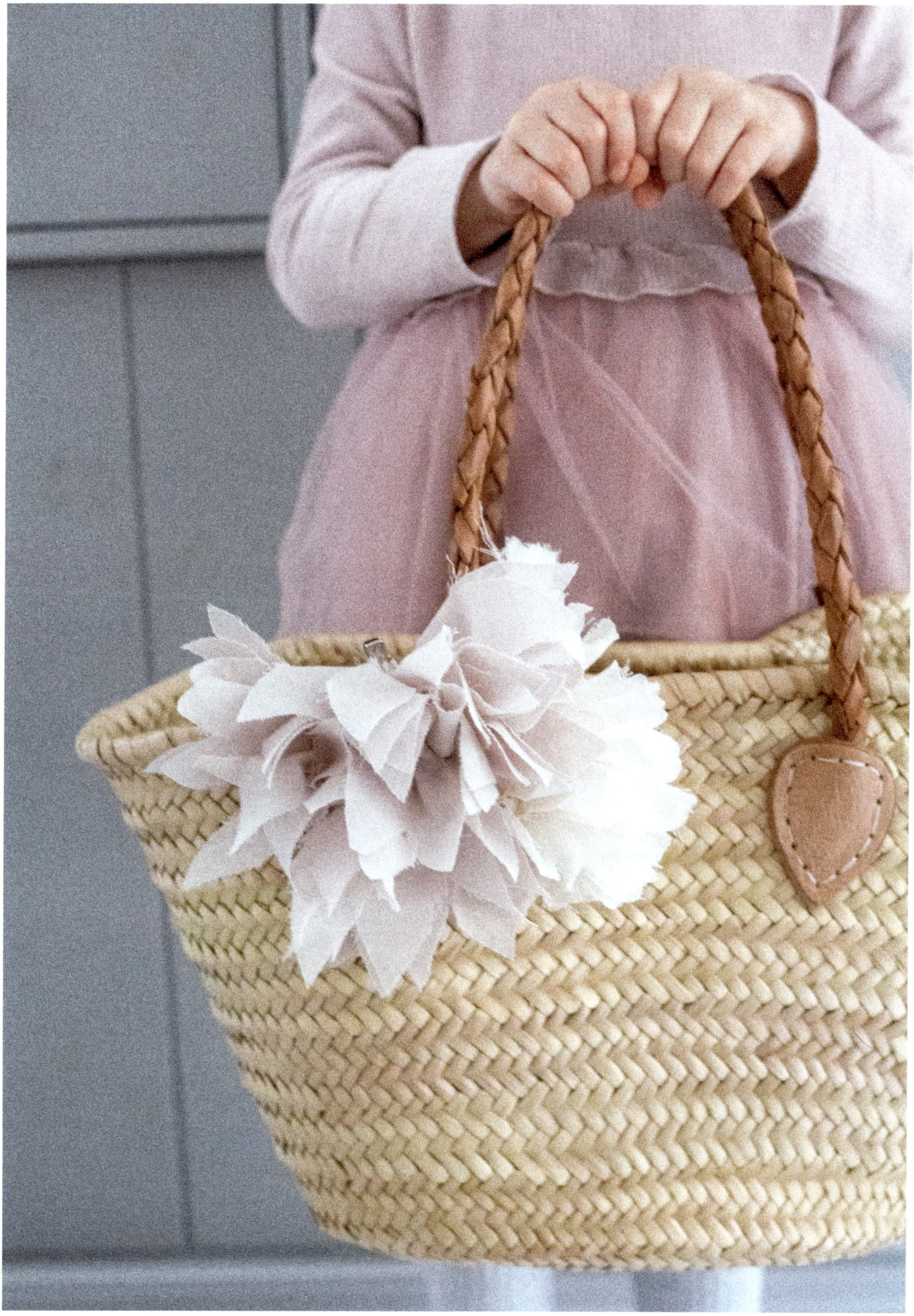

PAPIERBLUMEN

An dieser Stelle sollte ursprünglich eine andere Anleitung stehen, allerdings habe ich überlegt, welche Alternative zu Papiersternen im Winter man im Sommer zaubern könnte und bin dann auf Papierblumen gestoßen. Das Falten der einzelnen Blütenblätter ist sehr entspannend und lässt sich im Sommer auch draußen erledigen. Besonders schön sieht es aus, wenn verschieden große Blüten nebeneinander arrangiert werden. Wer es liebt, im Winter Sterne und größere Schneeflocken aus Papier herzustellen, der wird bei dieser Anleitung auf jeden Fall auf seine Kosten kommen.

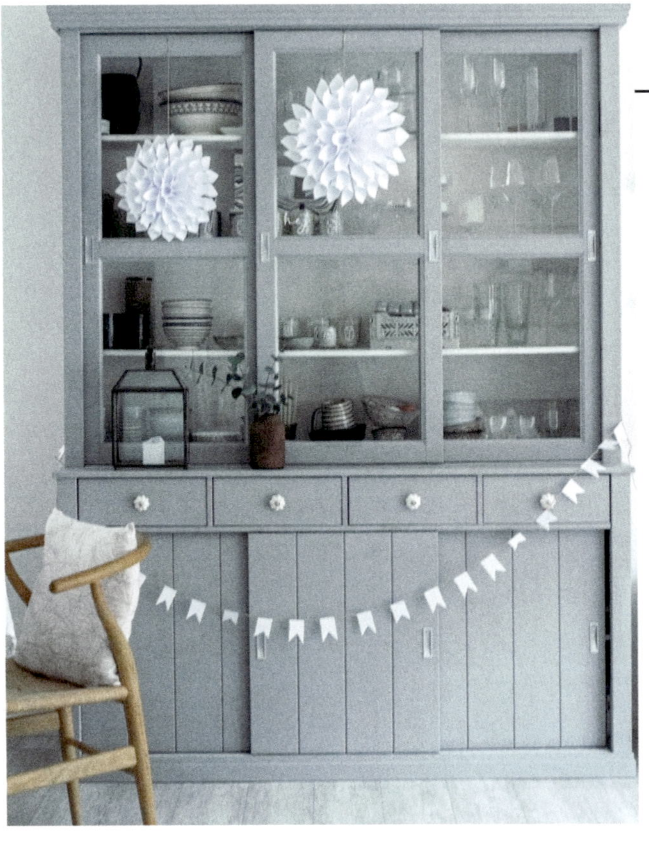

BENÖTIGTES MATERIAL

Druckerpapier o. Ä.
Papierkleber (z. B. von Rayher)
Lineal
Bleistift
Schere
Stück dickere Pappe
evtl. Klebestreifen
evtl. Klebeösen für die Aufhängung
Juteband

TIPP

Hier lassen sich alle möglichen Papiere, wie z. B. auch alte Buchseiten oder Notenblätter verwenden. Auch aus Pergamentpapier sehen die Dahlien toll aus.

SO WIRD'S GEMACHT

Aus der Pappe einen Kreis mit ca. 20 cm Durchmesser aufzeichnen, z. B. mit Hilfe eines Tellers als Vorlage. Den Kreis ausschneiden.

Aus dem Papier Quadrate in der Größe 9 x 9 cm zuschneiden. Je kleiner die Quadrate sind, umso filigraner wird später die Blüte. Die Papierquadrate an einer Kante mit Papierkleber bestreichen und anschließend so einrollen, dass eine kleine Tüte entsteht. Hier lässt sich anstatt Papierkleber auch ein kleiner Klebestreifen verwenden.

Die Tüten anschließend mit der Spitze nach unten und leichtem Abstand auf den Pappkreis aufkleben. Die oberen Kanten der Spitztüten dürfen sich dabei ruhig berühren.

Wenn eine Reihe auf den Kreis aufgeklebt wurde, wird die nächste Reihe der Tüten darüber geklebt. Dabei leicht versetzt beginnen, sodass man sich weiter in den Kreis arbeitet. Das wird so lange wiederholt, bis man in der Mitte angekommen ist.

Die entstandene Dahlie trocknen lassen. Auf der Rückseite lässt sich zur Aufhängung eine Klebeöse anbringen.

Parallel lässt sich schnell noch eine kleine Girlande anfertigen. Dazu aus dem Druckerpapier kleine Fähnchen ausschneiden, die obere Kante umknicken, mit Papierkleber bestreichen und ein Juteband hineinlegen und festdrücken. Die Fähnchen im Abstand von ca. 5–6 cm auf das Band kleben. Wenn das Band die gewünschte Länge erreicht hat, abschneiden.

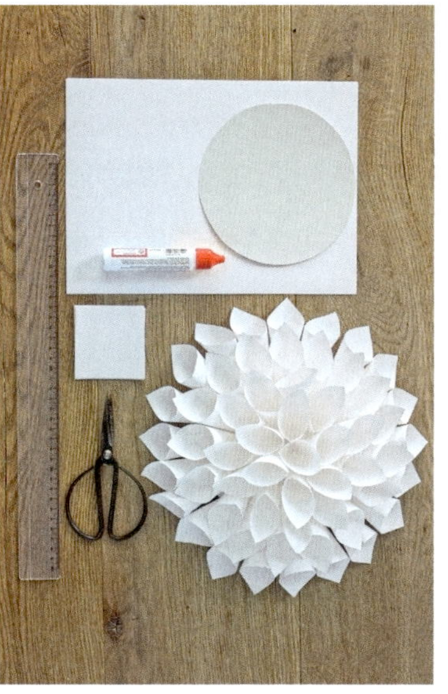

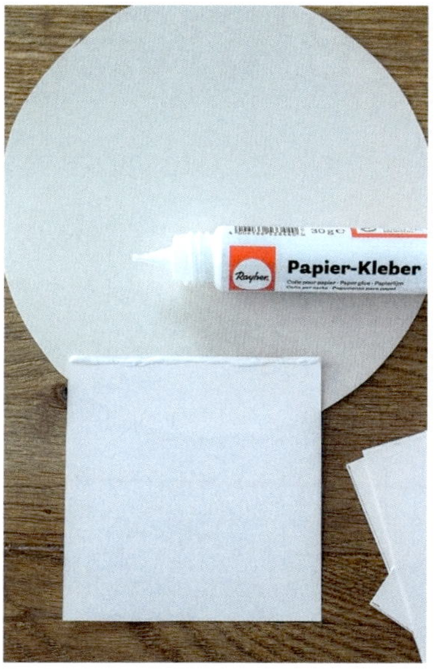

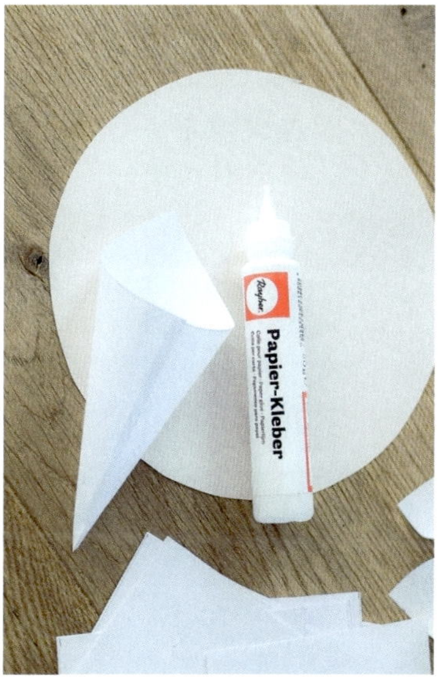

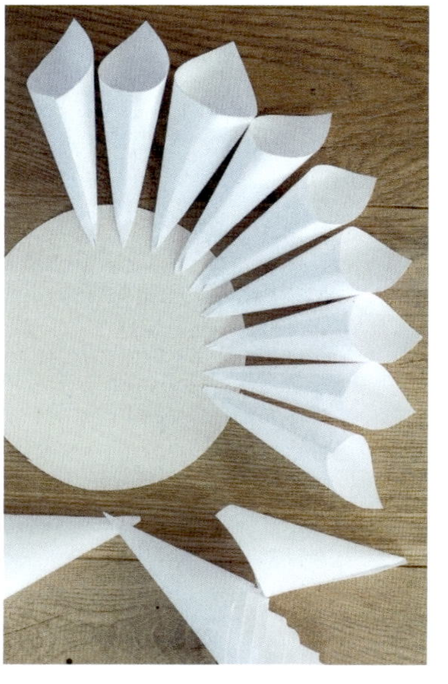

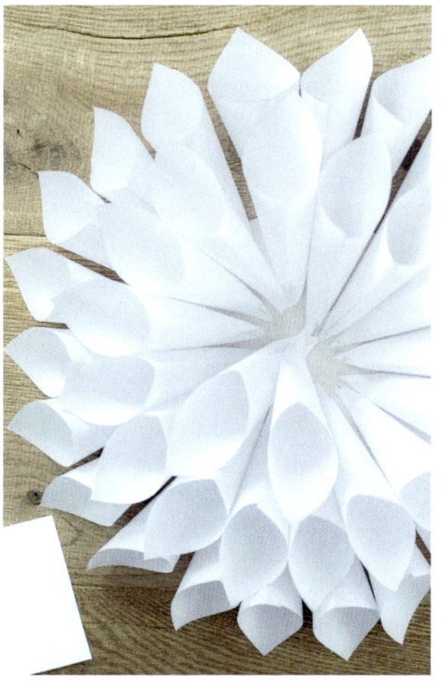

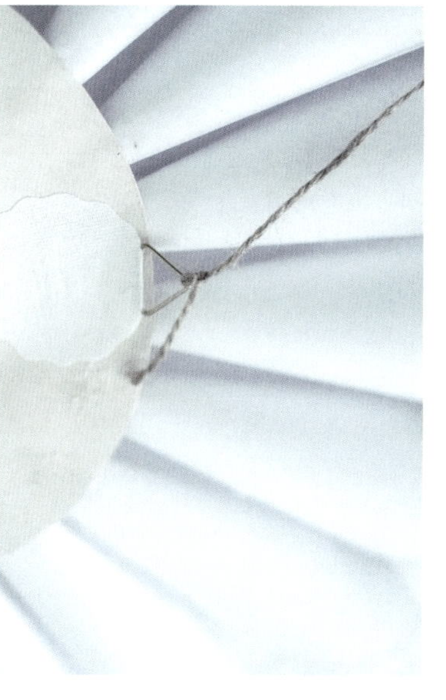

BIENENWACHSTÜCHER

Bienenwachstücher sind besonders nachhaltig, da man mit ihnen fast komplett auf Frischhaltefolie verzichten kann. Bei uns sind sie täglich im Einsatz. Nicht nur um Lebensmittel abzudecken, sondern auch um z. B. das Pausenbrot zu transportieren. Wenn man sie kauft, sind die Tücher recht teuer, selbst gemacht geht es richtig schnell und ist dazu noch viel preisgünstiger.

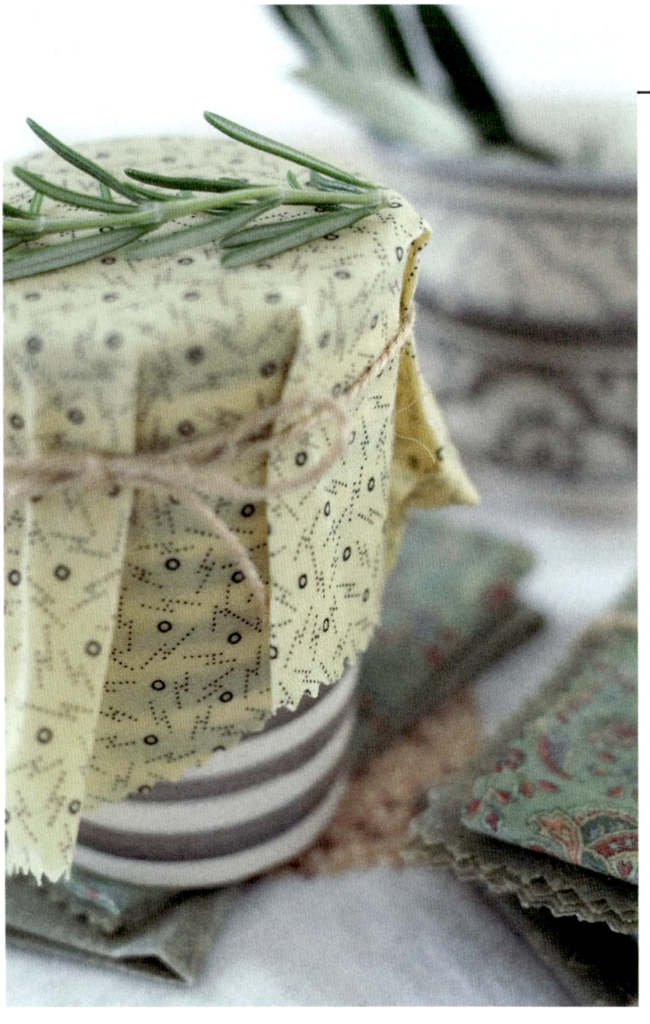

BENÖTIGTES MATERIAL

Baumwollstoff mit verschiedenen Mustern (Achtung: Helle Stoffe nehmen teilweise die gelbe Farbe des Bienenwachses an)
Bienenwachspastillen (z. B. von Rayher)
Stoffschere z. B. Zickzack
Backpapier
Bügeleisen

SO WIRD'S GEMACHT

Baumwollstoff in unterschiedlichen Größen zuschneiden. Je nach anschließender Verwendung eignen sich quadratische, rechteckige und runde Größen. Für die Sets mit diesen Tüchern habe ich Quadrate in den folgenden Größen mit einer Stoffschere geschnitten:
Tuch 1: 30 x 30 cm,
Tuch 2: 25 x 25 cm,
Tuch 3: 20 x 20 cm und
Tuch 4: 15 x 15 cm.
Runde Tücher eignen sich besonders für Salatschüsseln o. Ä.

Backpapier auf ein Bügelbrett legen, das erste und größte Tuch auflegen. Dieses mit ein paar Bienenwachspastillen bestreuen. Achtung: Nicht zu viel Bienenwachs nehmen, damit die Tücher am Ende nicht zu steif werden. Man kann jederzeit noch mal Bienenwachs nachlegen. Anschließend das nächste, etwas kleinere Tuch darüberlegen und ebenfalls mit einigen Bienenwachspastillen bestreuen. Genauso weiter verfahren bis 4–5 Tücher (1 Set) übereinandergeschichtet und mit Bienenwachs bestreut aufeinanderliegen. Mit Backpapier abdecken und so lange (ohne Dampf) bügeln, bis alle Wachsperlen geschmolzen sind. Sollte an Stellen zu wenig Bienenwachs sein (dort ist der Baumwollstoff dann heller), einfach noch mal ein paar Pastillen nachlegen und erneut bügeln.

➜

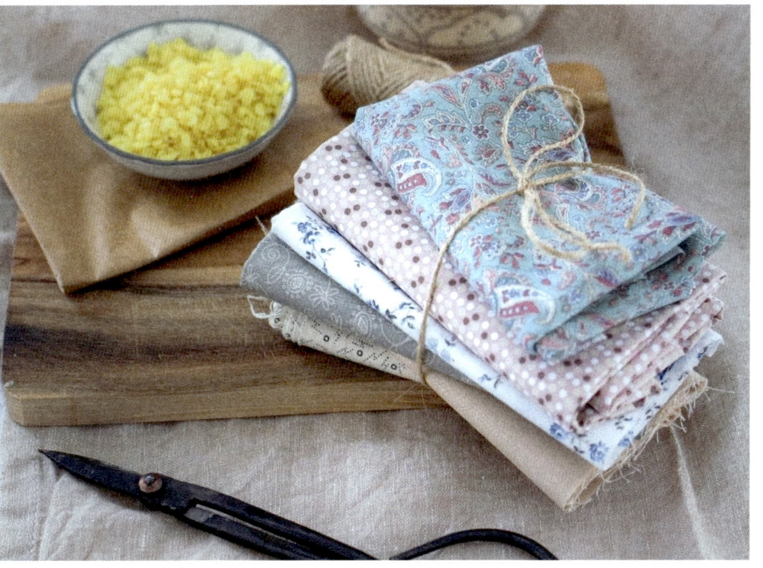

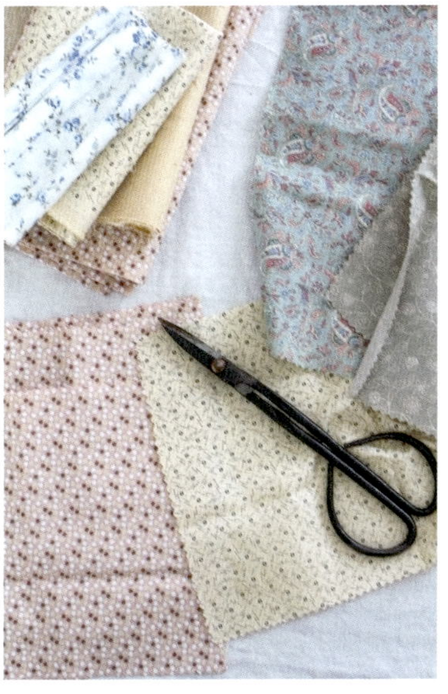

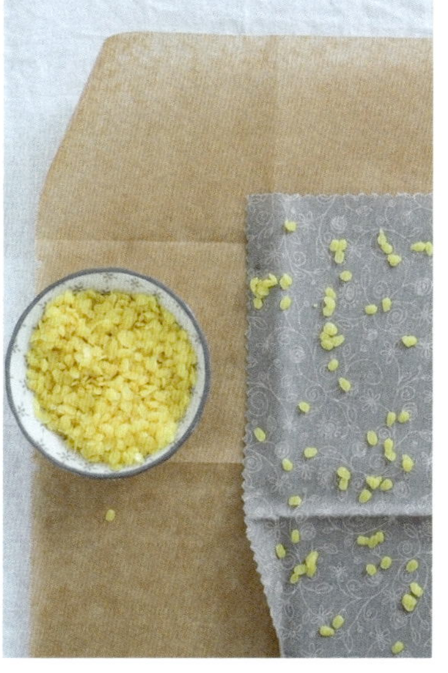

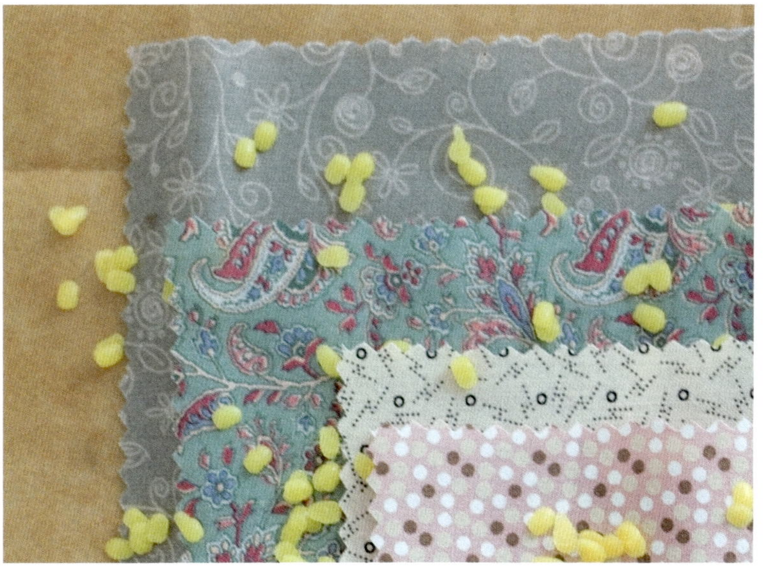

Die Bienenwachstücher vorsichtig auseinanderziehen und einzeln auf Backpapier zum Trocknen auslegen. Das geht ganz schnell! Jetzt haben sie schon die typische Haptik und sind durch das Bienenwachs recht hart geworden. So lassen sie sich z. B. über Schüsseln und Becher legen, ohne dass sie nach leichtem Andrücken noch verrutschen. Durch die Wärme der Hände nehmen sie die Form der Schüssel o. Ä. an, sodass Lebensmittel frisch bleiben.

Anschließend lassen sich die Bienenwachstücher falten, zu kleinen Sets zusammenlegen und binden.

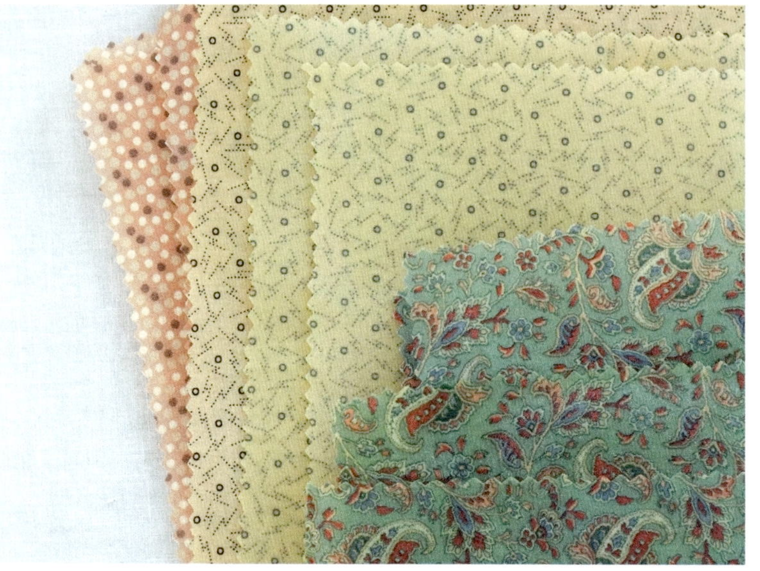

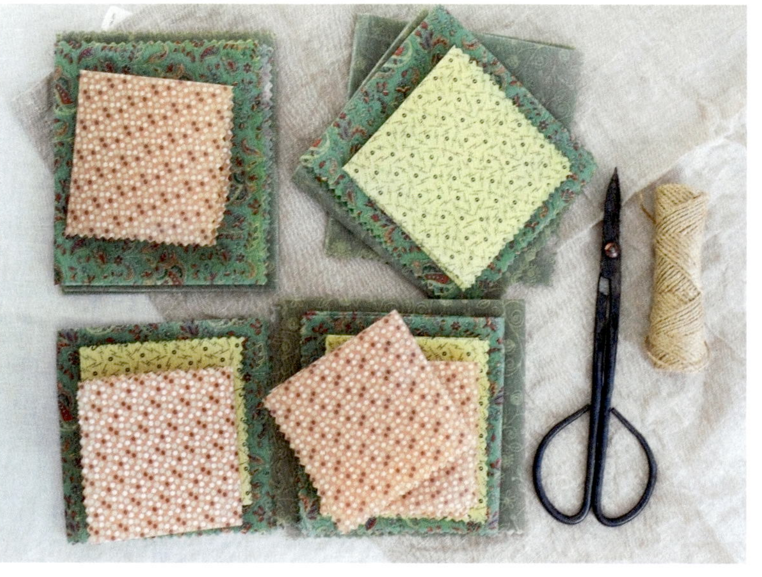

TIPPS

- Reinigung: Bienenwachstücher mit lauwarmem Wasser und etwas Spülmittel reinigen.
- Sie sind nicht dazu geeignet, rohes Fleisch zu verpacken.
- Bekommen sie Falten o. Ä., lassen sie sich ohne Probleme zwischen Backpapier wieder neu »aufbügeln«.

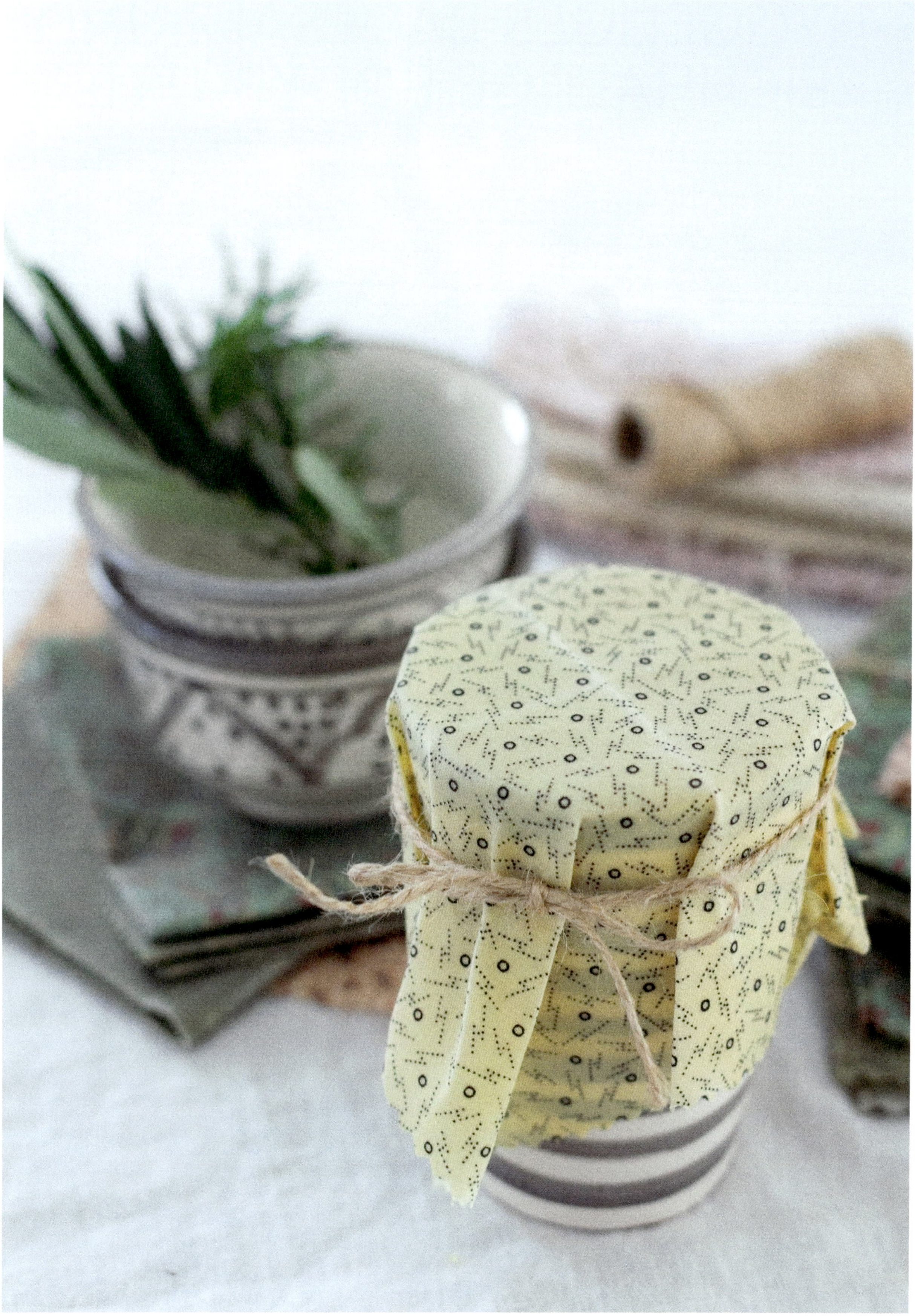

HYGGELIGES BADESALZ UND REICHHALTIGE BODYBUTTER

Im Sommer haben wir immer einige blühende Lavendelbüsche in unserem Garten und ich liebe den Duft der zarten Blüten. Wenn die Pflanzen verblühen, schneide ich immer die Blütenstängel ab und trockne den Lavendel in großen zusammengebundenen Büscheln, die ich verkehrt herum mit den Blüten nach unten aufhänge. Die Blüten eignen sich dann später z. B. für die beiden folgenden Ideen. Sie sehen aber auch so sehr dekorativ aus. Wenn man mit geschlossenen Augen am Badesalz riecht, erinnert es einen an Sommer, Urlaub und Leichtigkeit. Das Salz ist übrigens auch perfekt für ein entspannendes Fußbad an heißen Sommertagen.

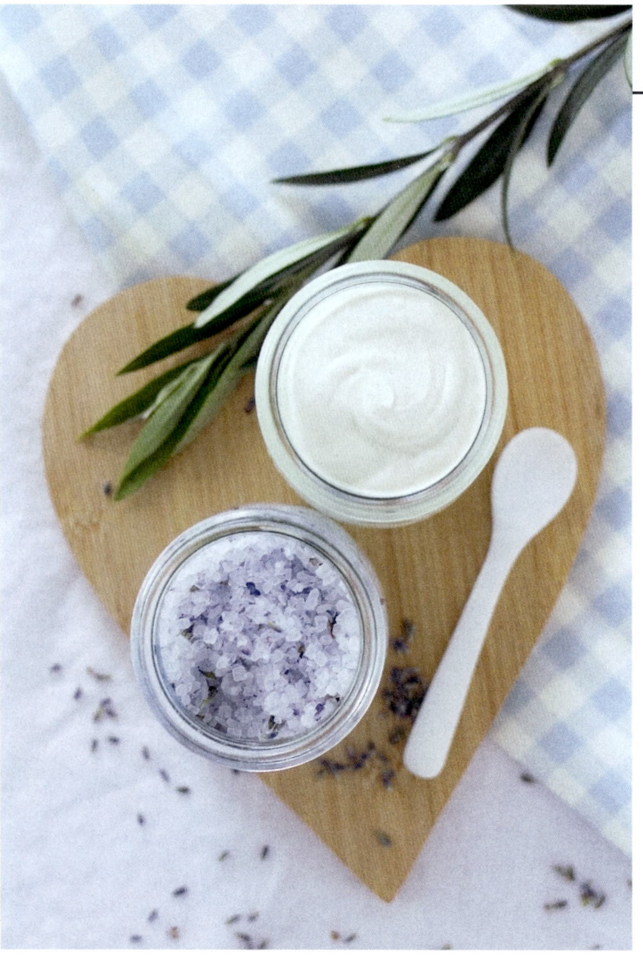

BENÖTIGTES MATERIAL

Für das Badesalz
200 g Totes-Meer-Salz
1 EL Natron
2 Tropfen Lebensmittelfarbe
10 Tropfen Lavendelöl
1 TL getrocknete Lavendelblüten
Außerdem: Glas mit 200 ml Füllmenge

Für die Bodybutter
150 g Kokosöl
100 g Kakaobutter
2 EL Mandelöl
10 Tropfen Lavendel- oder Vanilleöl
2–3 Tropfen Lebensmittelfarbe
Außerdem: Glas mit 250 ml Füllmenge

Außerdem
Küchenwaage
Topf mit Schmelzschüssel aus Metall
Kleiner Löffel
Kleiner Schneebesen
Rührschüssel
Handmixer

SO WIRD'S GEMACHT

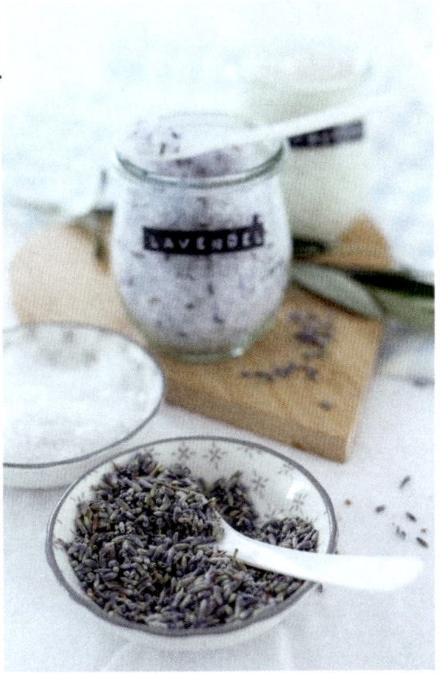

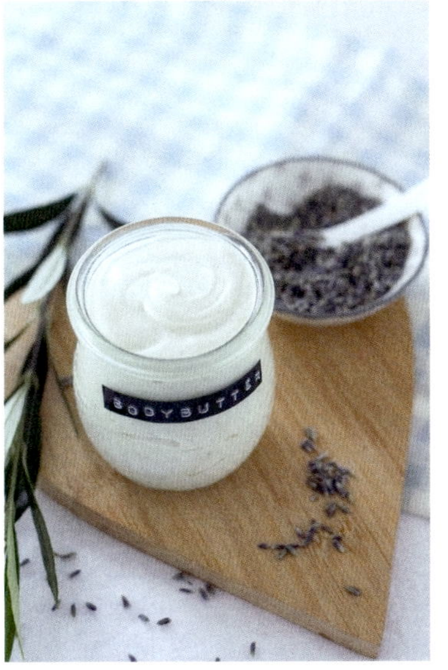

BADESALZ

Das Salz in eine Schüssel geben und mit Natron, der Lebensmittelfarbe, dem Lavendel und den getrockneten Blüten vermischen. Alles gut mit einem Löffel verrühren. So verteilt sich auch die Lebensmittelfarbe unter den Salzkörnern. Die Mischung in ein sauberes Glas füllen. Für ein Vollbad einfach 1 bis 2 EL des Badesalzes in das warme Wasser geben. Es duftet himmlisch nach Lavendel.

BODYBUTTER

Kokosöl, Kakaobutter, Mandelöl in eine Schmelzschüssel geben und diese in einem Topf im Wasserbad langsam schmelzen. Wenn die Zutaten geschmolzen sind, die Schmelzschüssel in den Kühlschrank stellen, bis die Masse wieder anfängt einzudicken. Das dauert ca. 30–40 Minuten. Jetzt können gegebenenfalls die Lebensmittelfarbe und das Duftöl eingerührt werden. Die Masse in eine Rührschüssel geben und mit einem Handmixer wie Sahne aufschlagen. So wird die Bodybutter richtig schön fluffig. Sofort in ein sauberes Glas füllen.

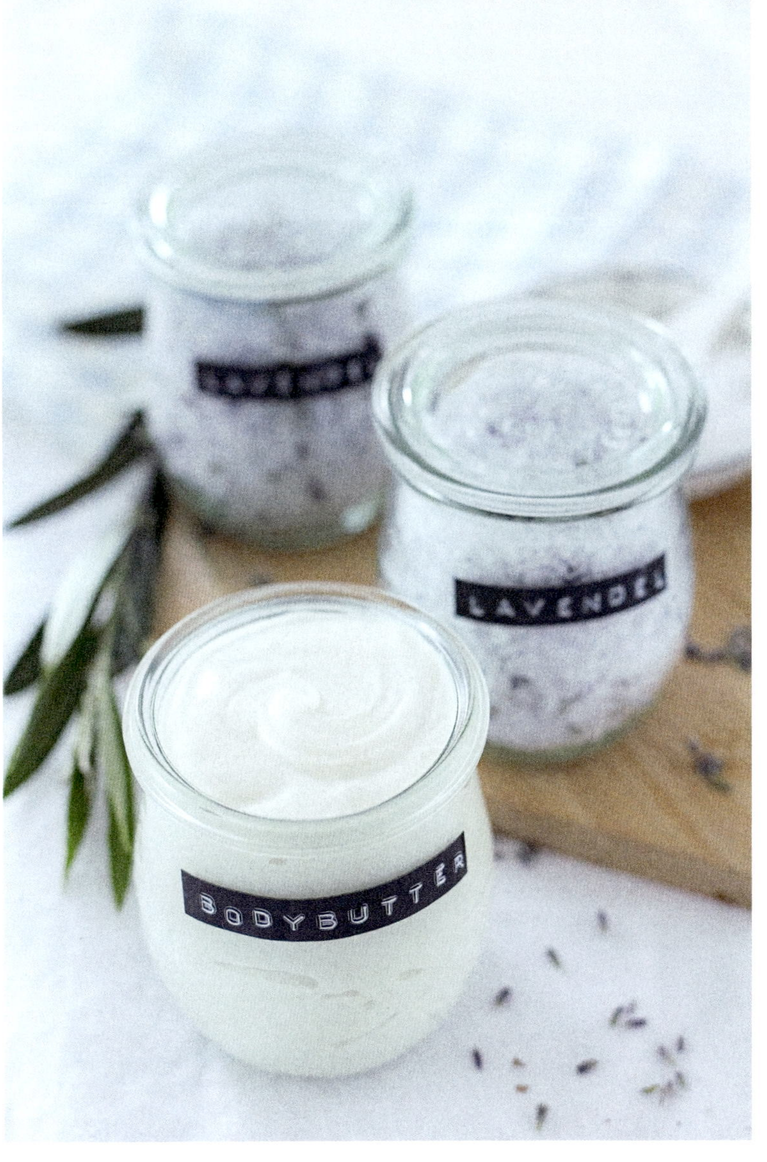

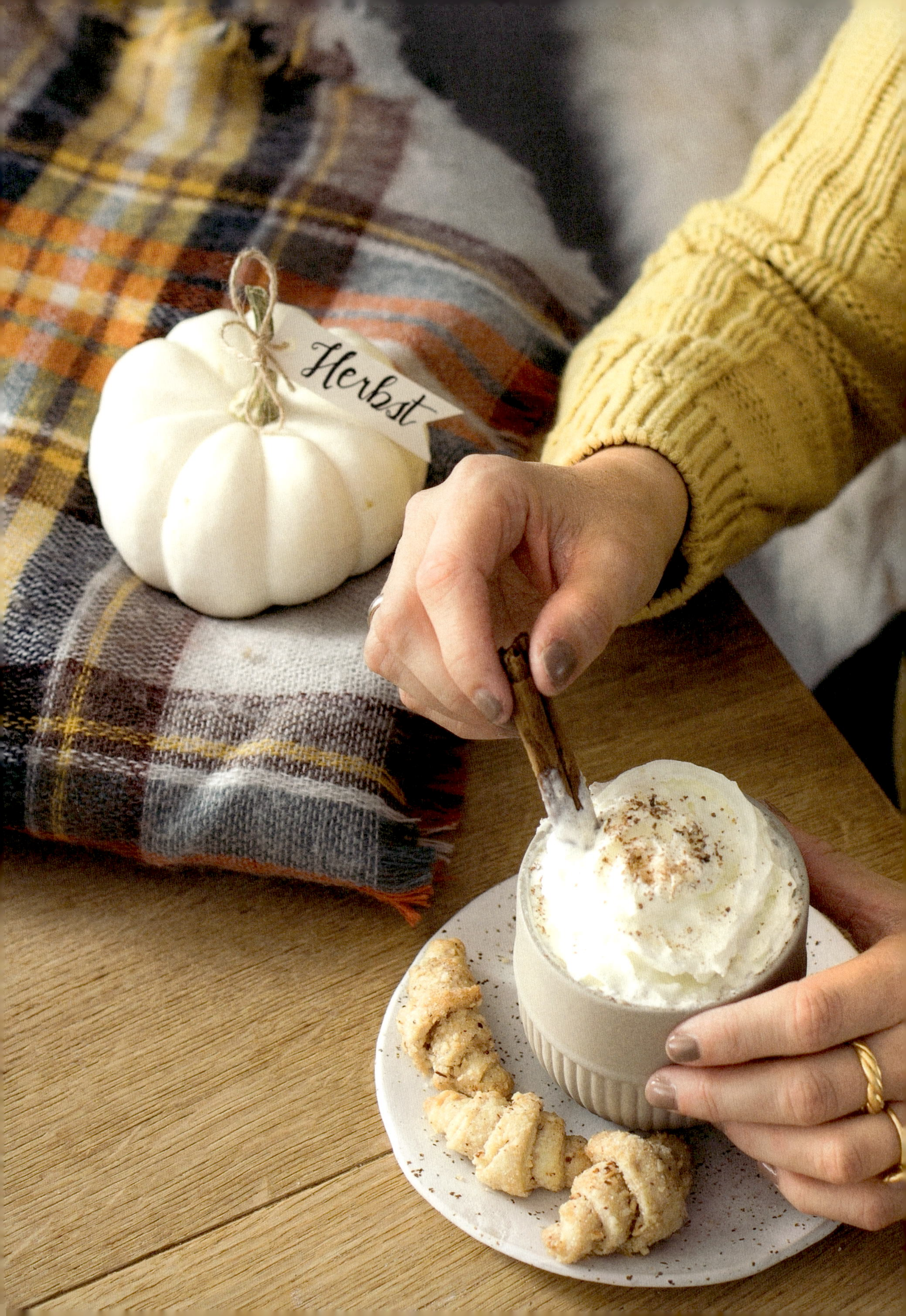
Herbst

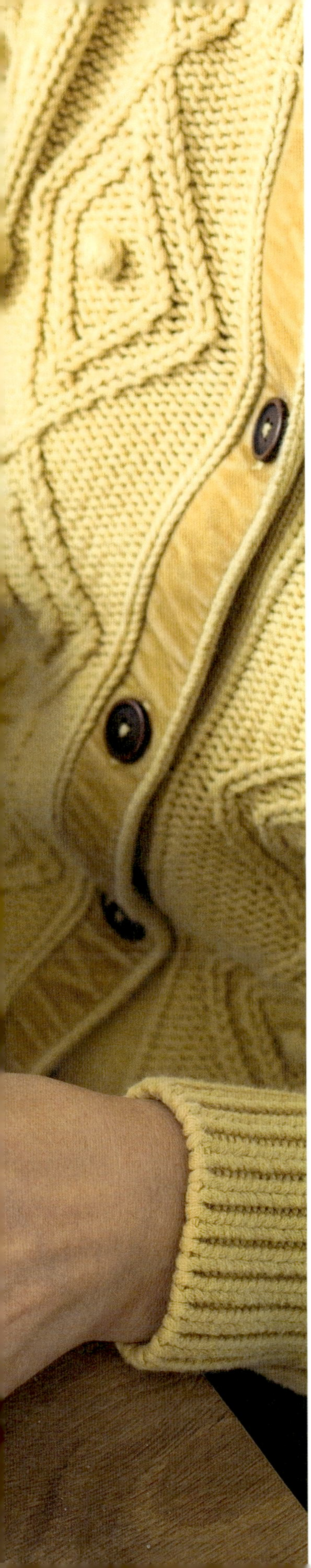

HERBST

HERBST

Den Herbst mag ich genauso sehr wie den Frühling. Die Bäume fangen an, sich zu verfärben, wir unternehmen Spaziergänge durch raschelndes Laub und haben immer ein Körbchen für die Schätze der Natur dabei. Wir sammeln Kastanien, Eicheln, besondere Blätter, Hagebutten und andere schöne Dinge, aus denen wir zu Hause etwas Neues zaubern.

Die Deko im Haus passt sich dabei natürlich an. Kränze werden der Jahreszeit entsprechend gebunden, wir drucken Blätter auf Papier und backen Apfelkuchen. Außerdem muss auf jeden Fall erwähnt werden, dass jetzt Pumpkin- bzw. Kürbis-Zeit ist. Es gibt nun Pumpkin-Spice-Latte, Kürbissuppe und natürlich Kürbiskuchen. Ein Rezept dafür findest du auch in diesem Kapitel. Wir lieben diesen Kuchen und sobald der Herbst da ist, fragen meine Kinder immer danach. Der Kuchen ist so wunderbar saftig durch das Kürbispüree. Eine wahre Herbst-Köstlichkeit.

Den Garten machen wir alle zusammen winterfest und verbuddeln ganz viele Blumenzwiebeln. Tulpen, Narzissen, Schneeglöckchen und Krokusse stecken dann im Frühling ihre Köpfe aus der Erde – zur großen Begeisterung meiner Kinder. Bei den Blumenzwiebeln schaue ich immer nach ganz besonders schönen Sorten, denn da sie jedes Jahr wieder blühen und ich die Zwiebeln einfach in der Erde lasse, hat man lange etwas davon.

Im Herbst ist es herrlich, am Meer zu sein. Nach langen Strandspaziergängen bei Wind und Wetter kann man es sich zu Hause gemütlich machen. Die Tage werden langsam kühler und nachmittags bleibt wieder Zeit für DIYs.

MEINE TIPPS FÜR DEN HERBST

- Schätze aus dem Wald, lassen sich zu Hause als Deko verwenden. Kastanien legen wir in eine große Schale und machen Kränze daraus

- Kerzen in großen Gläsern mit Kränzen bringen Gemütlichkeit

- Ein Besuch eines Kürbishofes ist im Herbst ein Ereignis, herbstlicher kann man sich nicht fühlen, wenn danach das Haus mit Baby Boos dekoriert wird und auf dem Herd eine köstliche Suppe vor sich hin köchelt

- Farben: Beige-, Braun- und Grüntöne dominieren diese Saison. Manchmal ist auch ein »Klecks« Rot dabei

- Kuschelige Kissen und Decken auf Stühlen, Sesseln oder Sofas verbreiten Gemütlichkeit an regnerischen, grauen Tagen

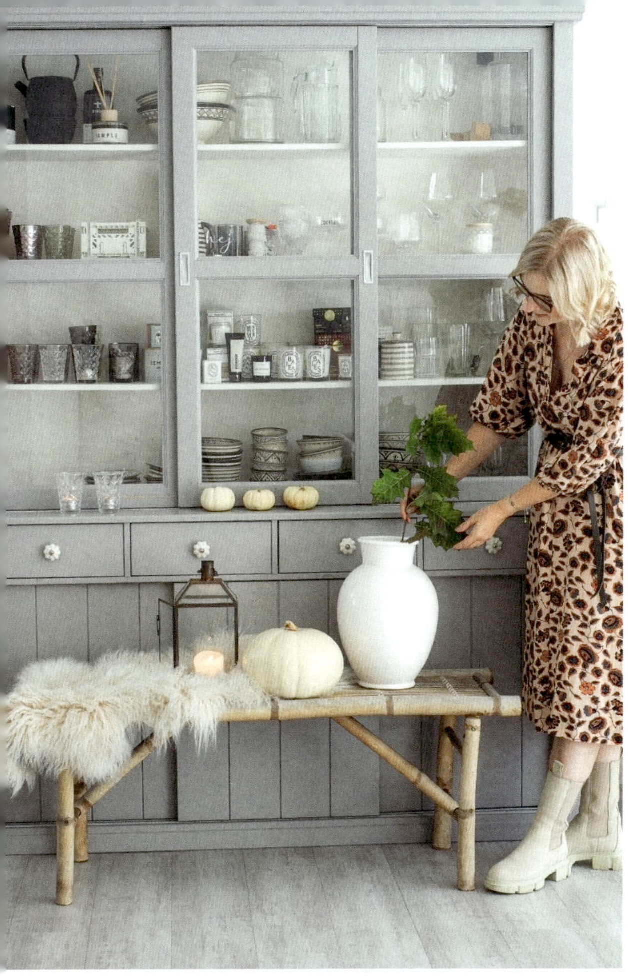

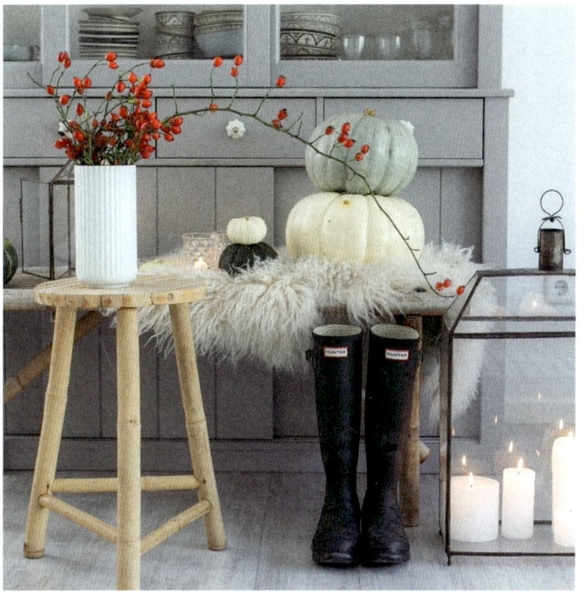

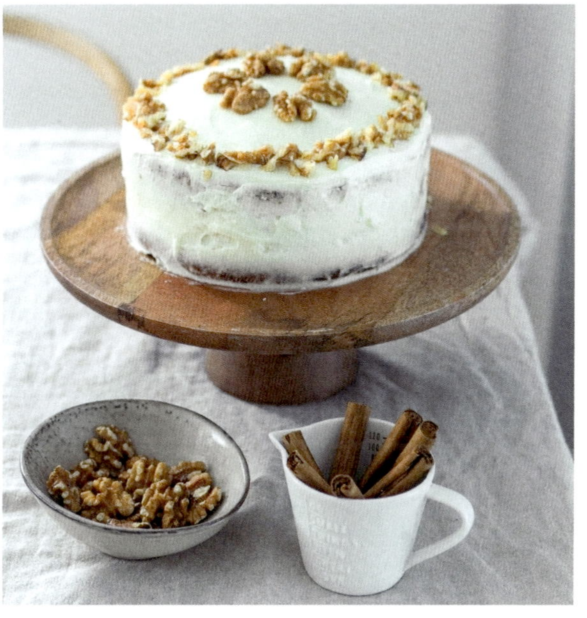

Der Herbst ist zauberhaft, nicht nur, weil es die Jahreszeit der Baby Boos ist, sondern weil nichts über einen selbst gebackenen Pumpkin Pie geht.

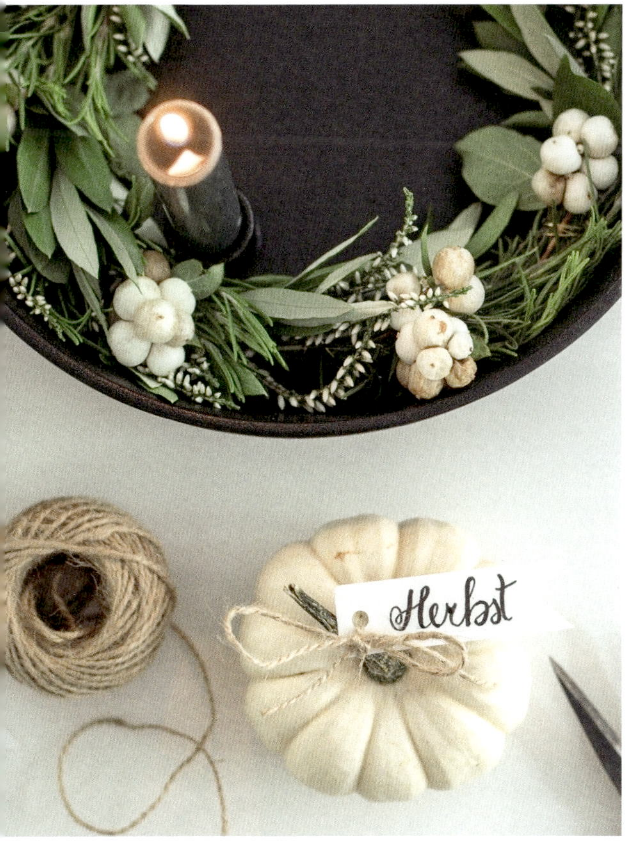

SCHNELLE APFELTARTE MIT MÜRBETEIG

Was wäre ein schöner Herbst ohne einen leckeren Apfelkuchen. Es gibt doch kaum etwas Besseres, als sonntags eine große Runde spazieren zu gehen und sich anschließend zu Hause mit der Familie um den Küchentisch zu versammeln, um eine leckere Apfeltarte zu essen. Das nächste Rezept ist dafür perfekt, denn es ist schnell gemacht und schmeckt vor allem lauwarm besonders gut.

ZUTATEN

Für den Teig

150 g kalte Butter in Stücken
1 Prise Salz
300 g Mehl
Etwas kaltes Wasser

Für die Füllung

1 kg säuerliche Äpfel
Zimt und Zucker
(Evtl. Eine Handvoll gehackte Mandeln oder Nüsse)

Außerdem

Tarteform mit herausnehmbarem Boden

ZUBEREITUNG

Butter, Salz und Mehl mit den Händen zu einem Teig kneten. Sollte dieser zu trocken sein, noch 1–2 EL kaltes Wasser zufügen. Den Teig zu einer Kugel formen, in Frischhaltefolie wickeln und für ca. 1 Stunde im Kühlschrank ruhen lassen.

Den Backofen auf 180 Grad Umluft vorheizen.

In der Zwischenzeit die Äpfel schälen und in daumendicke Stücke schneiden. Eine Tarteform mit herausnehmbarem Boden fetten. Zwei Drittel des Mürbeteigs auf einer bemehlten Arbeitsfläche mit einem Nudelholz ausrollen und passend in die Tarteform legen. Den überstehenden Rand mit einem Messer abschneiden. Die vorbereiteten Äpfel gleichmäßig auf dem Mürbeteig verteilen. Großzügig mit Zimt und Zucker oder mit braunem Zucker bestreuen. Den restlichen Teig erneut ausrollen und als Deckel auf die Tarte legen, und leicht andrücken. An den Rändern den überschüssigen Teig abschneiden. Aus dem kleinen Rest Teig können ein paar Blätter ausgestochen werden, um damit die Tarte zu verzieren. Diese werden dann einfach auf den Deckel gelegt.

Bei 180 Grad für ca. 30 Minuten backen.

Die Tarte schmeckt lecker lauwarm mit Vanille- oder Nusseis und Sahne.

TIPP

Das Rezept für den Mürbeteig eignet sich perfekt als Grundlage für jede Art von Quiche oder Tarte.

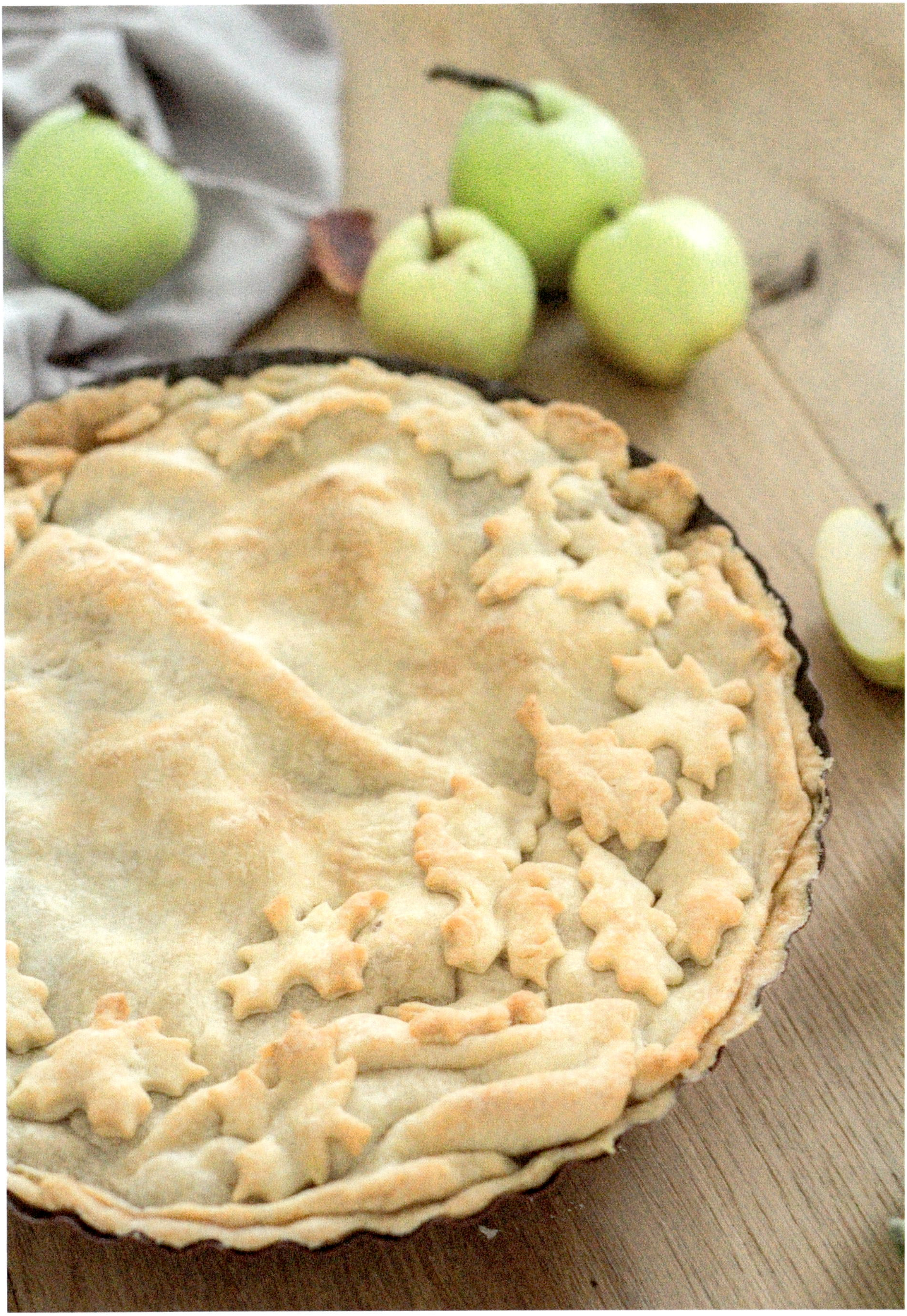

HERBSTLICHE DINKELPLÄTZCHEN

Die bunten Farben, die uns der Herbst in jedem Jahr wieder aufs Neue bietet, müssen auf jeden Fall auch in einem Rezept eingefangen werden. Die Kekse erinnern mich an die Blätter, die wir im Herbst sammeln, in großen dicken Büchern pressen, um anschließend damit zu basteln und zu dekorieren. Dann geht es bei uns ganz schön bunt zu und so dürfen auch die leckeren Dinkelplätzchen bunt und mit Schokolade angemalt werden. Es sind die perfekten Kekse für einen Herbstspaziergang im »Raschellaub«.

ZUTATEN

Für den Teig

300 g Dinkelmehl + mehr zum Ausrollen
1 EL Backkakao
120 g Zucker
½ TL Zimt
2 zimmerwarme Eier
150 g kalte Butter

Für die Glasur

1 Packung weiße Kuvertüre
½ Packung dunkle Kuvertüre
Lebensmittelfarben in Herbsttönen (orange, rot, grün)

Außerdem

Herbstliche Ausstecher, z. B. Blätter, Rehe, Pilze, etc.
Nudelholz
Zahnstocher

ZUBEREITUNG

Mehl und Kakao in eine Schüssel sieben, Zucker, Zimt und Eier hinzufügen. Die kalte Butter in Stücke schneiden und dazugeben. Alle Zutaten erst mit dem Knethaken und dann mit den Händen zu einem Mürbeteig verkneten. Zu einer Kugel formen, in Frischhaltefolie wickeln und für eine Stunde im Kühlschrank ruhen lassen.

Den Backofen auf 180 °C Umluft vorheizen. Zwei Backbleche mit Backpapier auslegen.

Den Mürbeteig dritteln und die Arbeitsfläche mit Mehl bestäuben. Den Teig ca. 4 mm dick ausrollen und die Plätzchen ausstechen. Diese auf die Backbleche legen und ca. 10 Minuten backen.

Die Kekse nach dem Backen auf einem Kuchengitter auskühlen lassen. In der Zwischenzeit die weiße und die dunkle Kuvertüre grob hacken und getrennt voneinander im Wasserbad schmelzen. Das Wasser darf dabei nur erhitzt werden und nicht kochen.

Die geschmolzene weiße Schokolade auf drei bis vier kleine Schüsselchen verteilen und mit der Lebensmittelfarbe färben. Die Lebensmittelfarben lassen sich auch untereinander mischen, sodass sich ganz tolle Farbnuancen herstellen lassen. Die dunkle Kuvertüre lässt sich direkt weiterverarbeiten. Die Schokolade zügig mit einem Teelöffel auf den Keksen verteilen. Die Kuvertüre erkaltet recht schnell, dann lassen sich mit einem Zahnstocher blattähnliche Muster in die Schokolade »zeichnen«.

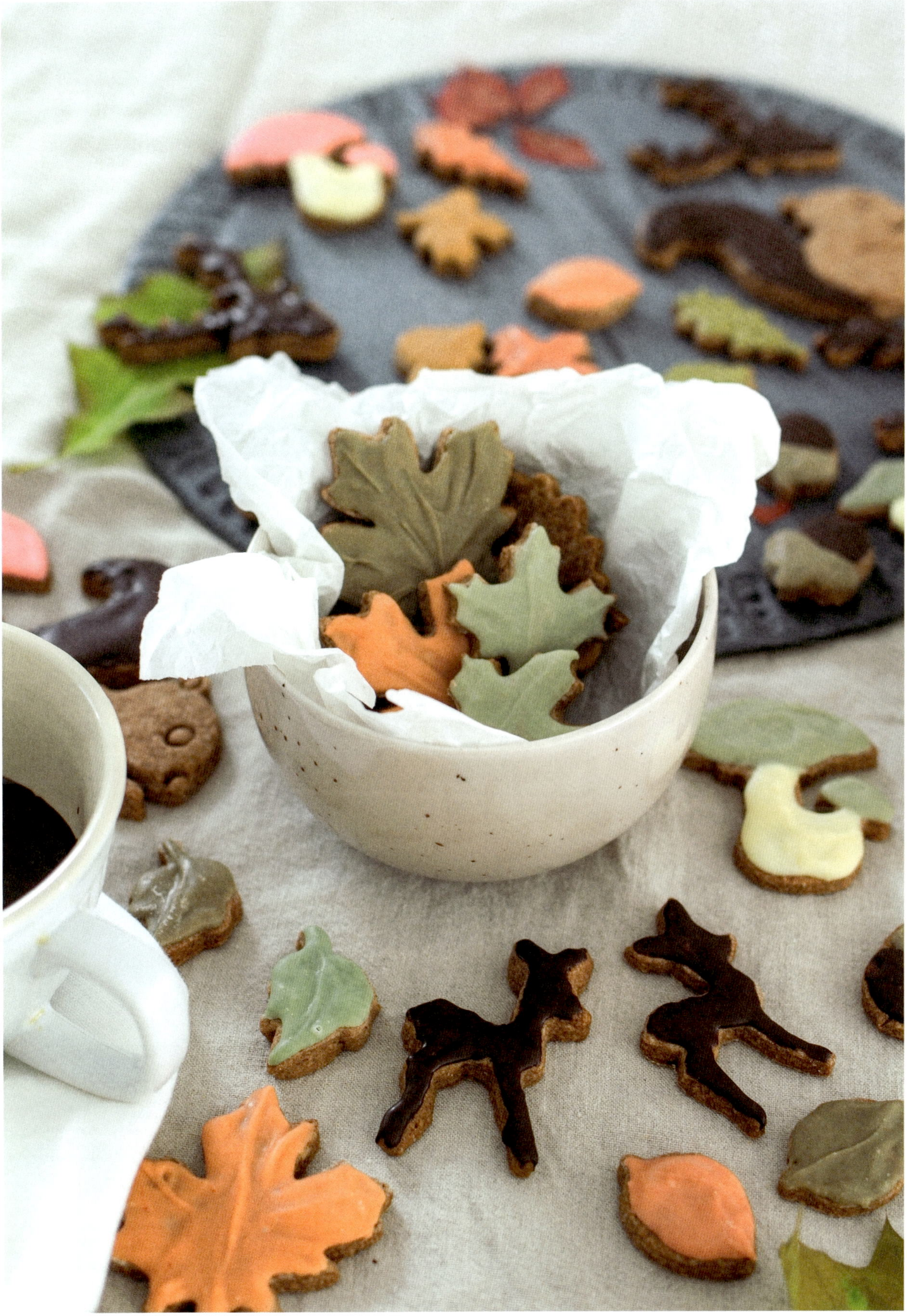

NUSSZIMTHÖRNCHEN

Nüsse sind im Herbst für mich ein absolutes Muss. Am allerliebsten mag ich in dieser Jahreszeit Hasel- und Walnüsse und beide lassen sich für das folgende Rezept verwenden. Nusszimthörnchen die perfekte Nascherei für die ganze Familie oder für ein Treffen mit der besten Freundin.

ZUTATEN
(für ca. 32 Stück)

Für den Teig
160 g Mehl
100 g zimmerwarme Butter
100 g Doppelrahmfrischkäse

Für die Füllung
50 g weißer Zucker
50 g brauner Zucker
80 g gemahlene Haselnüsse
1 TL Zimt

ZUBEREITUNG

Alle Zutaten für den Teig in eine Schüssel geben und mit den Händen zu einer Kugel verkneten, in Frischhaltefolie wickeln und mindestens 2 Stunden im Kühlschrank ruhen lassen. Durch den Frischkäse ist der Teig sehr klebrig. Durch die lange Kühlung lässt er sich anschließend besser weiterverarbeiten.

Den Backofen auf 180 °C Umluft vorheizen. Ein Backblech mit Backpapier auslegen.

Die Zutaten für die Füllung miteinander vermischen und die Hälfte auf die Arbeitsplatte geben und etwas ausbreiten.

Den Teig noch mal gut durchkneten und ungefähr in zwei gleich große Teile schneiden. Einen Teigklumpen auf die Füllung legen und mit einem Nudelholz möglichst rund ausrollen. Dabei immer wieder den Teig wenden, sodass die Füllung überall am Teig kleben bleibt. Die Teigplatte sollte nach dem Ausrollen einen Durchmesser von ca. 24 bis 26 cm haben.

Anschließend die Platte mit einem scharfen Messer in 16 Stücke schneiden.

Die so entstandenen »Tortenstücke« von der breiten Seite aufrollen und zu kleinen Croissanthörnchen formen. Die Hörnchen auf das vorbereitete Backblech legen.

Die andere Teighälfte genauso verarbeiten. 32 Hörnchen passen perfekt auf ein Blech, für ca. 12 Minuten backen.

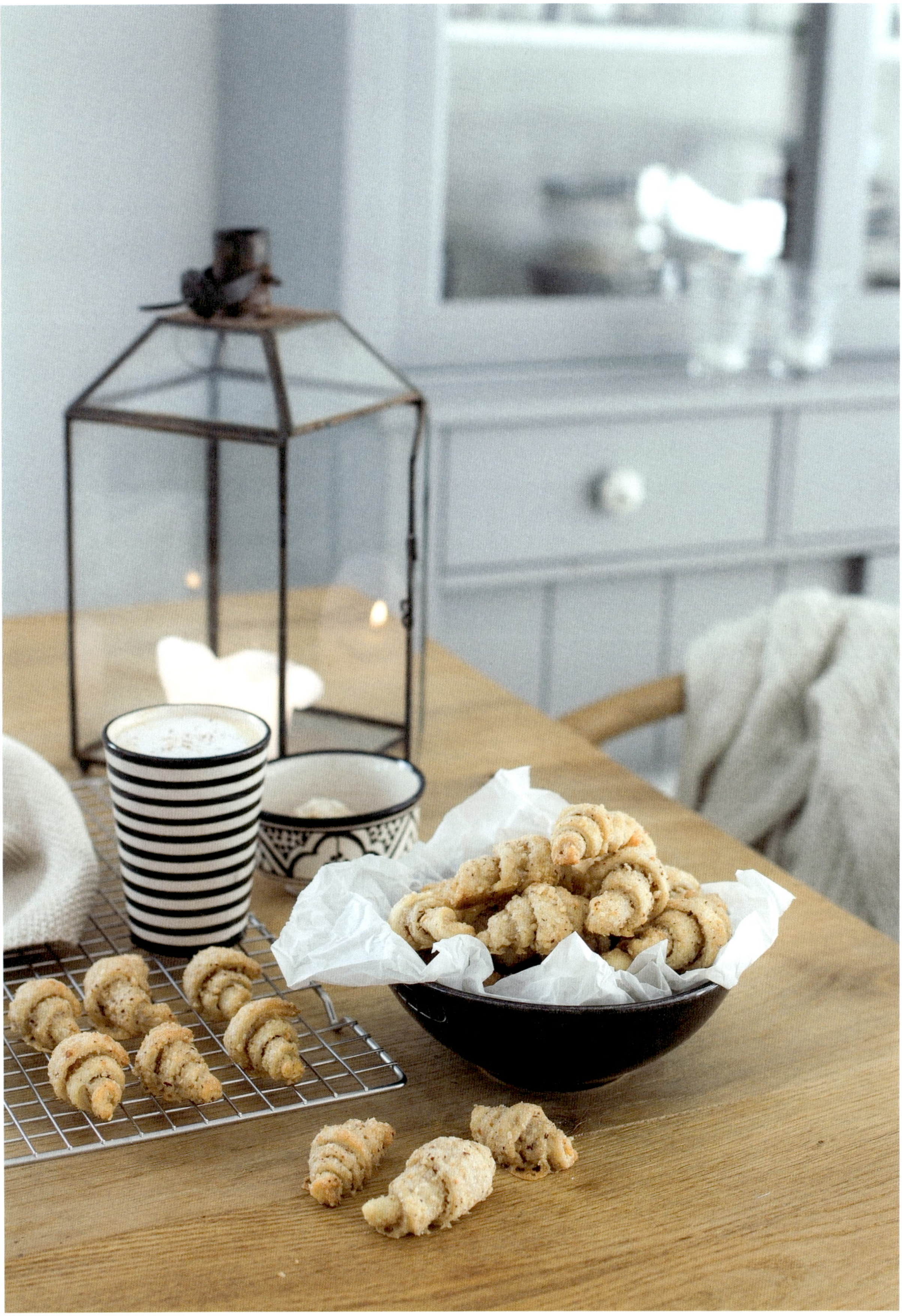

KÜRBISKUCHEN MIT WALNUSSTOPPING

Als ich vor zwei Jahren meinen ersten Kürbiskuchen gebacken habe, waren in meiner Familie alle Feuer und Flamme. Vor allem meine Tochter liebt den saftigen Kuchen über alles. Er hält sich tagelang und wird durch den saftigen Kürbis auch nicht trocken. Das Kürbispüree für den Kuchen lässt sich ganz einfach herstellen.

Dafür einfach einen kleinen Hokkaidokürbis bei 160 Grad für ca. 30 Minuten im Backofen garen. Abkühlen lassen und anschließend entkernen. Den Strunk entfernen, in grobe Stücke schneiden und pürieren.

Es ist total praktisch, das Püree portionsweise (immer 250 g) einzufrieren. So hat man immer etwas parat, für saftige Kuchen und herbstliche Pasta.

ZUTATEN
(für eine Springform, 20–24 cm ø)

Für den Teig

4 Eier
150 g brauner Zucker
1 Prise Salz
200 g geschmolzene Butter
200 ml Milch
250 g Kürbispüree (s. o.)
300 g Mehl
1 EL Pumpkinspice
1 Päckchen Backpulver

Für das Frosting

100 g Butter zimmerwarm
250 g Puderzucker
400 g Frischkäse Doppelrahmstufe
100 g Walnüsse

ZUBEREITUNG

Für den Teig: Den Backofen auf 180 Grad Umluft vorheizen, eine Springform (hier 20 cm Durchmesser) mit Backpapier auslegen.

Die Eier mit dem Zucker und Salz in einer Schüssel für ca. 10 Minuten rühren bis eine helle gelbe Creme entsteht. Die geschmolzene, abgekühlte Butter, Milch und Kürbispüree unter die Eimasse rühren.

Das Mehl mit dem Kürbisgewürz (Pumpkinspice) und dem Backpulver mischen und in den Teig sieben. Durch das Sieben vermeidet man unnötige Klümpchen. Alles kurz untermengen und dann in die vorbereitete Springform füllen.

Den Kuchen auf mittlerer Schiene für ca. 45 bis 50 Minuten backen. Anschließend mit einem Holzstäbchen überprüfen, ob der Kuchen gar ist. Wenn kein Teig mehr am Stäbchen hängen bleibt, ist der Kuchen fertig.

In der Form auskühlen lassen und dann in drei Böden teilen. Je größer Die Springform ist, umso dünner werden hier die drei Böden.

Für das Frosting: Die zimmerwarme Butter in eine Rührschüssel geben und den Puderzucker darüber sieben. Die Masse für ca. 5 Minuten mit dem Handmixer zu einer dicken Creme verrühren. Den Frischkäse anschließend nur ganz kurz unterrühren.

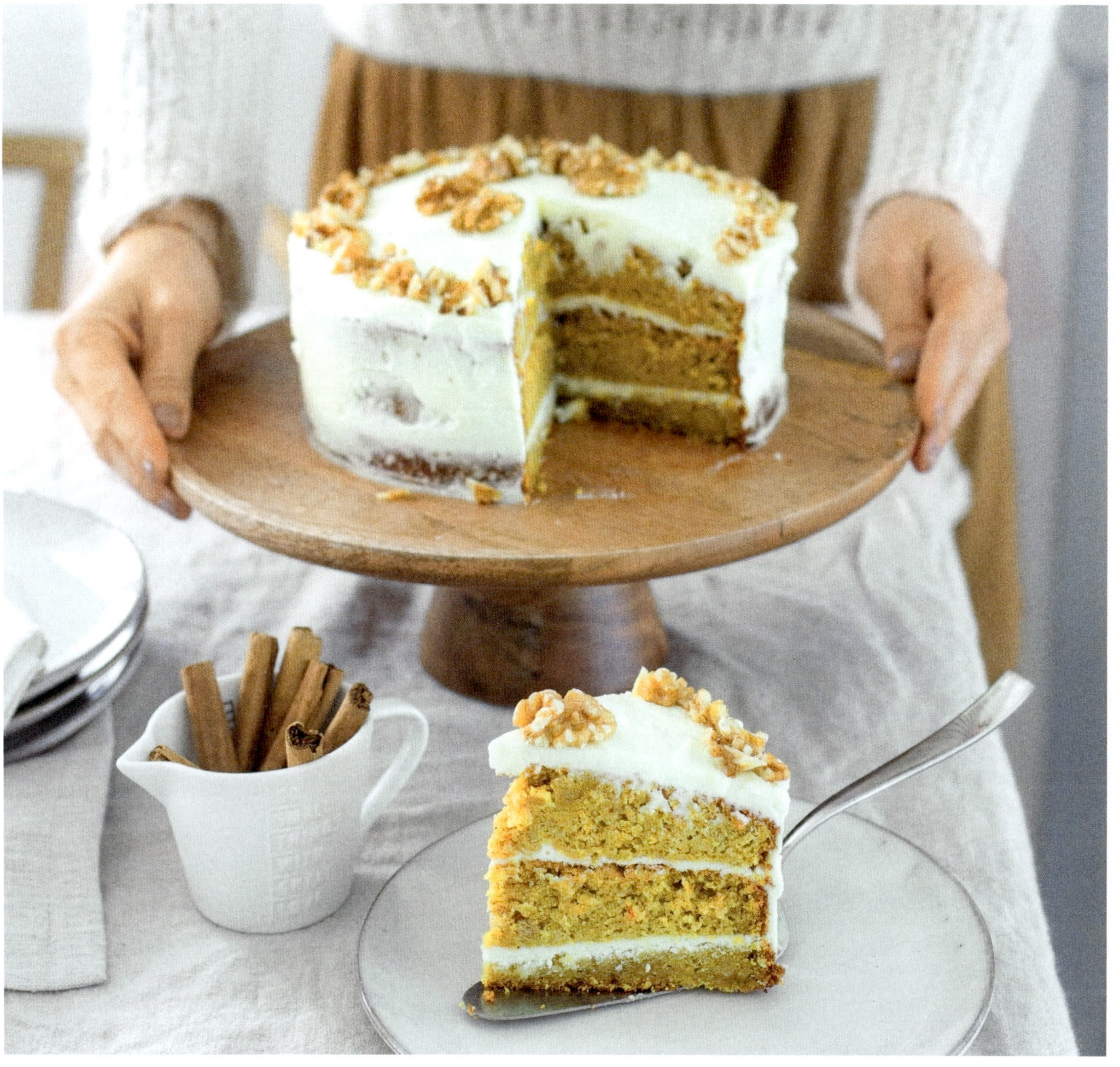

Die Walnüsse grob hacken. Ein paar ganze Nüsse für die Deko zur Seite legen.

Zwei Tortenböden gleichmäßig mit der Frischkäsecreme bestreichen und vorsichtig übereinanderlegen. Den dritten Boden daraufsetzen und die restliche Creme darauf und an den Rändern des Kuchens verstreichen. Die Tortenböden dürfen dabei noch ein wenig durch die Creme zu sehen sein.

Den Kuchen mit den Walnüssen dekorieren.

Eine Nacht durchziehen lassen, so schmeckt der Kuchen am allerbesten.

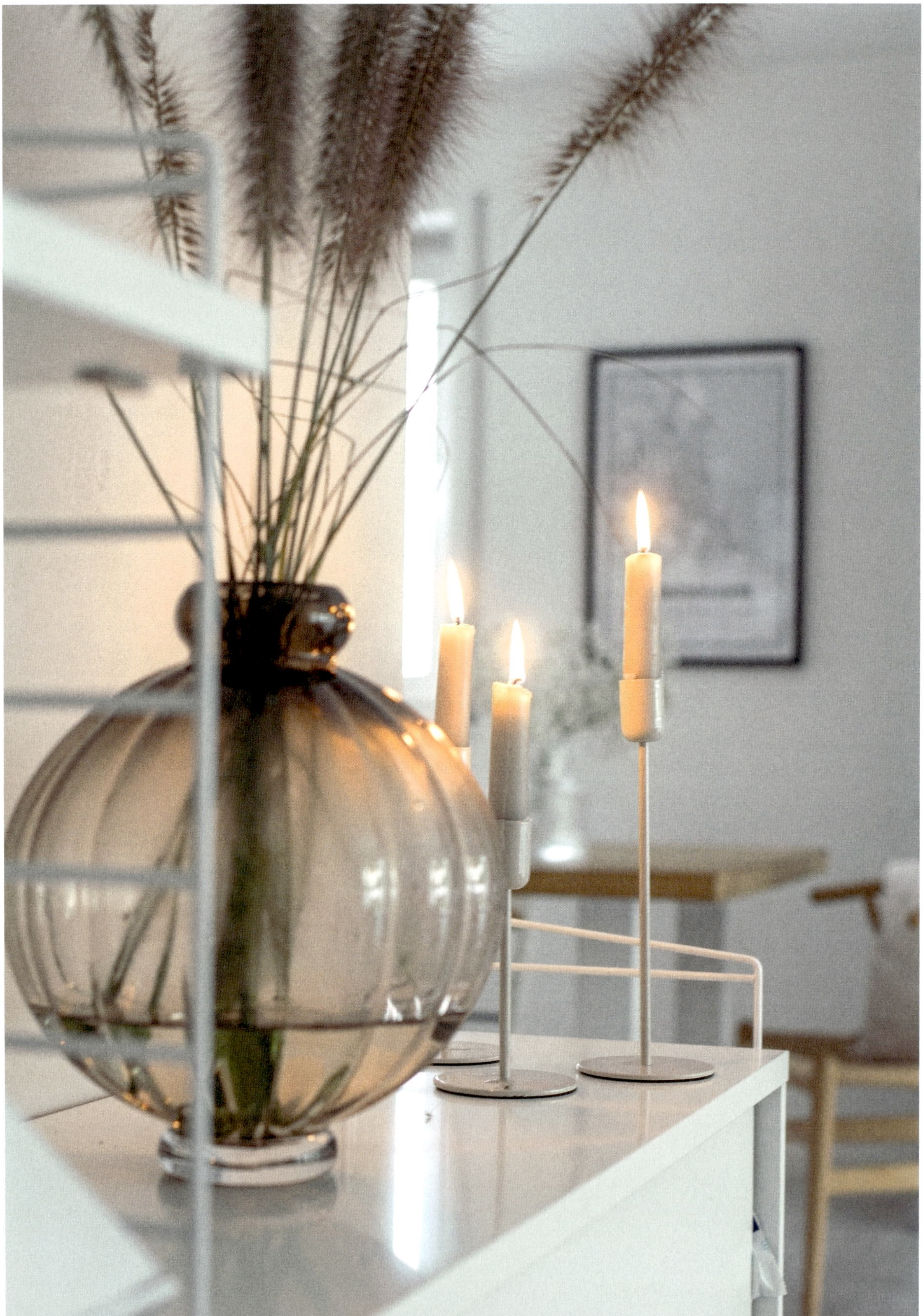

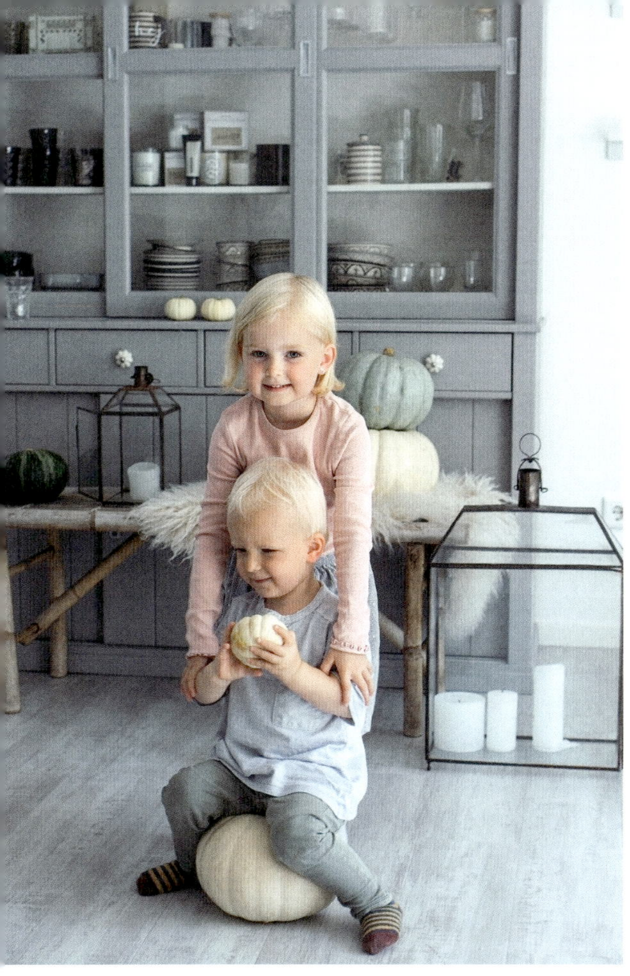

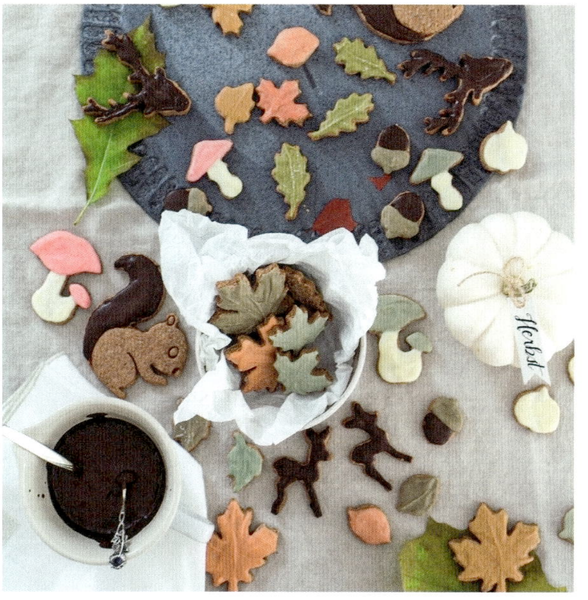

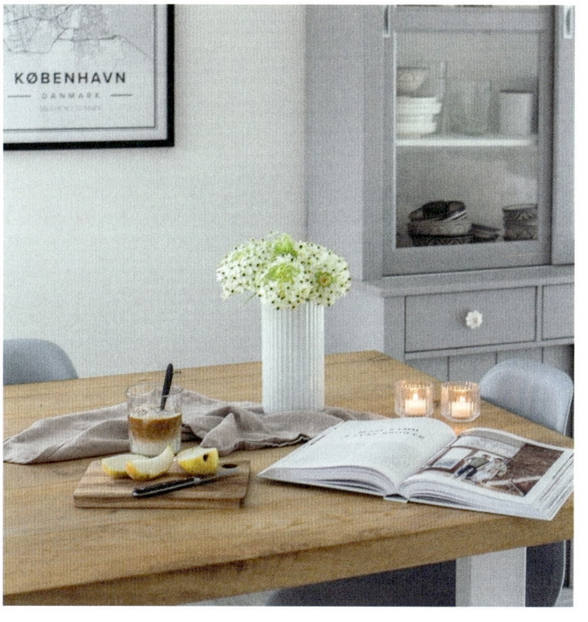

Im Herbst dominieren Beige- und Brauntöne. Baby Boos werden zur Dekoration arrangiert und getrocknete Hortensien aus dem Sommer zu Kränzen gebunden. Jetzt ist es wieder Zeit, die dicken Strickjacken im Schrank nach vorne zu hängen.

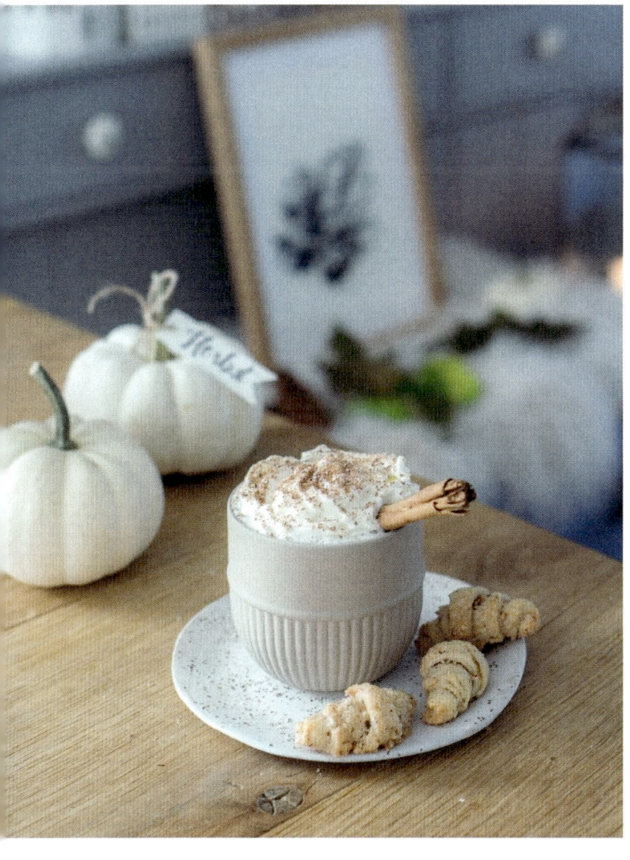

HAGEBUTTENKRANZ

Wenn die Hortensien im Garten sich so langsam verfärben und man bei goldenen Herbstspaziergängen Hagebutten findet, dann lässt sich daraus eine tolle Herbstdeko zaubern. Ganz nach den eigenen Vorlieben kann man einzelne Zweige aus dem Garten zu einem Kranz verarbeiten, der später super auf dem Esstisch aussieht oder sich auch aufhängen lässt.

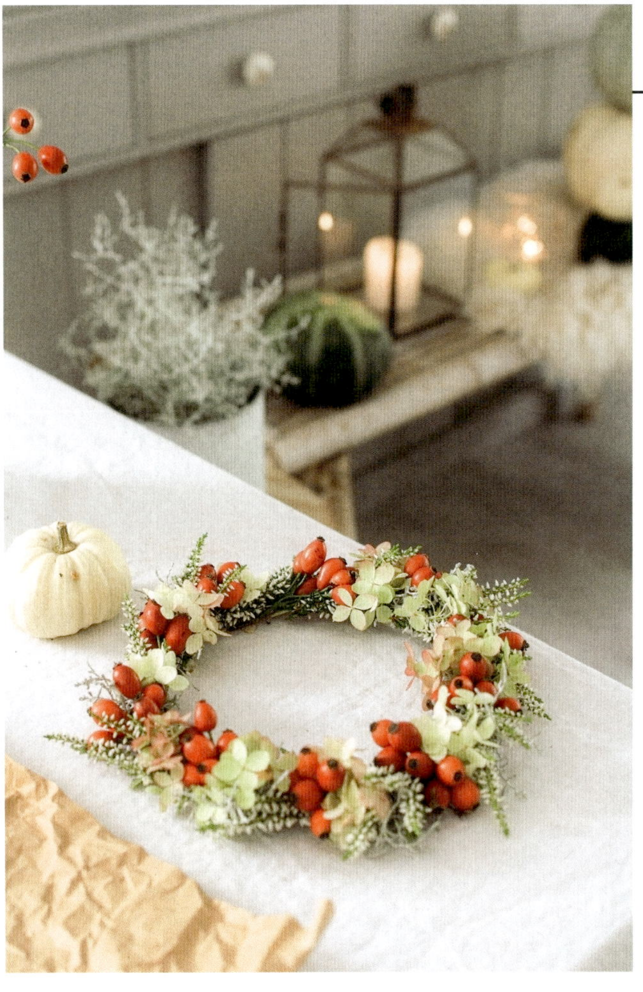

BENÖTIGTES MATERIAL

Kranzrohling aus Draht
Herbstliche Zweige und Blüten:
z. B. Hagebutten, Rispenhortensien, weißes Heidekraut, Stacheldrahtpflanze
Schere
Blumendraht

SO WIRD'S GEMACHT

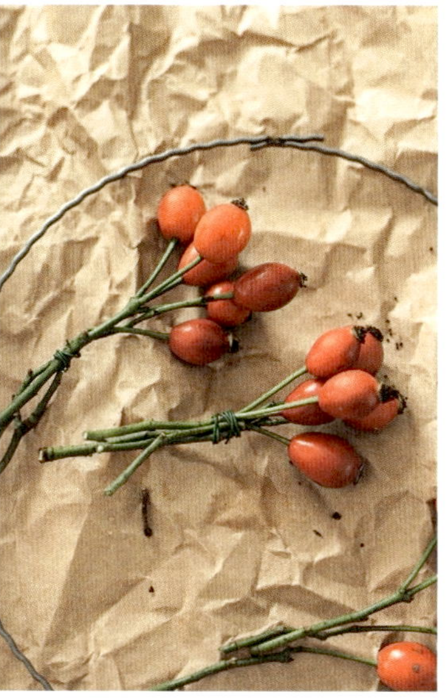

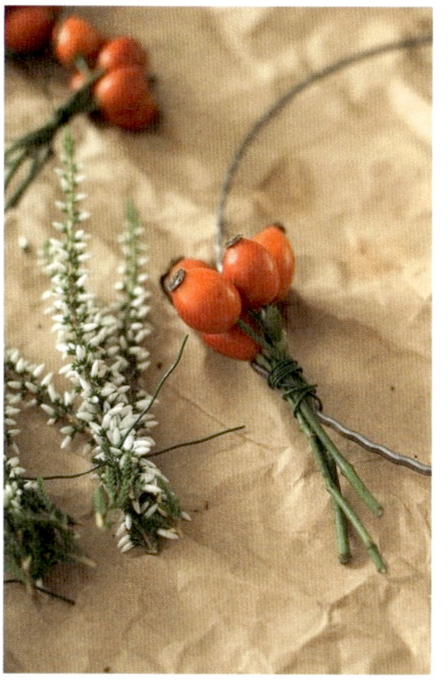

Alle Zutaten für den Kranz bereitlegen und die Zweige kürzen. Die Hagebutten zu kleinen »Sträußen« binden. Dafür einfach zwei drei kleinere Zweige mehrmals mit Blumendraht umwickeln.

Von der Heide einzelne Zweige abschneiden und jeweils fünf bis sechs Zweige mit dem Blumendraht zusammenbinden. Genauso mit der Stacheldrahtpflanze verfahren.

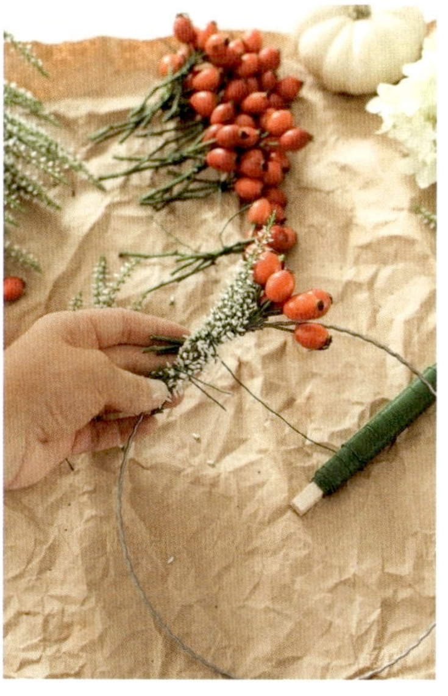

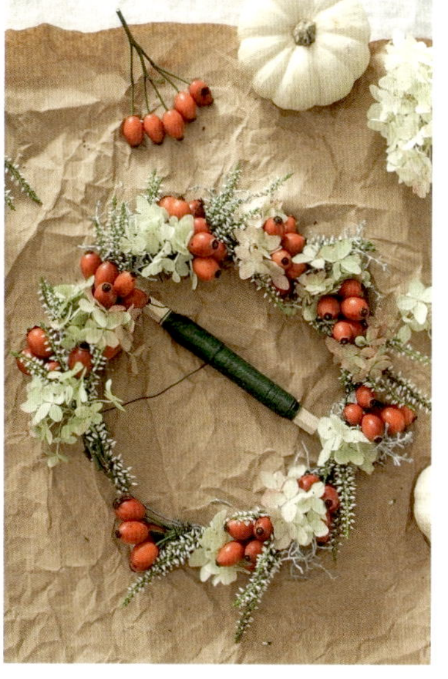

Von der Rispenhortensie einzelne Zweige abschneiden. Die haben so viele Blüten, dass man diese nicht extra zusammenbinden muss. Sie lassen sich beim Binden ganz einfach in den Kranz mit einarbeiten.

Zu Beginn eines der Hagebuttensträuße an dem Drahtring befestigen, indem das Ende der Zweige mit Blumendraht um den Rohling gewickelt wird.

Das nächste Sträußchen wird über die Enden der bereits befestigten Hagebutten gelegt, sodass der darunterliegende Draht nicht mehr sichtbar ist.

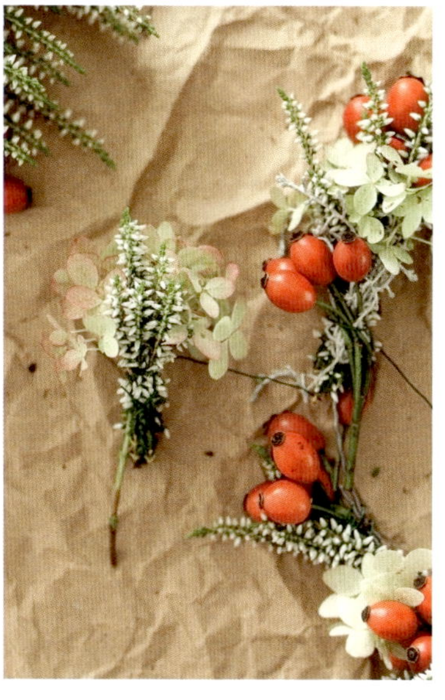

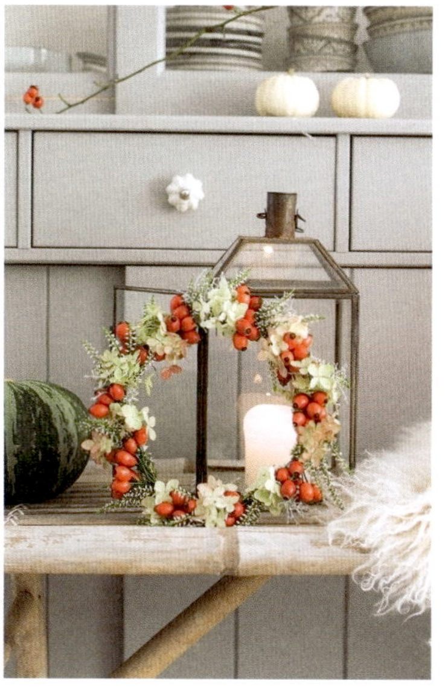

So fährt man immer weiter fort, bis man am Ende des Kranzes angekommen ist. Beim Binden darauf achten, dass man Hagebutten, Rispenhortensien und Heidekraut abwechselt. Das Heidekraut darf auch gerne etwas überstehen.

Für das Ende des Kranzes, die Enden des letzten Sträußchens unter die kleinen Zweige des Anfangs schieben und so festbinden, dass man den Draht möglichst nicht sieht.

HERBSTLICHER KASTANIENKRANZ

Wenn wir im Herbst spazieren gehen, gibt es eine Sache, die auf gar keinen Fall fehlen darf: Kastanien sammeln. Wir schnappen uns gerne Körbchen und suchen so viele Kastanien wie wir tragen können, um sie anschließend zu bemalen, zu Männchen oder zu Kränzen weiter zu verarbeiten. Die Kinder haben so großen Spaß am Sammeln, dass wir nur selten mit leeren Händen und Taschen heimkommen.
Am Nachmittag sitzen wir dann um unseren Tisch herum, haben es hyggelig und verarbeiten die Schätze aus der Natur.
Kastanien zu einem Kranz zu binden ist ganz einfach und eine super schöne Dekoration.

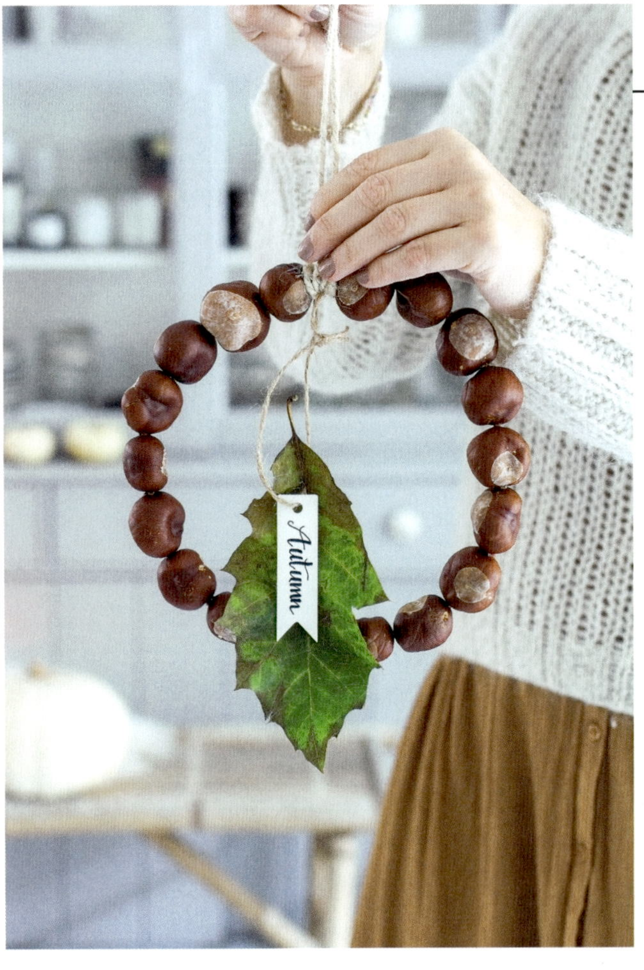

BENÖTIGTES MATERIAL

Kastanien
Kastanienbohrer oder einen anderen dünnen Handbohrer
Aludraht, 2 mm (z. B. von Rayher)
Schere
Juteband (z. B. von Rayher)

TIPPS

Am besten lässt man die Kastanien nach dem Sammeln noch ein paar Tage zu Hause trocknen, dann lassen sie sich einfacher durchbohren.

In die Kränze lassen sich natürlich auch noch andere Herbst-Schätze einbinden. So kann ich mir auch Eicheln und Nüsse in dieser Anleitung sehr gut vorstellen. Wenn die Kränze an einer Wand dekoriert werden sollen, sieht es super aus, wenn verschieden große Kastanienkränze nebeneinander gehängt werden.

SO WIRD'S GEMACHT

Je nachdem wie groß der Kranz werden soll, den Draht in der gewünschten Länge zuschneiden, dabei auf jeder Seite ca. 4–5 cm zum Verschließen einrechnen.

Kastanien mit einem Handbohrer in der Mitte durchbohren und nach und nach auf den Draht fädeln.

So viele Kastanien auf den Draht fädeln, bis die gewünschte Länge erreicht ist. Den Draht dann vorsichtig zu einem Kranz biegen und die beiden Drahtenden zum Verschließen ineinander drehen.

Das Drahtende nach hinten biegen und hinter einer der Kastanien verstecken.

20 bis 30 cm Juteband abschneiden und den Draht an der ineinander gedrehten Stelle mit diesem mehrmals umwickeln, sodass der Draht komplett verschwindet. Das Band verknoten. Es lässt sich so auch zum Aufhängen verwenden.

Hier lassen sich nun z. B. noch ein schönes herbstliches Blatt und/oder ein Anhänger mit einer herbstlichen Aufschrift anbringen. Diese ebenfalls mit einem Juteband an den Kranz knoten.

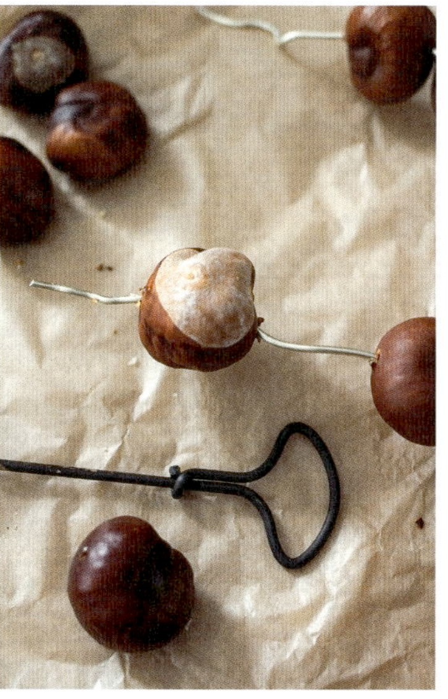

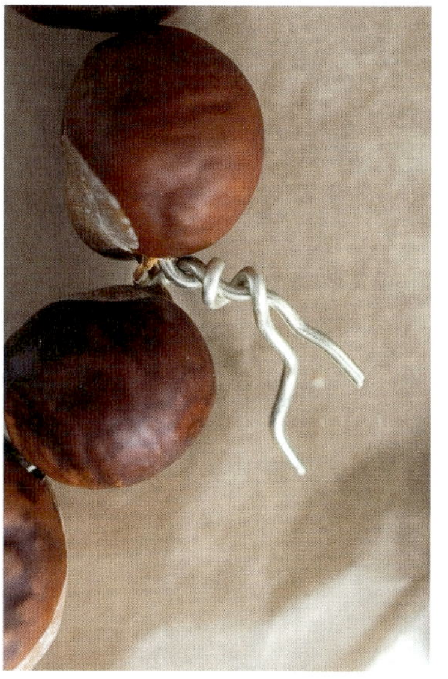

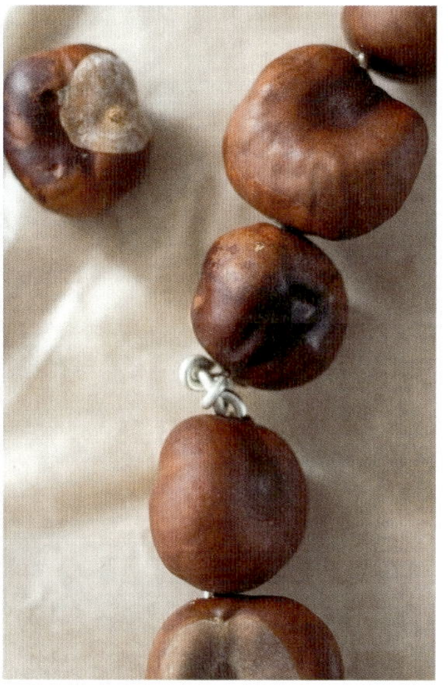

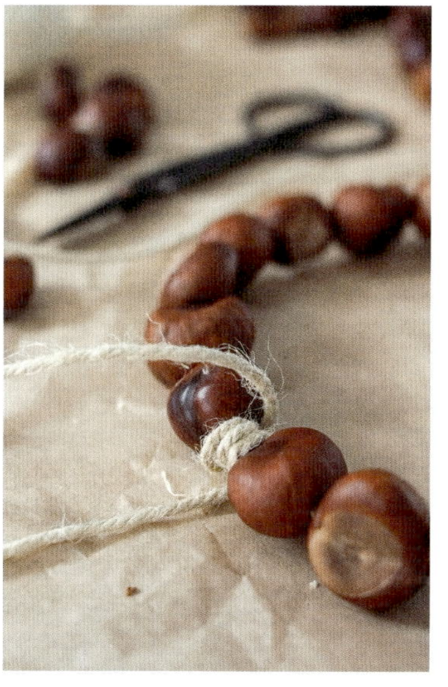

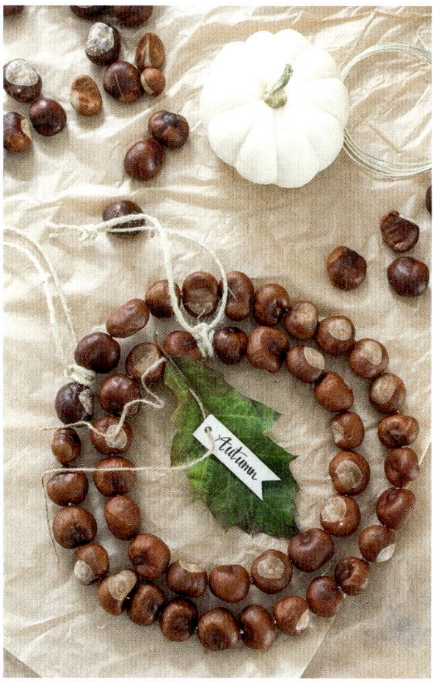

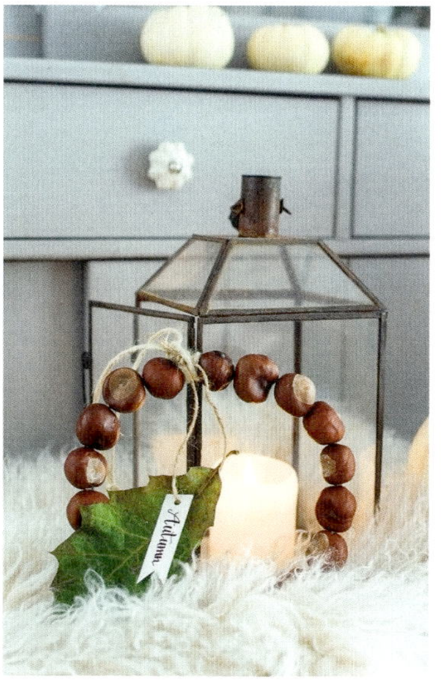

BLÄTTERSCHALEN UND ANHÄNGER AUS AIR DRY TON

Abends, wenn ich meinen Schmuck ablege, fehlte mir immer ein kleiner Teller, wo ich ihn reinlegen kann. Diese Schalen in Form von Blättern sind ideal dafür. Sie sind so schön filigran, praktisch und außerdem holt man sich den Herbst ins Haus. Ich habe für die Schalen nämlich meine heruntergefallenen Blätter des Feigenbaumes verwendet, der den Sommer über so schön ausgetrieben hatte.
Die passenden Anhänger dazu sind parallel entstanden. Sie können einen wunderschönen Herbstspaziergang durch raschelndes Laub wieder zurückholen. Sie lassen sich als Schlüsselanhänger verwenden oder einfach als Geschenkanhänger. Seitdem ich sie gemacht habe, hängt eins an meinem Schlafzimmerregal und erinnert mich immer ein wenig an »diesen einen Tag im letzten Herbst«.

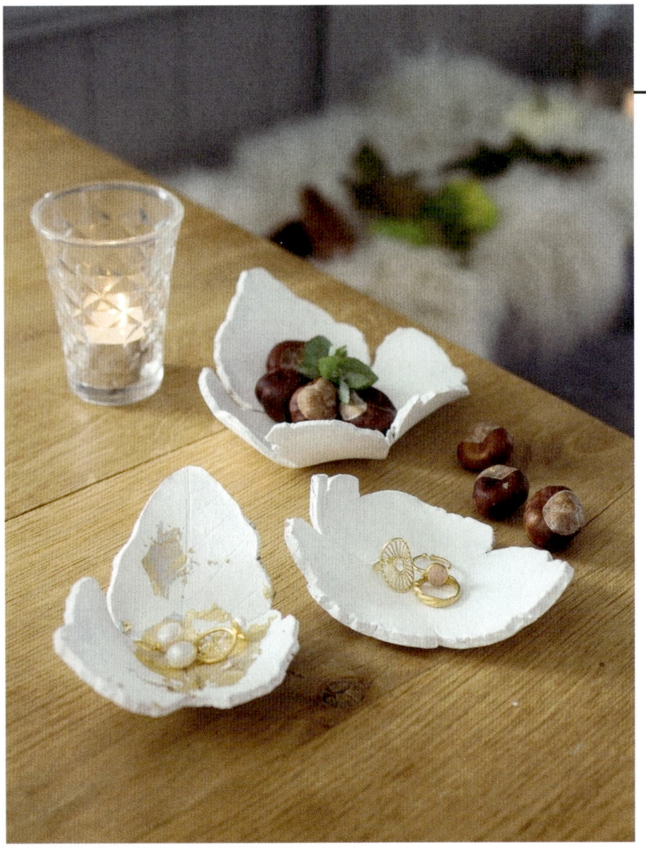

BENÖTIGTES MATERIAL

Air Dry Ton (z. B. von Rayher)
Größere Blätter für die Schalen (z. B. Feige)
Kleinere Blätter für die Anhänger
Messer
Unterlage
Nudelholz
Pinsel
Kreidefarbe (z. B. von Rayher)
Blattgold (z. B. von Rayher)
Fixierlack (z. B. Chalky Finish von Rayher)
Juteband
Holzperlen (im Set, z. B. von Rayher)

SO WIRD'S GEMACHT

SCHALEN

Den Air Dry Ton weich kneten und 3–4 mm dick ausrollen.

Die großen Blätter, bei denen die Blattadern noch gut sichtbar sind, in den Ton drücken, sodass das Muster des Blattes im Ton sichtbar bleibt. Mit einem scharfen Messer am Rand des Blattes entlang schneiden.

Die Blätter zum Trocknen in eine Schale legen und zwar so, dass sie sich selbst zu einer Schale wölben. Den Ton min. 24 Stunden trocknen lassen. Manchmal benötigt die Trocknung mehr Zeit. Die so entstandenen Blätterschalen von allen Seiten mit Kreidefarbe bemalen, sobald sie vollständig getrocknet sind.

Hier kann auch etwas Blattgold mit eingearbeitet werden. Nach dem Trocknen mit Fixierlack einsprühen, damit die Farbe haltbar wird und gut haftet.

➜

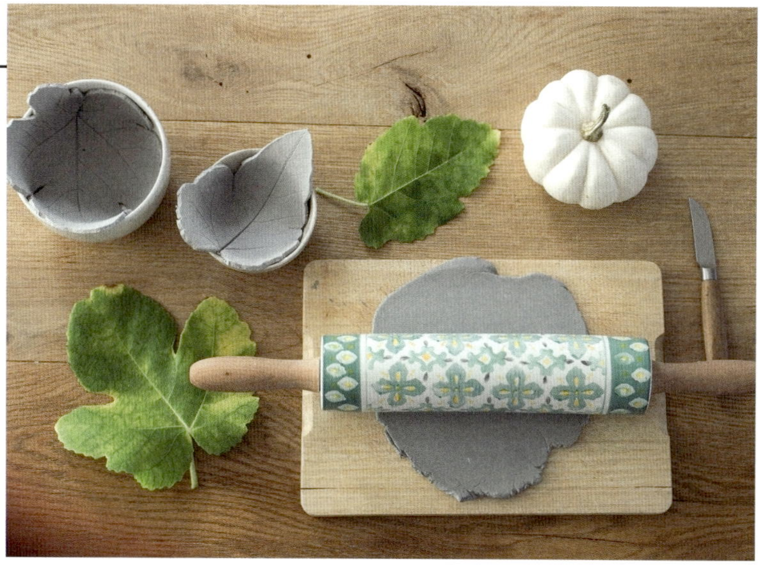

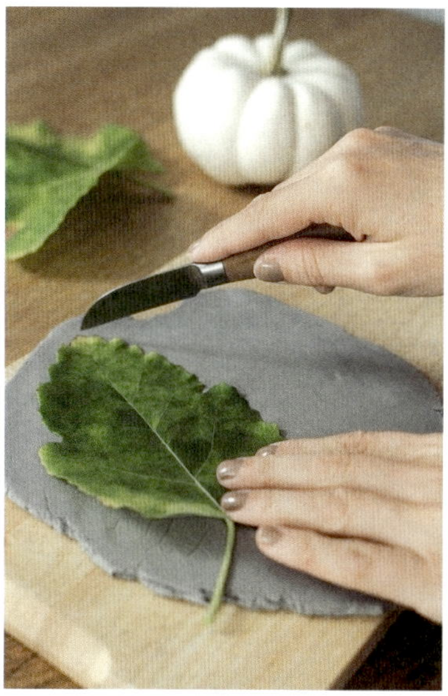

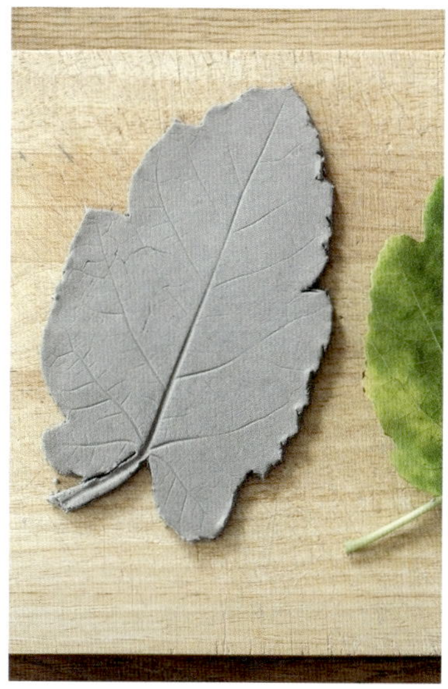

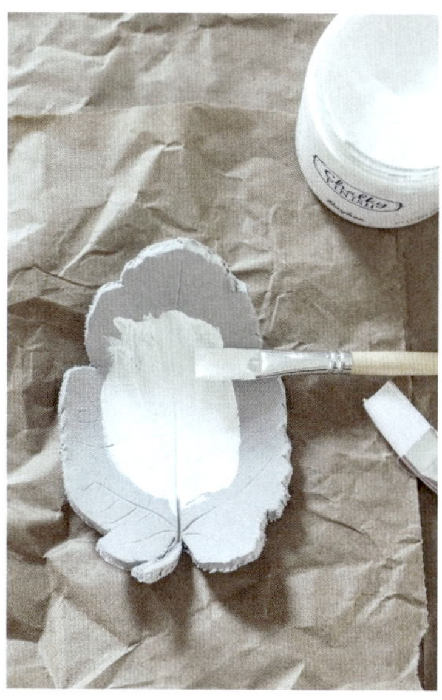

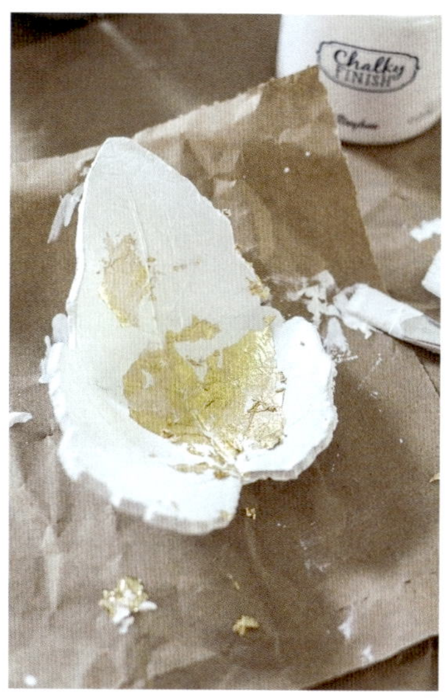

ANHÄNGER

Den Ton weich kneten und ca. 2–3 mm dick ausrollen. Die gesammelten Blätter recht fest auf den Ton drücken, sodass die Blattadern im Ton sichtbar bleiben. Hier ist es wichtig, Blätter zu nehmen, die direkt vom Baum genommen werden, denn nur bei den Blättern sind die Adern noch schön dick und voll. Sie machen später die tolle Struktur des Anhängers aus.

Die Umrisse des Blattes mit einem scharfen Messer nachschneiden und die Blätter vom Ton nehmen. An der oberen Kante mit einem Strohhalm ein Loch in das Blatt bohren. Das dient später zur Aufhängung. Die Blätter nun mindestens 24 Stunden trocknen lassen.

Die getrockneten Anhänger mit Kreidefarbe bemalen. Das Blattgold kann dann direkt auf die noch nasse Farbe gelegt werden, damit es es fest an der Tonarbeit haftet. Wenn die Farbe auf der Vorderseite getrocknet ist, die Rückseite anmalen und alles gut trocknen lassen. Mit Fixierlack einsprühen, damit die Farbe und das Blattgold gut halten. Durch die Löcher ein längeres Stück Juteband ziehen, hier lassen sich auch Anhänger mit Botschaften und Holzperlen mit auffädeln.

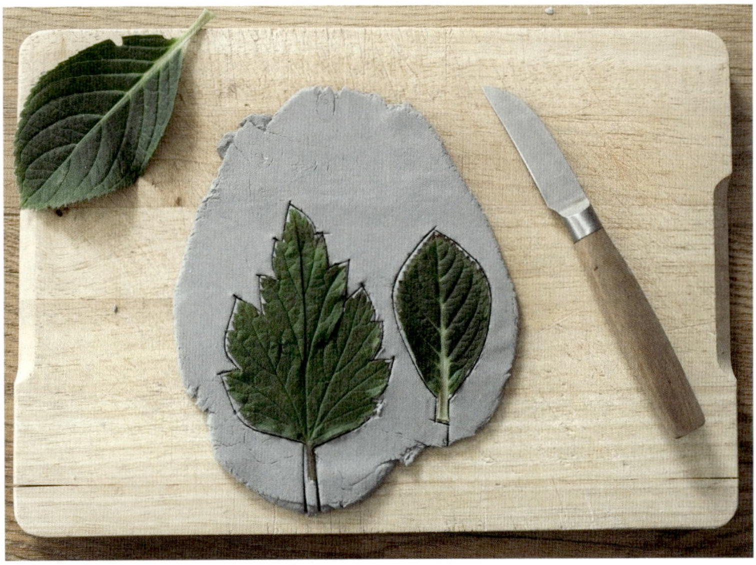

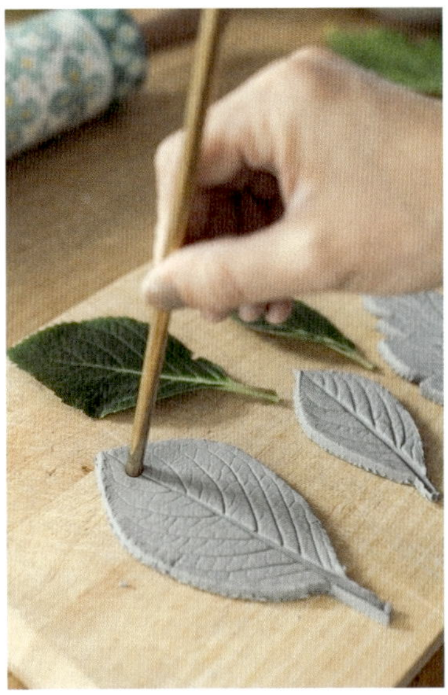

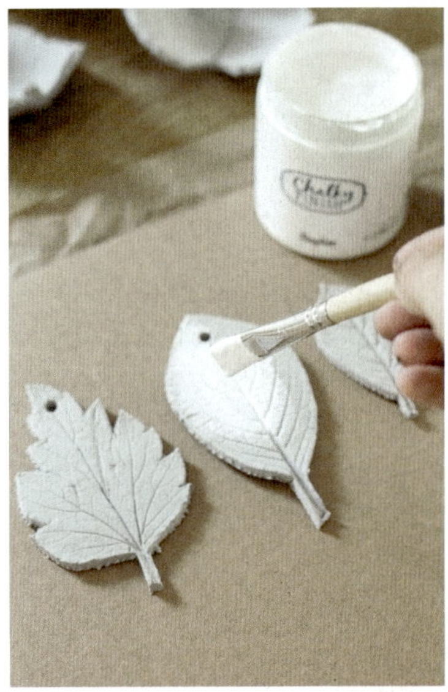

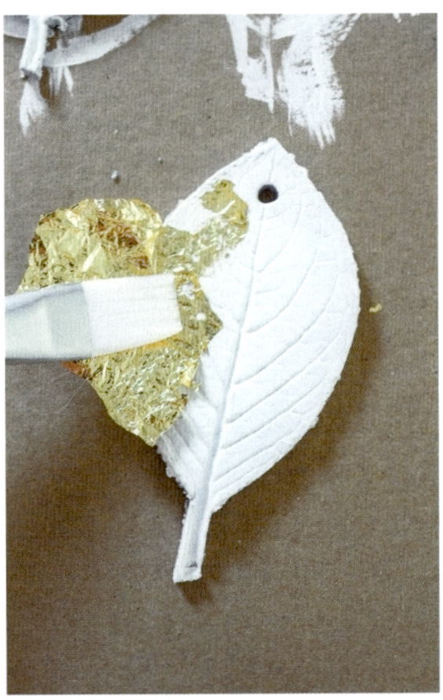

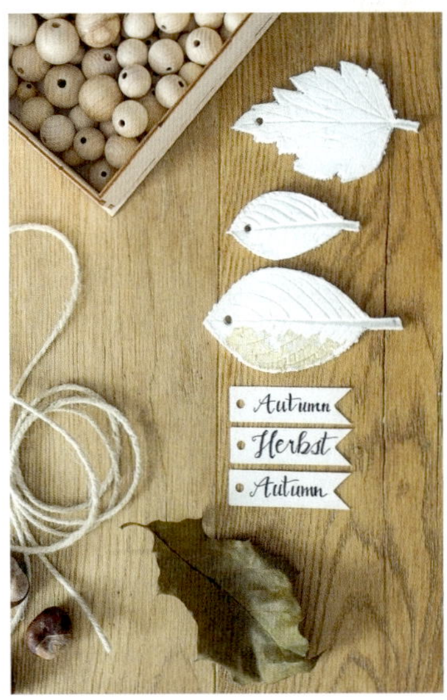

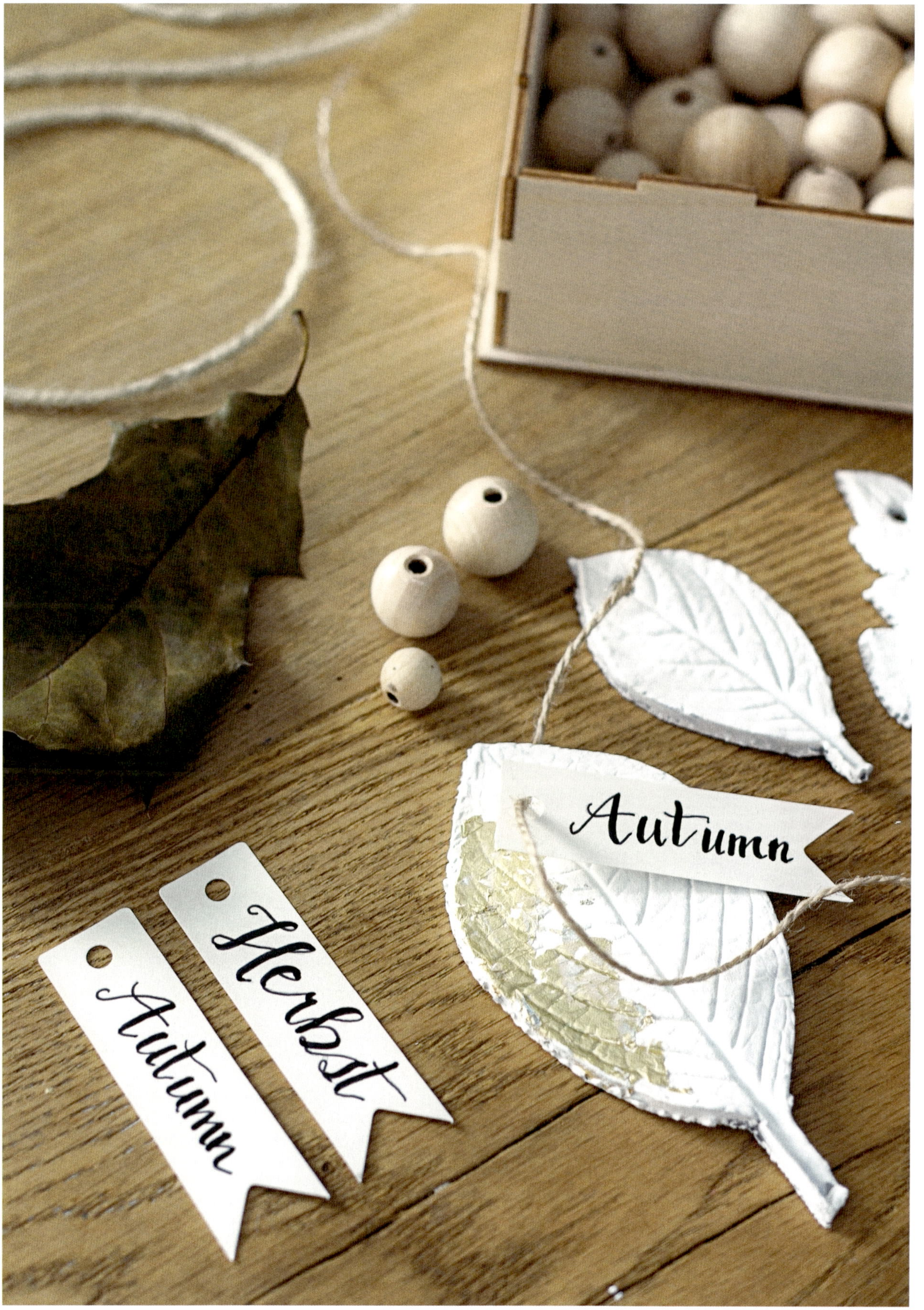
Autumn
Herbst
Autumn

HERBSTLICHE WINDLICHTER

Es wird kühler und die Tage werden immer kürzer. Es wird langsam Zeit, mehr Kerzen anzuzünden, die kuscheligen Kissen auf das Sofa zu legen und sich mit einer Tasse Tee aufs Sofa zu kuscheln. Der Herbst ist da! Zum Herbst gehören nicht nur Kerzen, sondern auch Heidekraut. Heidekraut wird auch Erika genannt und irgendwie erinnert diese Pflanze mich immer ein wenig an meine Oma, da wir bei einem gemeinsamen Spaziergang mal ganz viele dieser lilafarbenen Pflänzchen an einem Hang entdeckt haben. Wieso mir gerade das in Erinnerung geblieben ist, kann ich gar nicht sagen. Meine Oma hätte diese kleinen Kränze aus Heide sehr gemocht, da bin ich mir sicher.

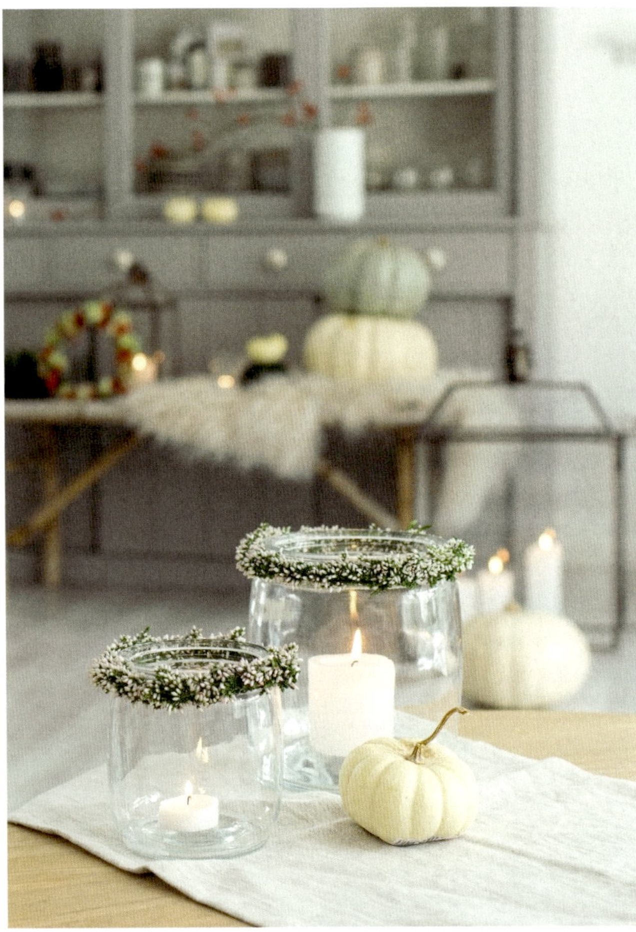

BENÖTIGTES MATERIAL

Blumendraht
Schere
Windlichter (z. B. Aufbewahrungsgläser von House Doctor oder von Geliebtes Zuhause)
1 bis 2 Töpfe Heidekraut (entweder weiß oder lila)

SO WIRD'S GEMACHT

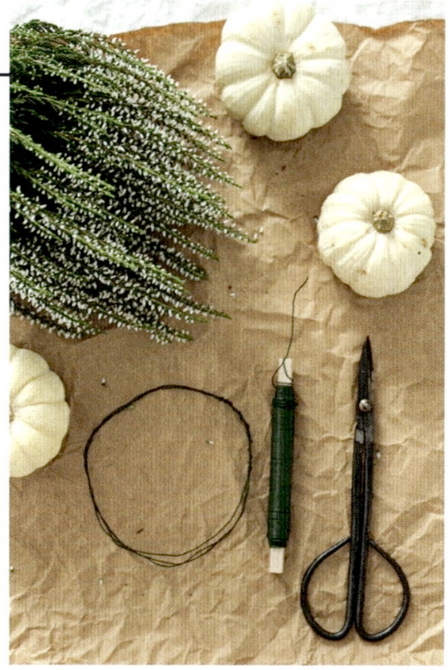

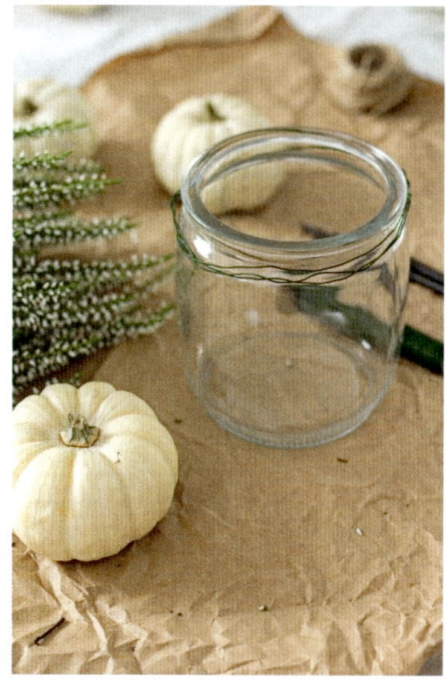

Mehrere Blumendrahtschlingen zu einem Rohling biegen, der etwas größer ist, als die Öffnung des Windlichts, so passt der Draht später perfekt auf das Glas.

Von den Heidetöpfchen die Blütenstängel abschneiden und diese nach und nach mit dem Blumendraht, um den Draht legen und wickeln. Den Draht dabei recht eng um die Blüten wickeln, sodass später keine Zweige abstehen. Die Enden einfach übereinanderlegen und den Draht darüber wickeln. Wenn das Krönchen zu dünn ist, einfach noch eine Schicht der feinen Zweige darüber wickeln. Der Draht fällt später zwischen den kleinen weißen Blüten nicht mehr auf.

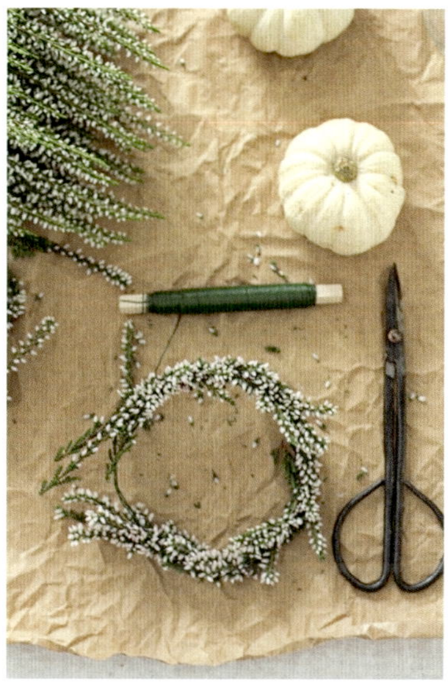

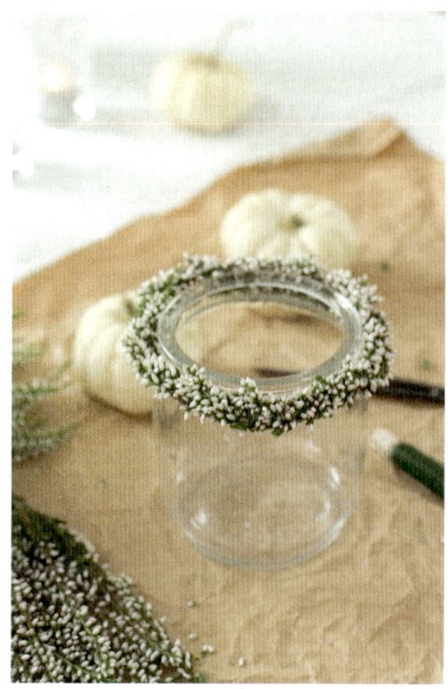

Den Kranz auf das Windlicht legen und eine passende Kerze, entweder ein Teelicht oder eine Stumpenkerze hineinstellen. Die Heidekränze trocknen sehr schön, sodass man den ganzen Herbst etwas davon hat.

Am Schönsten sieht es aus, wenn ein großes und ein kleines Glas nebeneinander dekoriert werden. Zusammen mit ein paar weißen Baby Boos ist es für mich die perfekte Herbstdekoration für den Wohnzimmertisch.

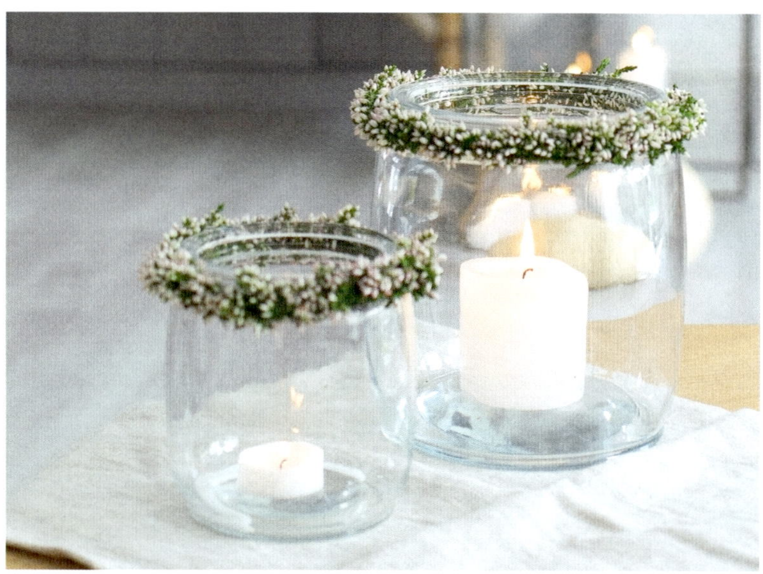

GESTEMPELTES LAUB

Wenn die Tage kürzer werden, haben wir Zeit zwischendurch mit Farbe und Papier zu arbeiten. Die Drucke der Blätter erinnern mich ein wenig an Werke von Matisse. Man holt sich die Natur auf das Papier und kann es sich dann an die Wand hängen. Dekotechnisch wechsele ich meine Bilder je nach Jahreszeit aus. Vor allem im Herbst und Winter mag ich passende Bilder in unseren Rahmen. Solche Drucke lassen sich auch super zusammen mit Kindern herstellen. Sobald sie gerahmt sind, werden sie noch mehr aufgewertet und nach dem Druck lassen sich durchaus noch kleinere Zeichnungen oder Malereien hinzufügen. Die Blätter lassen sich auch auf ein Stück Stoff drucken, dann bekommen sie noch mal eine ganz besondere Haptik und der Druck wird etwas gröber.

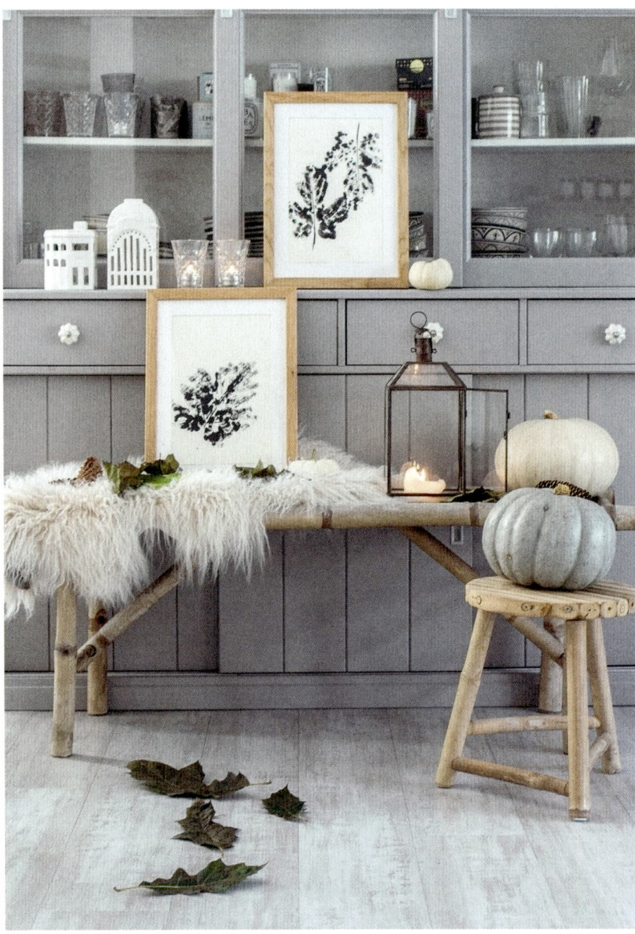

BENÖTIGTES MATERIAL

Blätter
Acrylfarbe (z. B. von Rayher)
Pinsel
Aquarellpapier
Unterlage
Wasserglas
Bilderrahmen

SO WIRD'S GEMACHT

Das Blatt auf der Rückseite mit Acrylfarbe bemalen. Diese dabei mit etwas Wasser vermengen und vorsichtig auf ein Blatt Aquarellpapier pressen. Hier muss man ein wenig testen, wie viel Farbe man am besten auf die Blätter aufträgt. Ich habe ein paar Versuche gebraucht, bis das Ergebnis für mich zufriedenstellend war.

Das Blatt vorsichtig vom Papier ziehen und je nachdem, wie viel Farbe noch auf dem Blatt haftet, direkt noch mal drucken. Der Druck wird dann deutlich heller sein. Es können gleich mehrere Blätter auf ein Papier gedruckt werden, so ergeben sich ganz besondere Muster und Formen, die den Herbst in einer ganz besonderen Weise festhalten.

Die Arbeiten gut trocknen lassen und in passende Rahmen legen. Zusammen mit herbstlichen Kränzen und einigen Kerzen, ergibt sich so ein ganz besonders stimmungsvolles Bild.

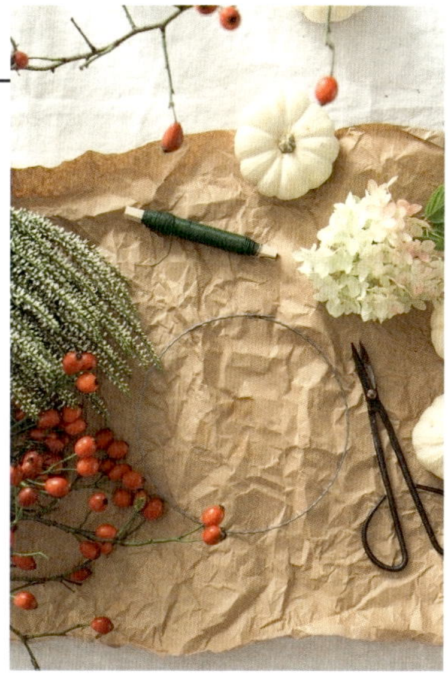

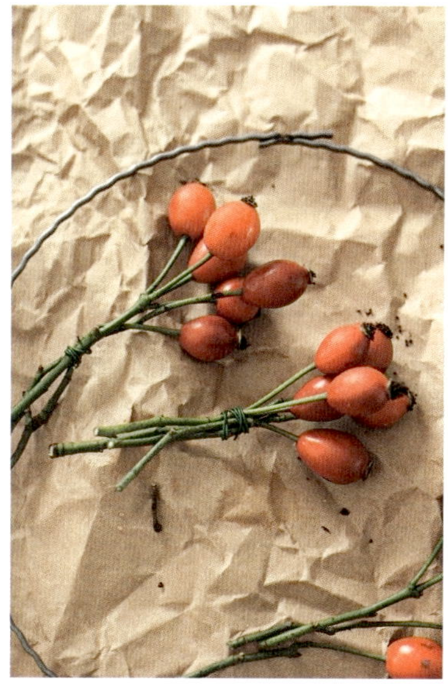

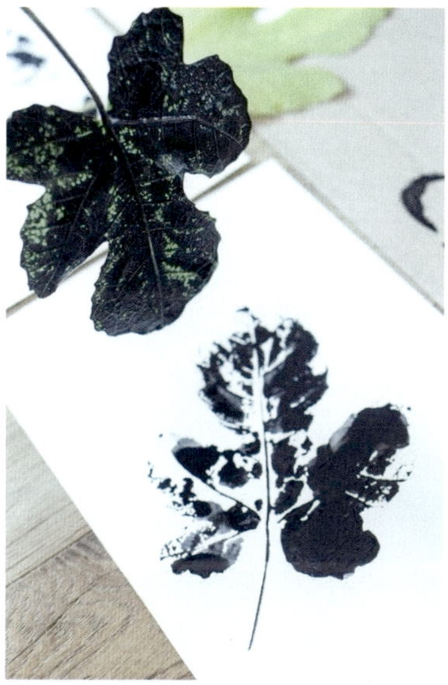

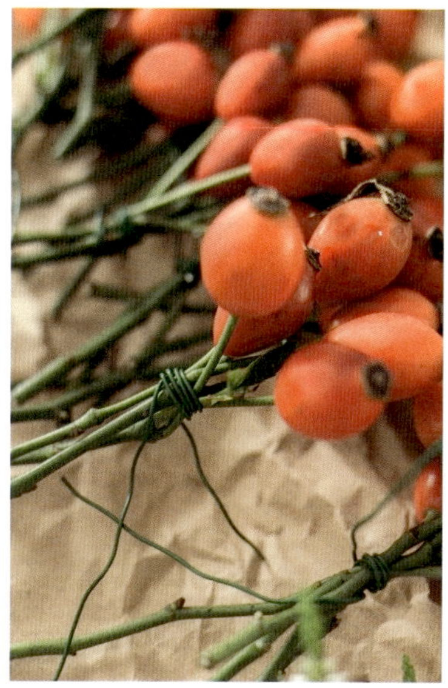

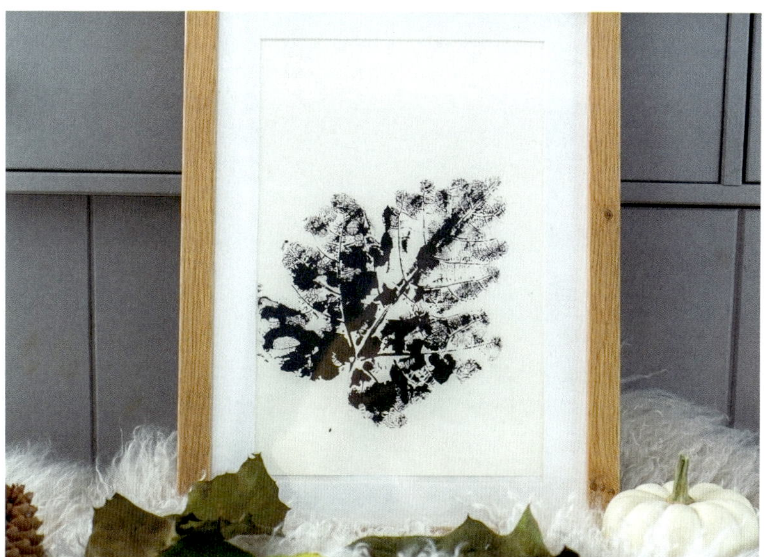

PFLEGENDE HANDCREME UND KOKOSLIPPENBALSAM

Je kälter es im Herbst und dem kommenden Winter wird, umso mehr benötige ich pflegende Hand- und Lippencreme. Im letzten Jahr habe ich diese Creme zum ersten Mal selbst hergestellt und war ganz verblüfft, wie schnell und einfach das eigentlich geht. Am Ende weiß man, dass nur gute Inhaltsstoffe in der Creme sind und wenn sie dann noch mit einem persönlichen Lieblingsduft versetzt sind, ist es die perfekte Creme für die Handtasche, den Nachtschrank oder als Geschenk für die Mama und die beste Freundin.

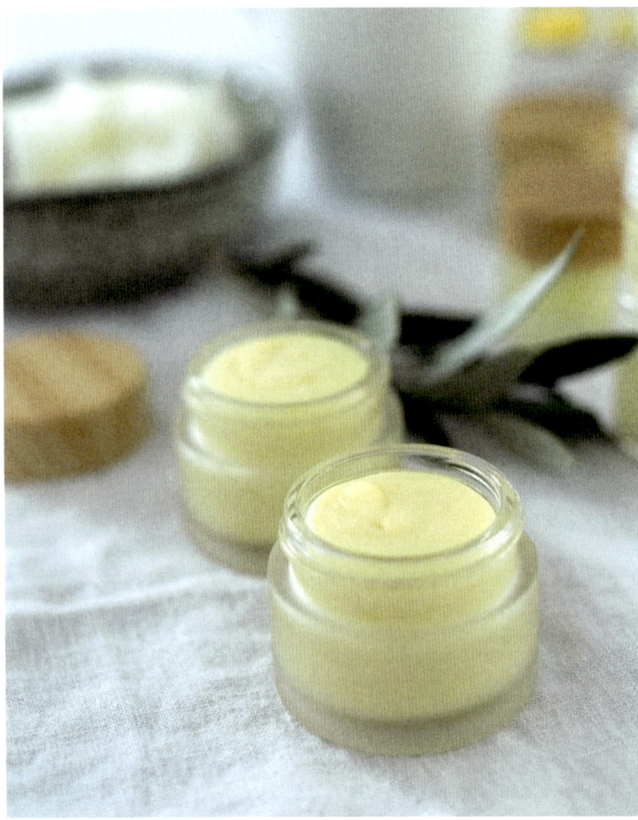

TIPP

Die Zutaten für die Handcreme und den Lippenbalsam bekommst du in gut sortierten Drogerien und Supermärkten. Ich achte darauf, hochwertige Bioprodukte zu verwenden.

BENÖTIGTES MATERIAL

Für die Handcreme
40 g Sheabutter
20 g Kakaobutter
8 g Bienenwachspastillen
8 g Mandelöl
5 Tropfen Vanilleöl

Außerdem
Küchenwaage
Cremetiegel
Topf mit Schmelzschüssel aus Metall
Kleiner Löffel
Kleiner Schneebesen

Für das Kokoslippenbalsam
4 g Bienenwachspastillen
20 g Sheabutter
20 g Kokosöl

Außerdem
Küchenwaage
Holzstäbchen
Kleine Cremetiegel
Topf mit Schmelzschüssel aus Metall
Kleiner Löffel
Kleiner Schneebesen

SO WIRD'S GEMACHT

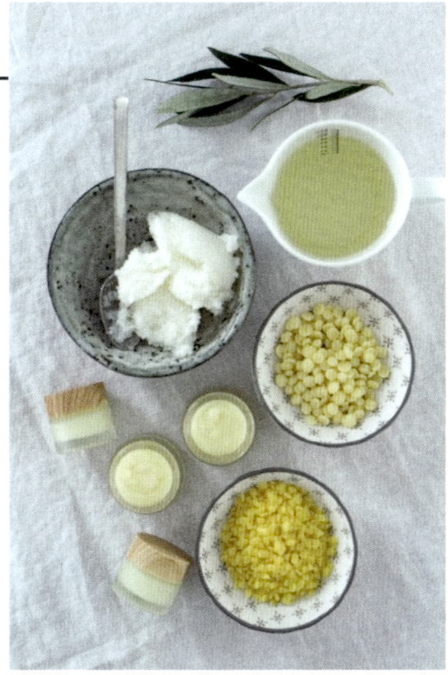

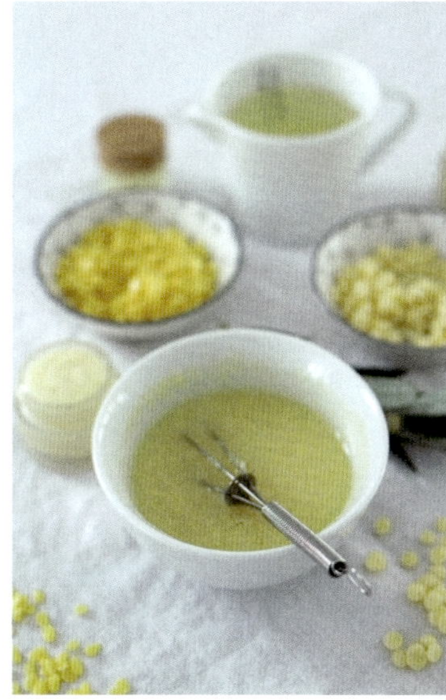

HANDCREME

Die Sheabutter abwiegen und in einer kleinen Schüssel beiseitestellen.

Den Topf zur Hälfte mit Wasser füllen und dieses langsam erwärmen. Kakaobutter und Bienenwachs in die Schmelzschüssel geben und im Wasserbad schmelzen. Wenn die Zutaten über dem Wasserbad geschmolzen sind, die Sheabutter und das Mandelöl mit dem kleinen Schneebesen einrühren. So lange rühren, bis eine cremige Masse entsteht. Ganz zum Schluss wird das Vanilleöl hinzugefügt und noch mal kurz untergerührt.

Die Creme in vorbereitete Cremetiegel füllen und gut auskühlen lassen. Erst dann mit einem Deckel verschließen.

Genauso schnell und einfach wie die Handcreme, lässt sich auch ein Lippenbalsam herstellen. Die Zutaten sind ganz ähnlich und seitdem ich es einmal ausprobiert habe, habe ich immer ein kleines Tiegelchen mit Kokoslippenbalsam in meiner Tasche.

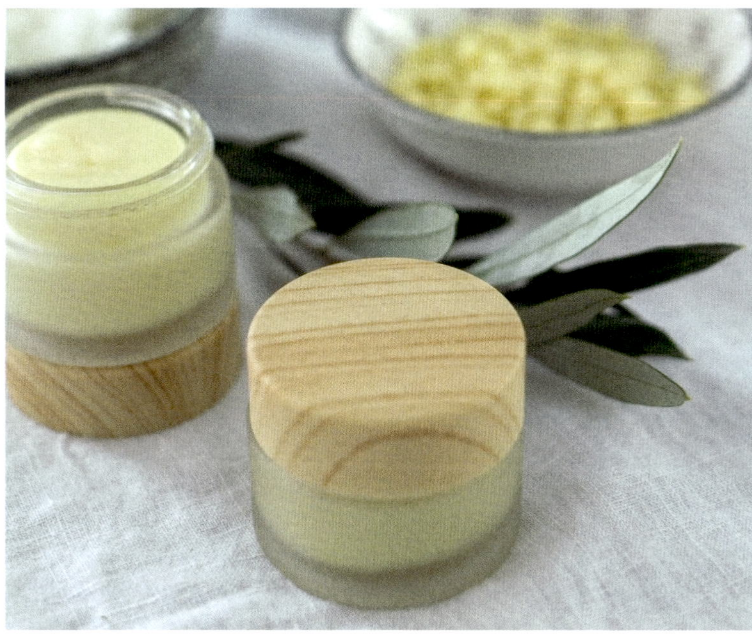

KOKOSLIPPENBALSAM

Genauso wie bei der Handcreme, werden die Bienenwachspastillen über dem Wasserbad geschmolzen. Das dauert etwas! Zwischendurch kann mit einem kleinen Holzstäbchen umgerührt werden.

Wenn das Bienenwachs vollständig geschmolzen ist, die Sheabutter und das Kokosöl hinzufügen und alles miteinander über dem Wasserbad verrühren. Es sollte so lange gerührt werden, bis die Masse durchsichtig ist. Anschließend noch warm in die vorbereiteten Tiegel füllen. Abkühlen lassen und mit einem Deckel verschließen.

Durch die Verwendung von Kokosöl ist es hier nicht mehr notwendig ätherisches Öl hinzuzufügen. Der Lippenbalsam hat so einen leichten Kokosgeschmack, was nicht nur sehr pflegend ist, sondern auch noch angenehm duftet.

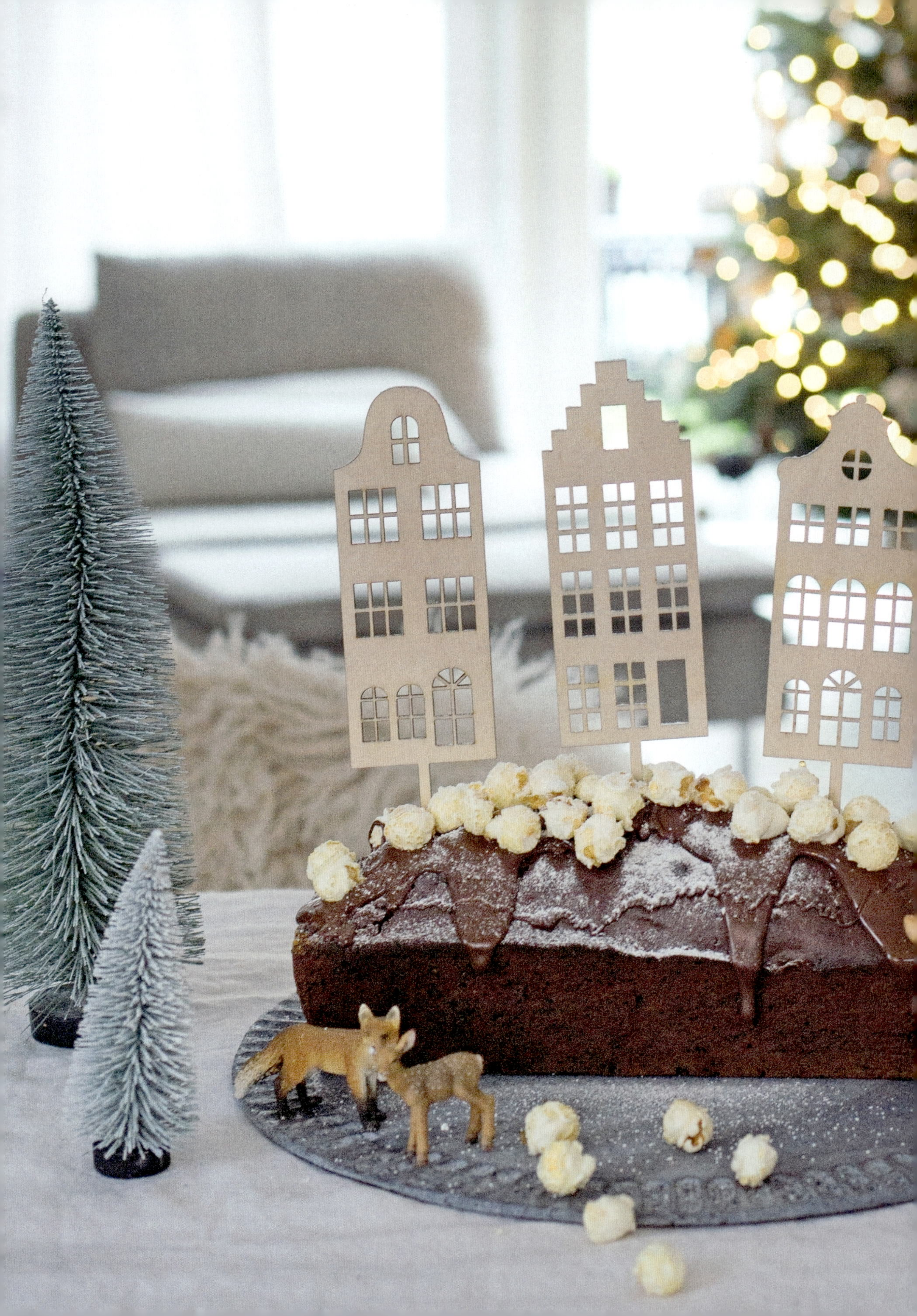

WINTER

WINTER

Die Winterzeit ist besonders, schon alleine, da Weihnachten in diese Zeit fällt. Ich liebe Weihnachten und Schnee, allerdings mag ich die kalten, grau-nassen Tage, an denen es gefühlt gar nicht hell wird, nicht so gerne.

Wir nutzen die Zeit für die Dinge, die unser Herz aufgehen lassen: backen Kekse, Kuchen und zaubern DIYs für Herzensmenschen und uns selbst. Diese Zeit hat einen ganz besonderen Zauber, den ich nie missen möchte. Unsere Wichtelmäuse ziehen ein und wir machen uns Gedanken um Weihnachtsgeschenke. Wir warten auf Schnee und auf das Christkind und immer wieder halten wir kurz inne, für diese magischen Familien-Zaubermomente, die nur schwer zu beschreiben sind.

Die kalte klare Luft am Morgen lässt mich durchatmen, wenn die Natur um einen herum zu schlafen scheint und es draußen viel stiller ist als im Sommer.

MEINE TIPPS FÜR DEN WINTER

- Dekorationen in hellen und klaren Winterfarben bringen Gemütlichkeit ins Zuhause
- Kuschelige Decken, Felle und Kissen laden jetzt zu gemütlichen Stunden auf dem Sofa ein
- Farben: Weiß, Grün, Gold und gerne auch ein wenig Rot passen perfekt in diese Zeit
- Den Adventskranz binden wir selbst mit den Zweigen, die uns am besten gefallen. So hält er gleich viel länger. Geschmückt mit weißen Stumpenkerzen bleibt er ganz schlicht und verbreitet einen weihnachtlichen Duft
- Wenn die Weihnachtsdeko wieder in den Kisten verschwunden ist, sorgen Lichterketten im Januar, wenn die Tage wieder langsam länger werden, für gemütliches Leuchten

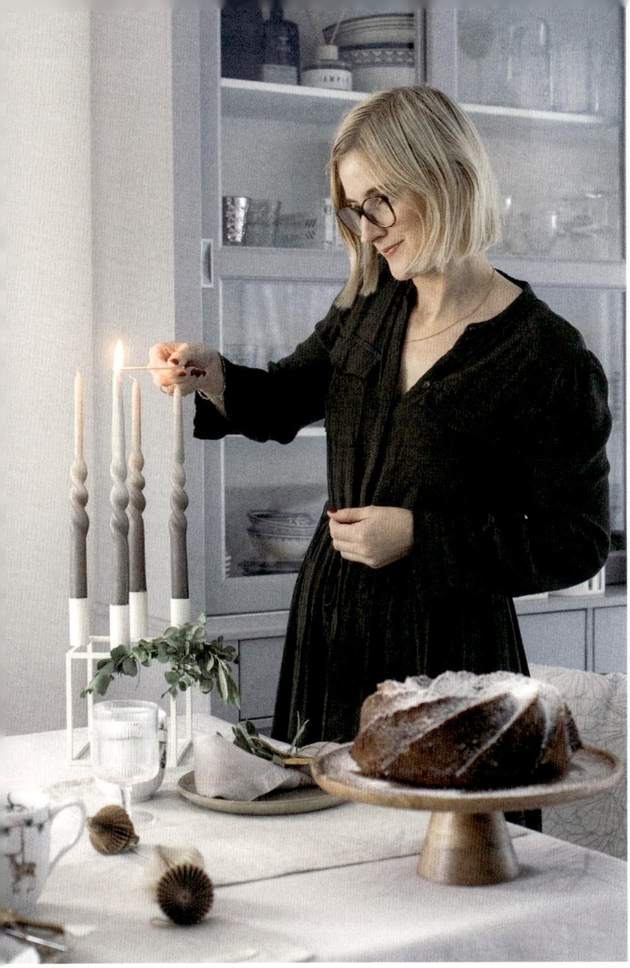

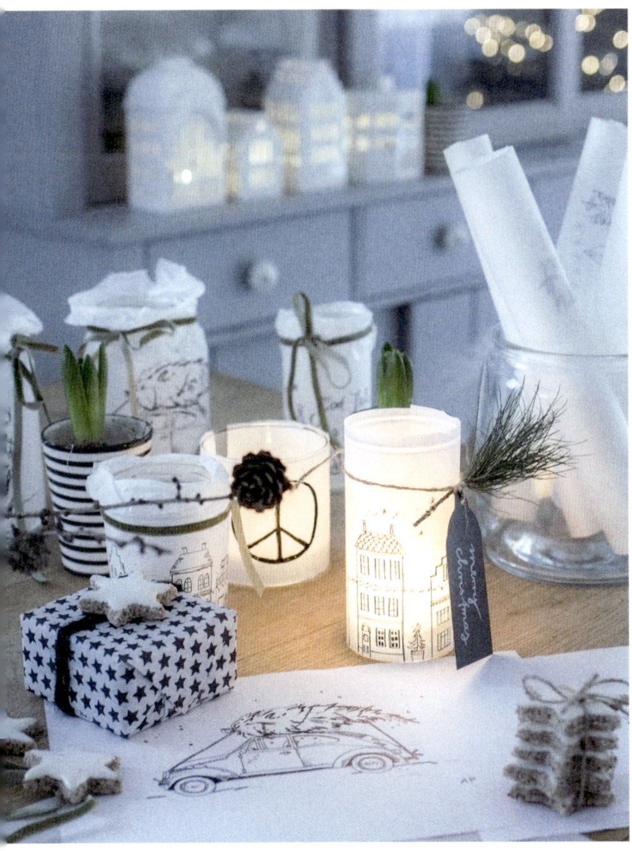

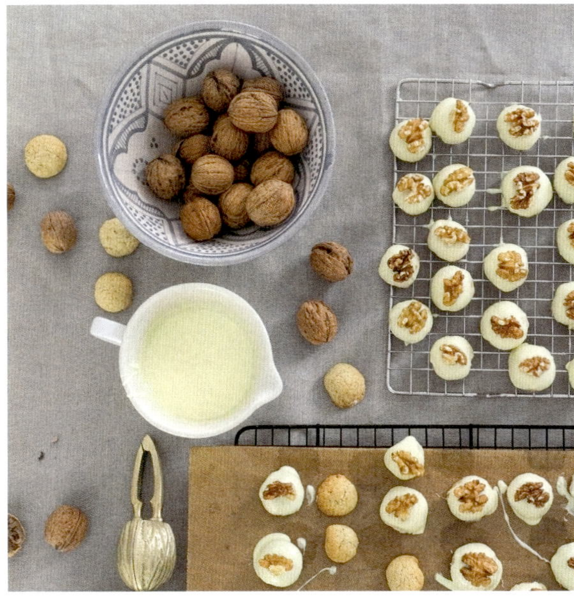

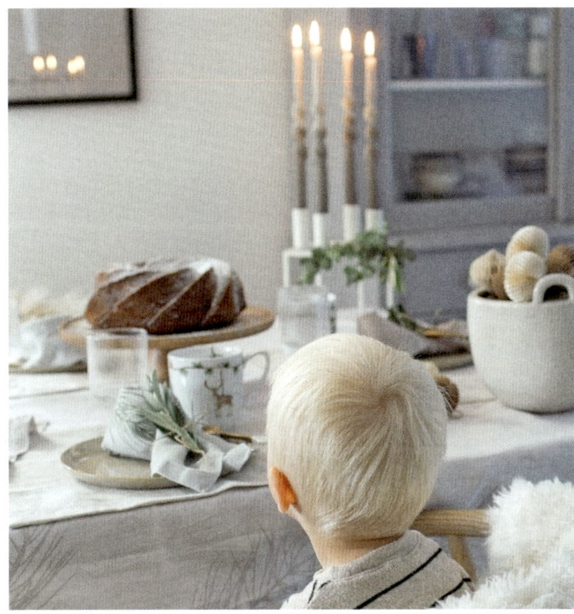

Im Winter machen wir es uns hyggelig. Wir backen Kekse, Kuchen und lassen den Advent in unser Zuhause einziehen.

WALNUSSKÜSSCHEN MIT WEISSER SCHOKOLADE

Das Winterkapitel muss mit einem echten Highlight starten. Und dieses Rezept ist für mich genauso eins. Denn in jedem Dezember mache ich mich ans Werk, um diese kleinen Köstlichkeiten, die aussehen wie Pralinen und mindestens genauso gut schmecken, aus unserem Backofen zu zaubern.
Sie gehören zu meinen Favoriten in der Weihnachtsbäckerei. Alle in unserer Familie lieben diese schokoladigen Kekse. Zugegeben, sie machen schon etwas Arbeit, aber das Ergebnis kann sich nicht nur sehen lassen, es ist auch geschmacklich eine echte Wucht. Mein Bruder und mein Mann würden für diese Kekse einiges bieten und so lasse ich mich jeden Advent wieder dazu hinreißen, sie zu backen. Den ganzen Advent über passe ich auf, dass für Weihnachten noch genügend in der Dose sind.

ZUTATEN
(für ca. 50 Stück)

Für den Teig

100 g weiche Butter
40 g weiches Butterschmalz
90 g Zucker
½ TL Zimt
1 Eigelb
1 Ei
100 g gemahlene Walnüsse
250 g Mehl

Für die Dekoration

2 Packungen weiße Kuvertüre
Ca. 50 Walnusshälften

ZUBEREITUNG

Die Butter mit dem Butterschmalz schaumig rühren. Zucker, Zimt, Eigelb und 1 Ei hinzufügen und zu einer cremigen Masse rühren. Walnüsse und Mehl unterkneten und den Teig mit den Händen zu einer Kugel formen. In Frischhaltefolie wickeln und mindestens 1 Stunde lang in den Kühlschrank legen.

Den Backofen auf 180 Grad Umluft vorheizen. Aus dem Teig mit den Händen kleine Kugeln formen und mit Abstand auf ein mit Backpapier ausgelegtes Blech legen. Sie sollten nicht zu groß sein, da sie beim Backen noch aufgehen. Die Walnussplätzchen ca. 20 Minuten backen. Sie sind fertig, wenn sie leicht gebräunt sind. Die Kekse auf einem Gitter komplett auskühlen lassen.

In der Zwischenzeit die weiße Kuvertüre grob hacken und langsam im Wasserbad schmelzen. Dabei immer wieder umrühren. Die Walnusshälften bereitlegen. Die Kekse mit der runden Oberfläche in die Schokolade tauchen und mit jeweils einer Walnusshälfte belegen, auf einem Gitter trocknen lassen.

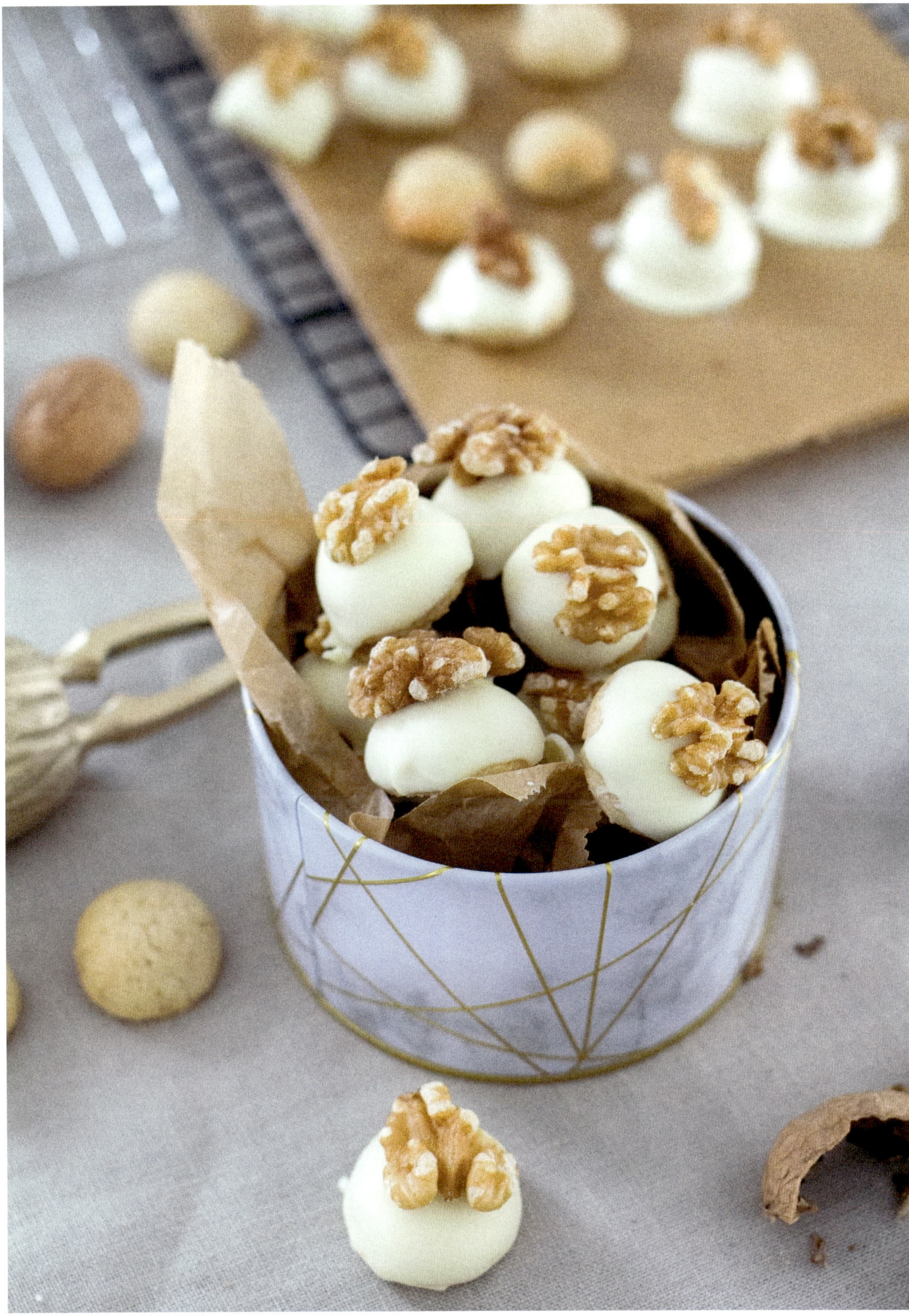

GEWÜRZKUCHEN MIT POPCORN

Ein Gewürzkuchen, der super schnell zubereitet ist und das gesamte Zuhause in einen weihnachtlichen Duft einhüllt. Es ist der perfekte Kuchen, der bäckt, während man die ersten weihnachtlichen Dekorationen hervorholt oder den Adventskranz bindet. Perfekt für adventliche Kaffeetafeln mit den Liebsten. Und das Karamellpopcorn gibt diesem Gewürzkuchen den letzten Schliff. Das restliche Popcorn kann direkt genascht werden. So braucht man keine Ausrede, wenn die Popcorntüte einmal offen ist …

ZUTATEN
(für eine Kastenform, ca. 25 cm Länge)

Für den Teig

350 g Mehl
½ Päckchen Backpulver
180 g Zucker
50 g Backkakao
1 Prise Salz
1 TL Lebkuchengewürz
1 Prise gemahlenen Ingwer
½ TL Kardamom
1 Prise Muskat
1 Tafel Zartbitterschokolade (100 g)
2 Eier (Größe M)
400 ml Milch
125 ml Sonnenblumenöl

Für die Dekoration

1 Packung Zartbitter Kuvertüre
Karamellpopcorn
Kuchentopper (z. B. von Hallo Anna oder Alles Mit Liebe)

Außerdem

Butter und etwas Mehl zum Fetten der Form

ZUBEREITUNG

Eine Kastenform fetten und mit etwas Mehl bestäuben. Den Backofen auf 180 Grad Umluft vorheizen.

Mehl mit Zucker, Backkakao, Backpulver, Salz und Gewürzen mischen.

Die Schokolade fein hacken.

Die Eier mit der Milch und dem Sonnenblumenöl verrühren. Die Mehlmischung nach und nach hinzufügen und immer nur kurz unterrühren. Zum Schluss die gehackte Schokolade unterheben.

Den Kuchenteig in die vorbereitete Backform füllen und auf mittlerer Schiene backen. Nach 45 Minuten eine Garprobe mit einem Holzstäbchen machen. Bleibt kein Kuchenteig mehr am Holzstäbchen kleben, ist der Kuchen gebacken, sollte noch Teig am Stäbchen kleben bleiben, den Kuchen eventuell mit etwas Backpapier abdecken, damit er nicht zu dunkel wird. Die Backzeit dann noch mal um 5 bis 10 Minuten verlängern.

Den Kuchen nach der Backzeit auf einem Gitter abkühlen lassen und erst nach 20 bis 30 Minuten aus der Form stürzen. Vollständig erkalten lassen.

Die Kuvertüre grob hacken und im Wasserbad langsam schmelzen. Die flüssige Kuvertüre über den Kuchen gießen und das Popcorn auf die noch flüssige Schokolade streuen. Wenn die Schokolade getrocknet ist, die Topper in den Kuchen stecken.

Dazu schmeckt geschlagene Sahne.

PSST – GEHEIMTIPP

Die Milch lässt sich auch durch Rotwein ersetzen, dann hat der Kuchen den absolut perfekten Pfiff für ein Treffen mit den Besten!

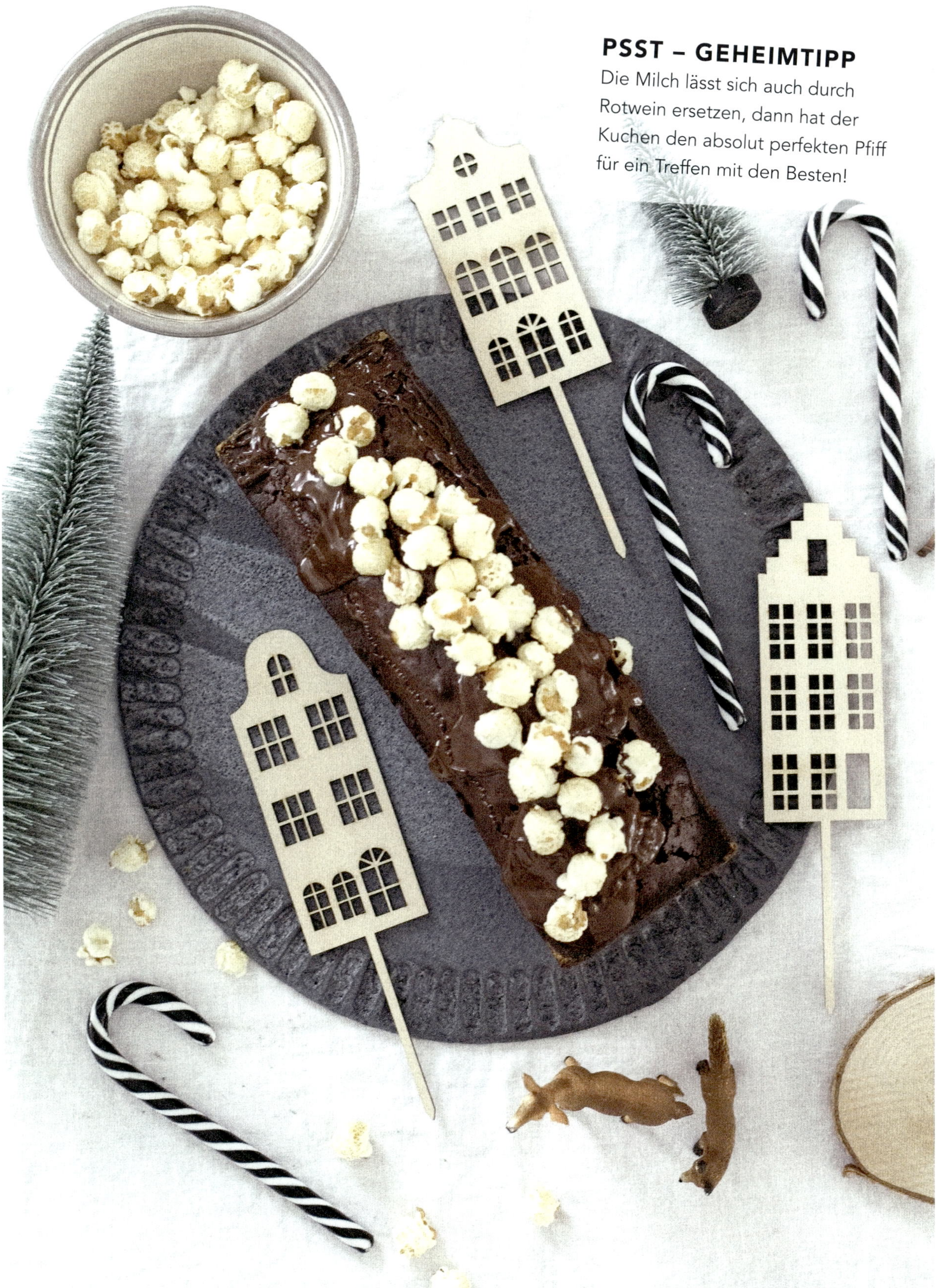

NO BAKE SPEKULATIUS CAKE

An Weihnachten darf es bei uns immer etwas Besonderes sein. Dieser No Bake Cake lässt sich super vorbereiten und schmeckt himmlisch cremig nach Weihnachten. Das Rezept ist verblüffend einfach. Zuletzt gab es dieses kleine Törtchen an einem Adventssonntag im Dezember und ich habe mich einfach so weihnachtlich gefühlt. Zusammen mit meiner Familie am adventlichen Tisch, Kerzen brannten, es gab Cappuccino für meinen Mann und mich und Kinder-Chino für die beiden Weihnachtswichtel. Dazu dann dieser leckere Kuchen, den ich schon einen Tag zuvor vorbereitet habe.

ZUTATEN
(für eine Springform, (20–22 cm ø)

Für den Boden

200 g Gewürzspekulatiuskekse
100 g Butter

Für die Tortencreme

250 ml Sahne
1 Beutel Gelatinefix
500 g Mascarpone
120 g Zucker
1 TL Kardamom
3 Gewürzspekulatiuskekse

Für die Dekoration

10 Spekulatiuskekse
Evtl. Kakao

ZUBEREITUNG

Eine Springform mit Backpapier auslegen.

Die Spekulatiuskekse für den Boden in einem Mixer fein zerkrümeln. In der Zwischenzeit die Butter schmelzen. Die geschmolzene Butter zu den Keksbröseln geben und gut miteinander vermischen. Den Keksteig in die Backform füllen und fest andrücken, bis ein gleichmäßiger Boden entsteht. Den Boden eine halbe Stunde kühlen.

Die Sahne steif schlagen und dabei einen Beutel Gelatinefix einrieseln lassen. Den Mascarpone mit dem Zucker verrühren, bis dieser sich vollständig aufgelöst hat. Kardamom, 3 grob gehackte Kekse und die geschlagene Sahne unterheben.

Die Creme gleichmäßig auf dem Tortenboden verteilen und glattstreichen. Mindestens eine Stunde kühlen und dann mit den restlichen Keksen verzieren.

TIPP

Der Kuchen ist perfekt für vollgepackte Weihnachtstage, denn im Kühlschrank hält er sich mindestens zwei bis drei Tage und ist somit perfekt vorzubereiten.

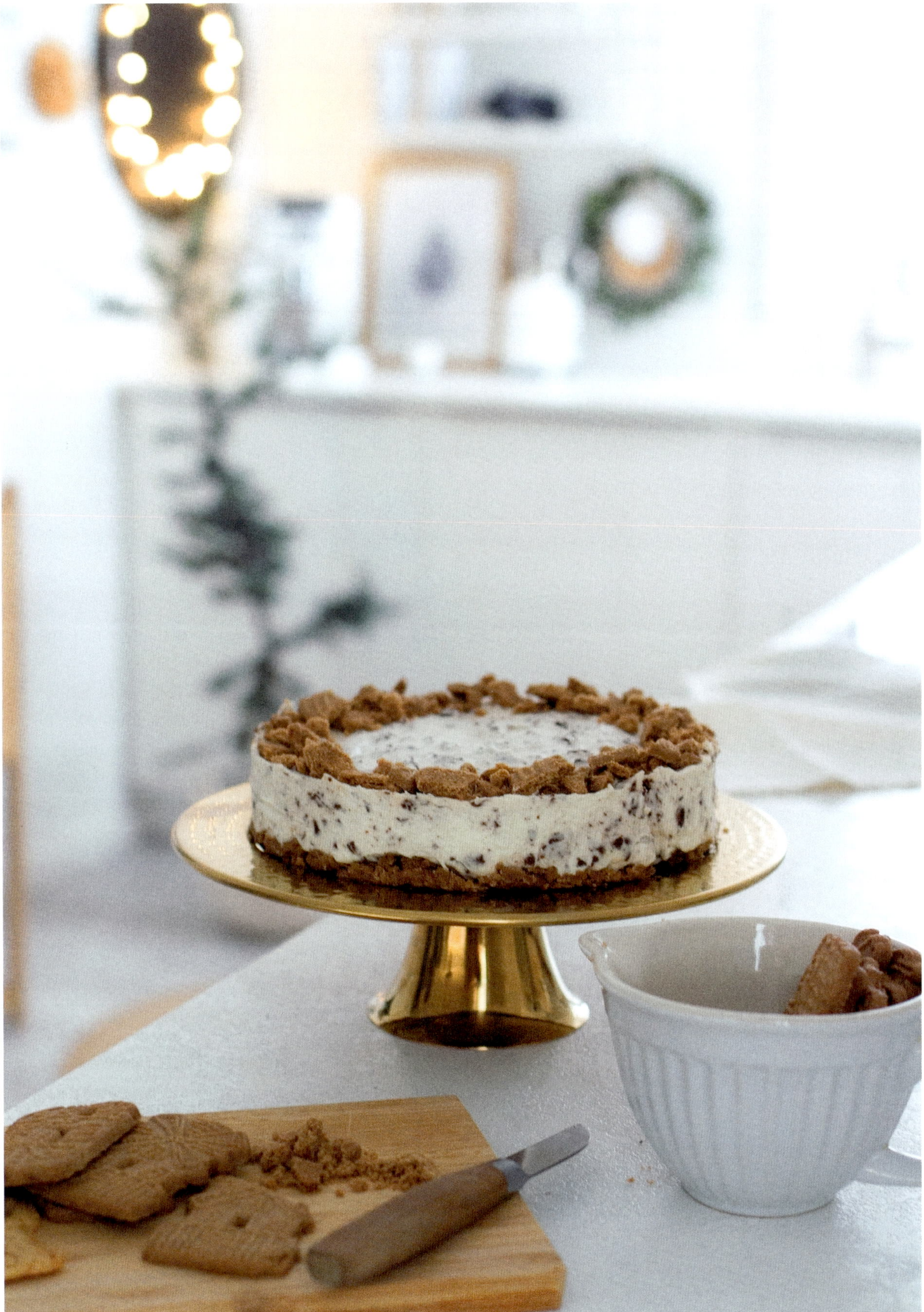

WEISSE MOUSSE AU CHOCOLAT MIT ERDBEERSOSSE

Ohne dieses Rezept kann es bei uns einfach nicht Weihnachten werden. Es gehört, seit ich denken kann, zu unserem Heiligabend dazu. Es schmeckt einfach bombastisch lecker und ist super einfach zuzubereiten. Meine Mama und ich haben bereits mehrfach versucht, für Heiligabend mal einen anderen Nachtisch ins Gespräch zu bringen, aber das kam bei den anderen Familienmitgliedern überhaupt nicht gut an.

Mein Papa nennt dieses Dessert übrigens immer sehr liebevoll »das Weiße mit dem Roten«, so hat es bei uns seinen Namen bekommen.

Ich würde die Mousse schon als Tradition bezeichnen. Beim letzten Weihnachtsfest hatte ich zum ersten Mal die Ehre, das Dessert für alle zuzubereiten. Es hat auf Anhieb geklappt! Das Beste: Es schmeckt auch super lecker mit Zartbitterschokolade!

ZUTATEN

(für 4–6 Personen)

300 g weiße (hochwertige) Schokolade
700 ml Schlagsahne
Mark einer Vanilleschote
½ TL Zimt
800 g gefrorene Erdbeeren (oder Himbeeren)

TIPP

Wenn wir die Mousse an Heiligabend essen, wird sie nicht in Gläser geschichtet. Wir füllen die Erdbeersoße in eine Karaffe und die Mousse in eine große Schüssel und dann darf jeder so viel essen wie er mag und schafft. Auf jeden Fall ist es immer ein krönender Abschluss.

ZUBEREITUNG

Die weiße Schokolade grob hacken. Die Schlagsahne zusammen mit der Schokolade, dem Vanillemark und dem Zimt in einen Topf geben und langsam erwärmen. Die Sahne muss wirklich nur leicht erwärmt werden, denn die weiße Schokolade schmilzt bereits bei 60 Grad. Zwischendurch immer wieder mit einem Schneebesen umrühren. Sobald die Schokolade vollständig geschmolzen ist, denn Topf vom Herd nehmen und die Sahne vollständig abkühlen lassen.

Anschließend am besten über Nacht in den Kühlschrank stellen. Die Masse sollte erst am Tag des Verzehrs aufgeschlagen werden, damit sie nicht wieder zusammenfällt.

Die Erdbeeren auftauen.

Die Schokoladen-Sahnemasse in drei Portionen mit einem Handmixer auf höchster Stufe aufschlagen. Die Erdbeeren in einem hohen Rührbecher pürieren.

Die Schokomousse in Gläsern mit der Erdbeersoße schichten und bis zum Verzehr kaltstellen.

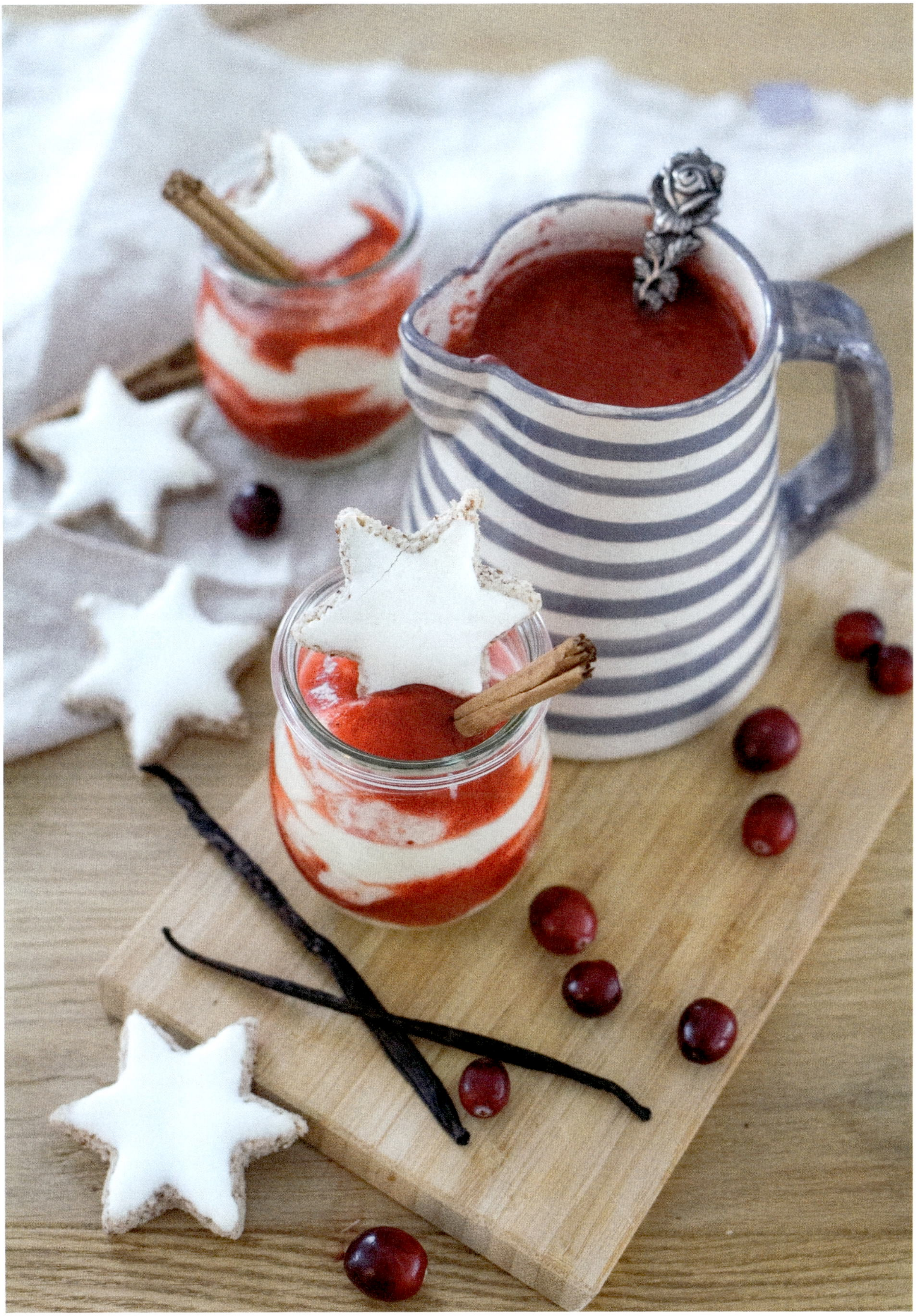

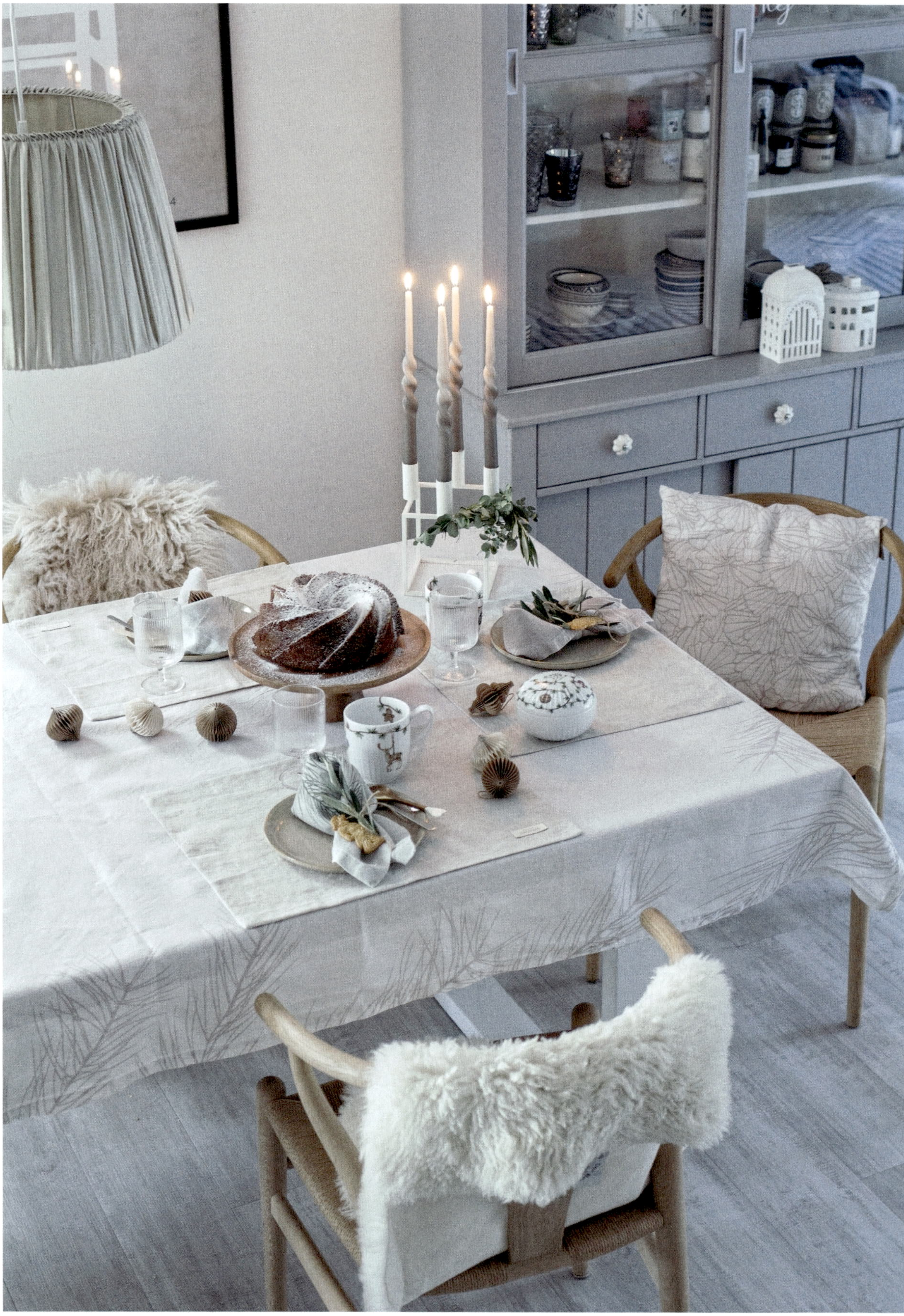

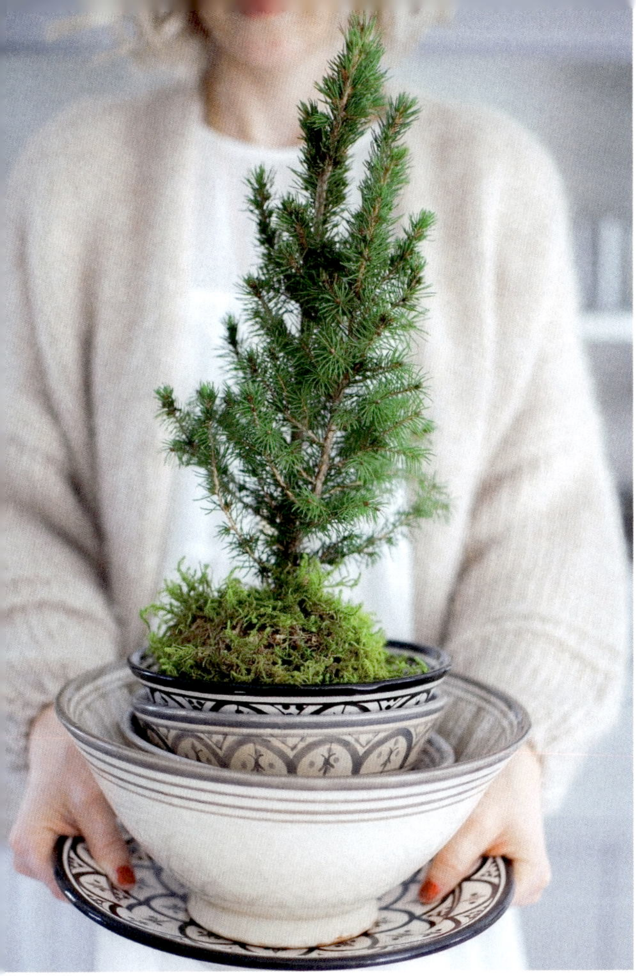

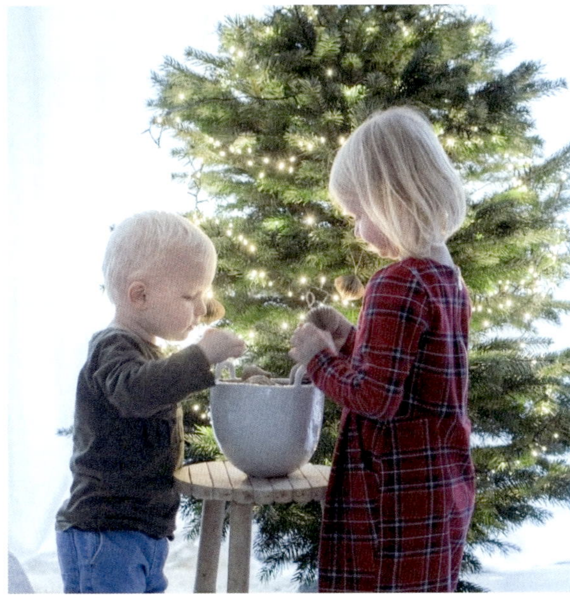

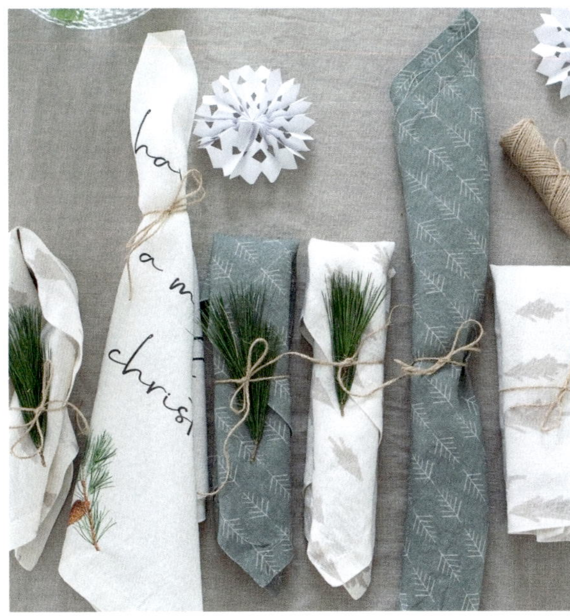

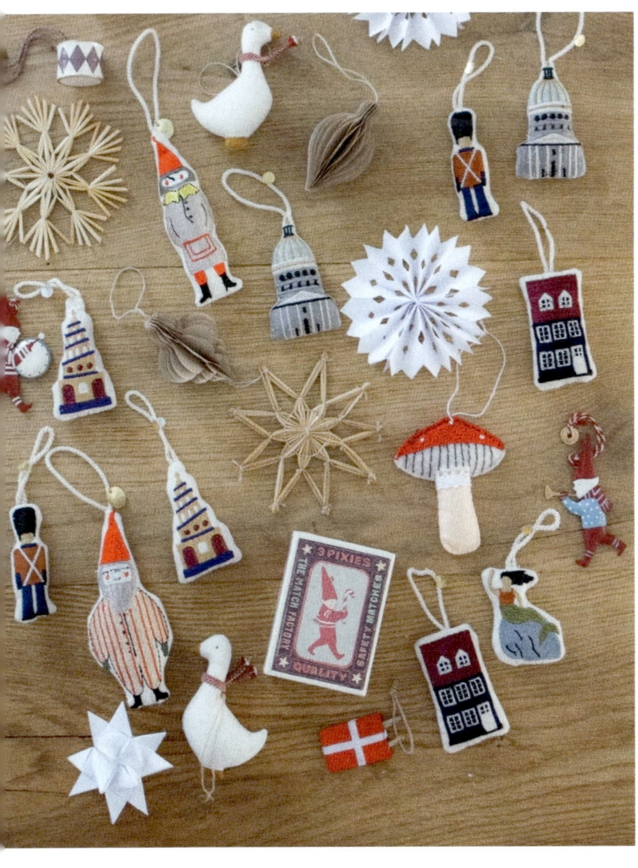

Große und kleine Bäume werden mit besonderen, zum Teil selbst gemachten Anhängern geschmückt. Der Tisch ist festlich gedeckt und versüßt den Kindern die Wartezeit bis Weihnachten.

PAPIERWINDLICHTER

Für diese zarten Lichter braucht man nur wenig Material und trotzdem sehen sie ganz besonders aus. Mit einem kleinen weihnachtlichen Anhänger und einem grünen Zweig sind sie eine passende Deko auf dem Tisch und der Fensterbank. Vor allem in der Gruppe sehen sie einfach wundervoll aus. Bemalt man sie mit den Zahlen 1 bis 4, lassen sich daraus sogar Adventskerzen gestalten.

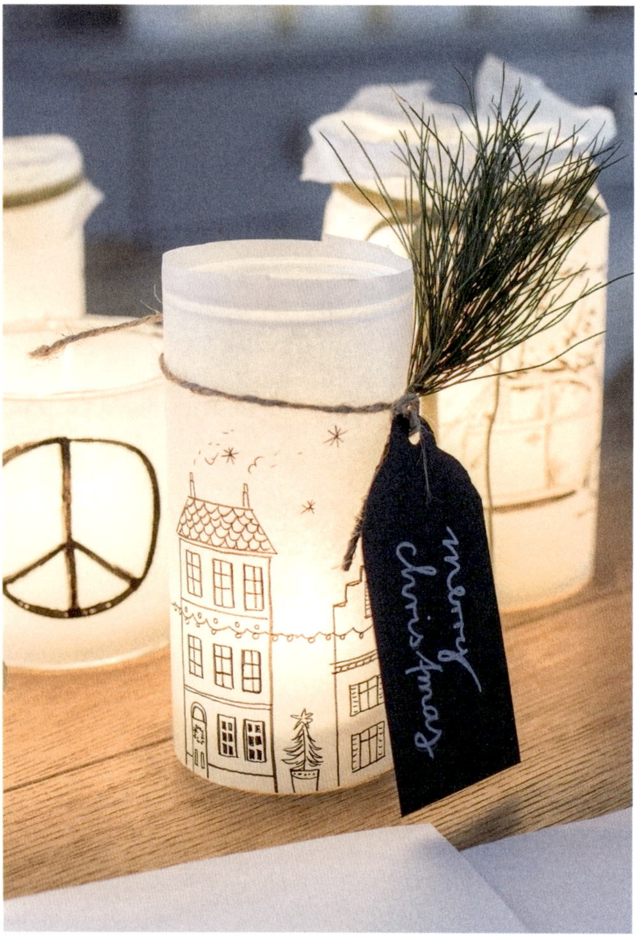

BENÖTIGTES MATERIAL

Schwarze Brush Pens und Fineliner
Butterbrotpapier von der Rolle
Verschiedene (Trink-)Gläser in unterschiedlichen Höhen und Durchmessern
Schere
Klebestreifen
Schleifenband
Teelichter
Vorlagen (siehe S. 124)

TIPP

Hier können auch schon Kinder Papiere bemalen und später an ihre Liebsten verschenken. Auch bunte Stifte können hier zum Einsatz kommen.

SO WIRD'S GEMACHT

Das Butterbrotpapier so zuschneiden, dass es sich einmal und ca. 1 cm mehr, um das Glas legen lässt, welches später verwendet werden soll. Es kann entweder ein wenig über die Kante hinausragen, oder mit dem oberen Glasrand abschließen. Das kommt sicherlich auch immer ein wenig auf das Glas an.

Auf das Butterbrotpapier Weihnachtsmotive zeichnen. Da es lichtdurchlässig ist, kann man jedes Motiv abzeichnen, wenn man es unter das Papier legt. Entweder zeichnet man direkt mit den schwarzen Filzstiften, es ist auch möglich eine Vorzeichnung mit dem Bleistift zu machen und diese später nachzuzeichnen. Schriftzüge eignen sich auch super für die späteren Lichtgläser. Es lassen sich auch ganz individuelle Botschaften aufmalen.

Den fertig bemalten Papierstreifen um das Glas legen und mit Hilfe eines Klebestreifens an der Rückseite fixieren. Am oberen Rand des Glases eine Schleife binden. Ein Teelicht in das Glas stellen.

Es ergibt sich ein ganz tolles Gesamtbild, wenn ganz viele Gläser mit unterschiedlichen Motiven und verschiedenen Glasgrößen zusammen arrangiert werden und z. B. auf eine Küchenfensterbank oder den Weihnachtstisch gestellt werden. Durch das Pergamentpapier leuchten die Kerzen richtig toll und die eignen Zeichnungen kommen wunderschön zur Geltung.

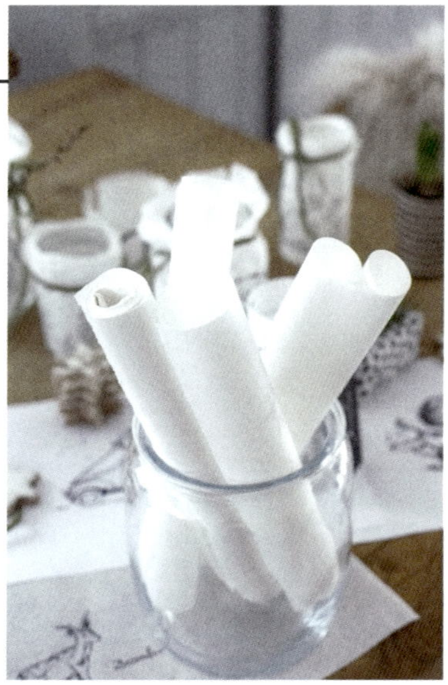

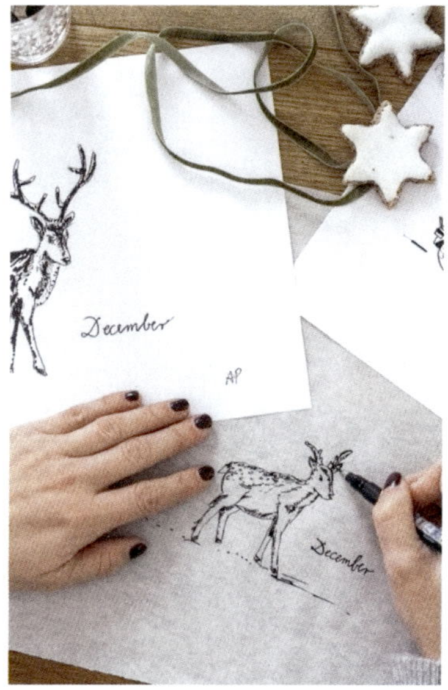

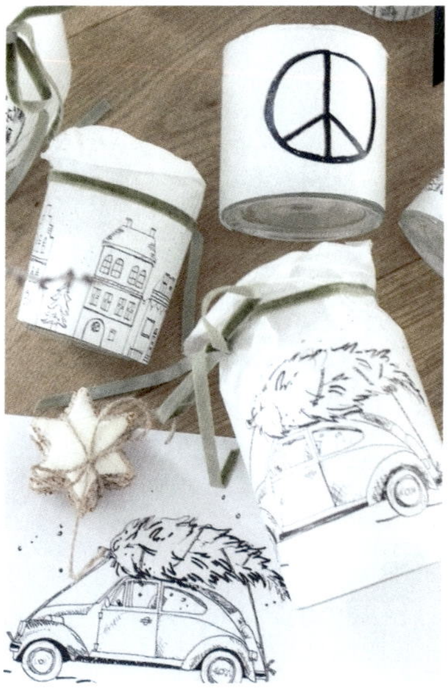

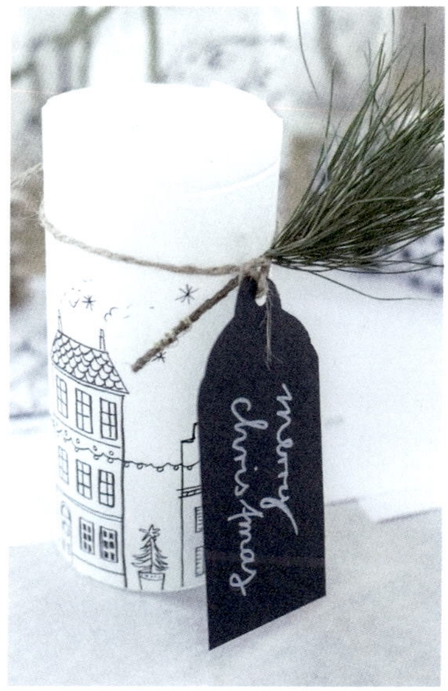

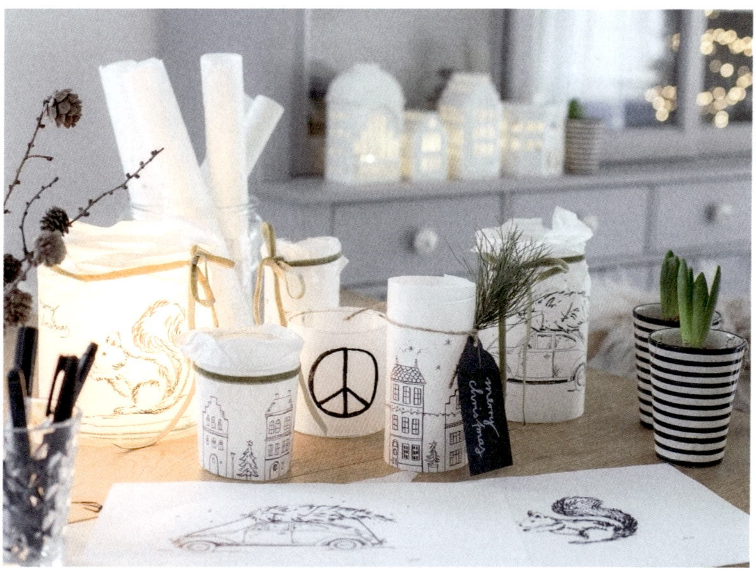

KLEINE KRÄNZE FÜR SERVIETTEN UND ANHÄNGER

Es sind diese besonderen Kleinigkeiten, die sich schnell und einfach zaubern lassen und später ein kleiner Hingucker auf dem Weihnachtstisch sind oder aber den Beschenkten ein Lächeln ins Gesicht zaubern. Air Dry Ton ist für solche Herzensdinge besonders gut geeignet, da er sehr handlich ist, man ihn super formen kann (ich finde auch für Kinder ist es ein tolles Produkt) und er am Ende ganz alleine trocknet.

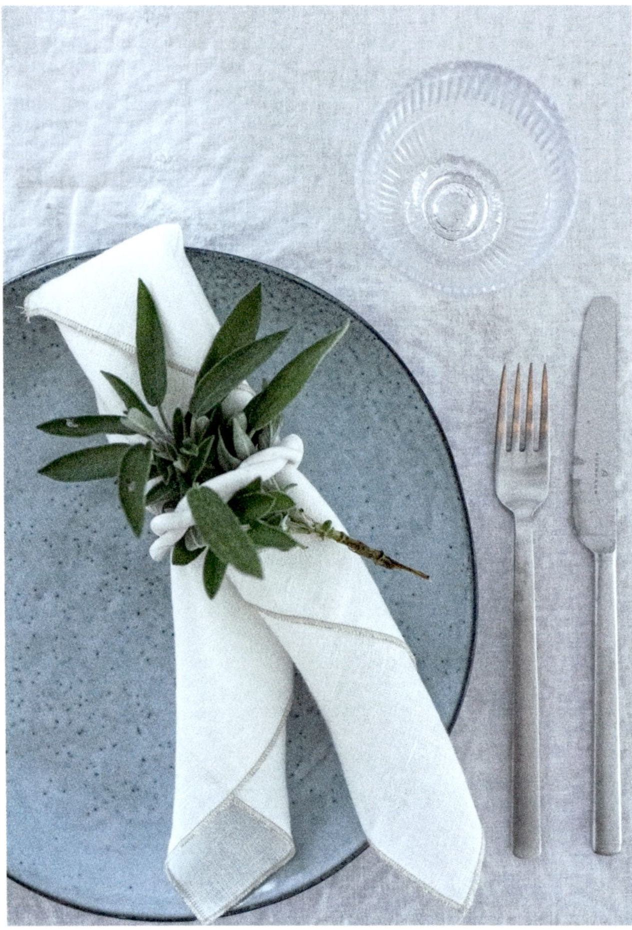

BENÖTIGTES MATERIAL

Air Dry Ton (z. B. von Rayher)
Messer
Pinsel und etwas Wasser
Samtband
(Evtl. Farbe zum späteren Bemalen)

SO WIRD'S GEMACHT

GEFLOCHTENE VARIANTE

Von dem Air Dry Ton kleinere Stücke abschneiden und weich kneten. Anschließend zu langen »Würsten« rollen.

Jeweils drei Stränge vorsichtig und locker flechten. Den geflochtenen Strang um eine Papprolle legen und damit die Länge bestimmen.

Den überschüssigen Teil des Tons auf beiden Seiten abschneiden und die offenen Kanten zusammenfügen. Dafür am besten mit einem Pinsel und Wasser die jeweiligen Kanten anfeuchten und mit den Fingern vorsichtig zusammendrücken und aneinanderreiben, damit sich der Ton verbindet.

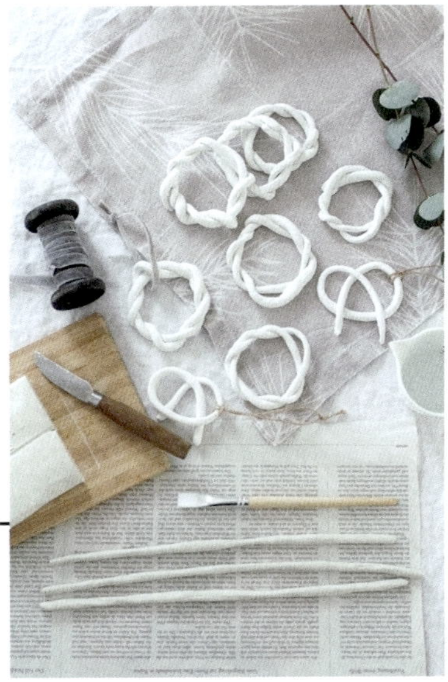

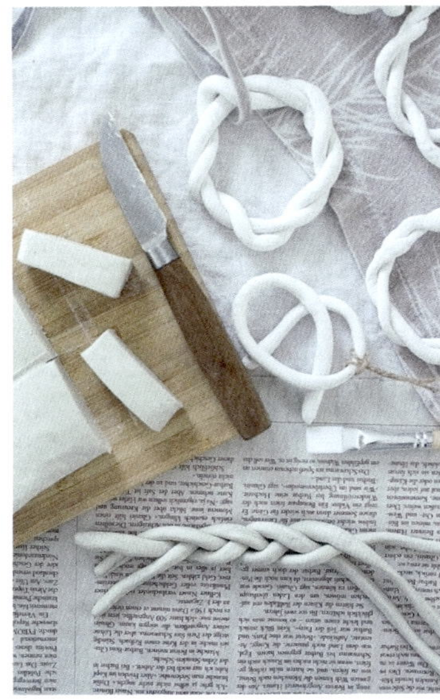

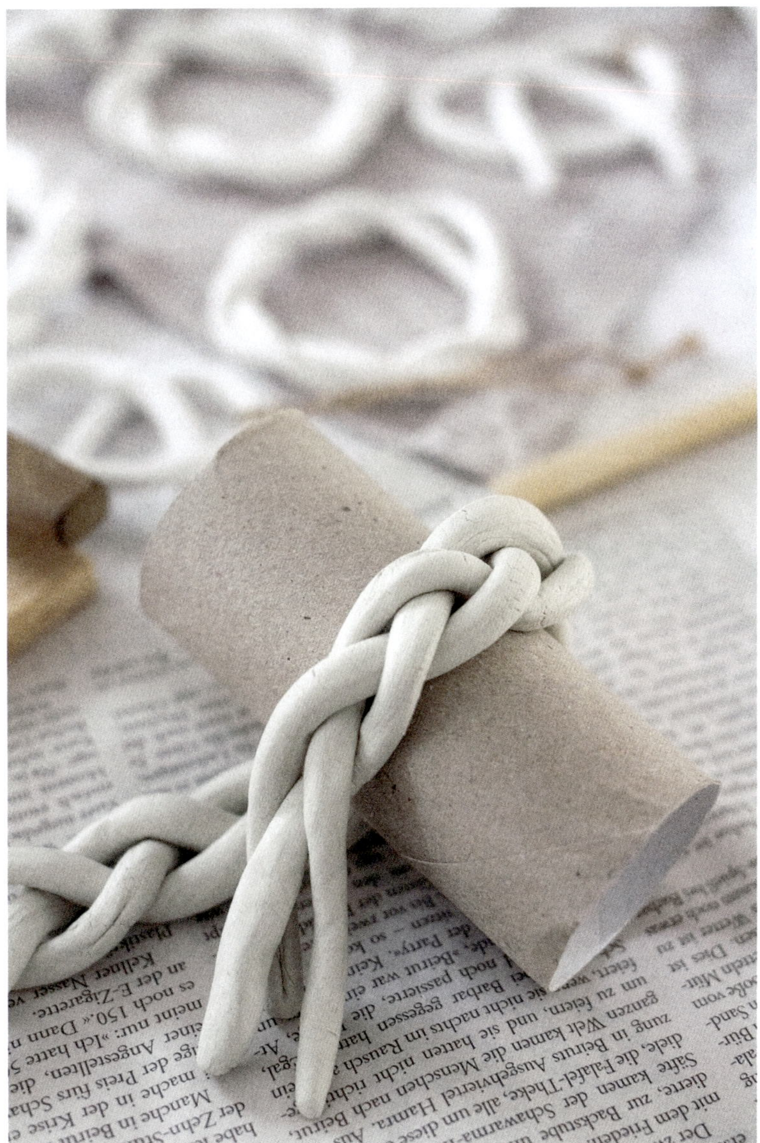

➜

GEDREHTE VARIANTE

Zwei Tonstücke zu dünnen »Würsten« rollen und vorsichtig ineinander drehen. Es dürfen ruhig »Luftlöcher« zwischen den beiden Strängen entstehen.

Kanten in der gewünschten Länge abschneiden und die Enden wie oben beschrieben mit einander verbinden.

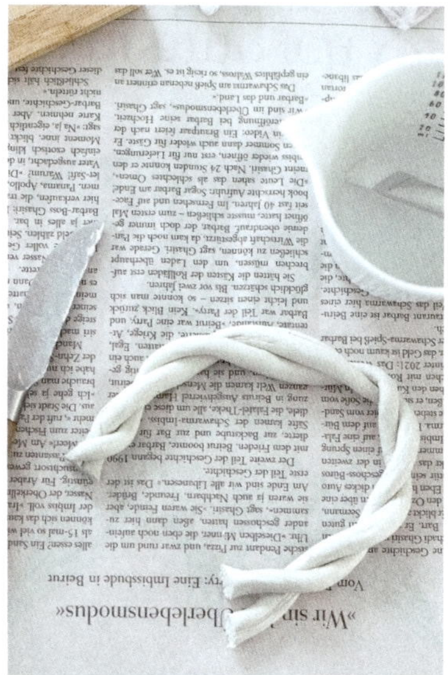

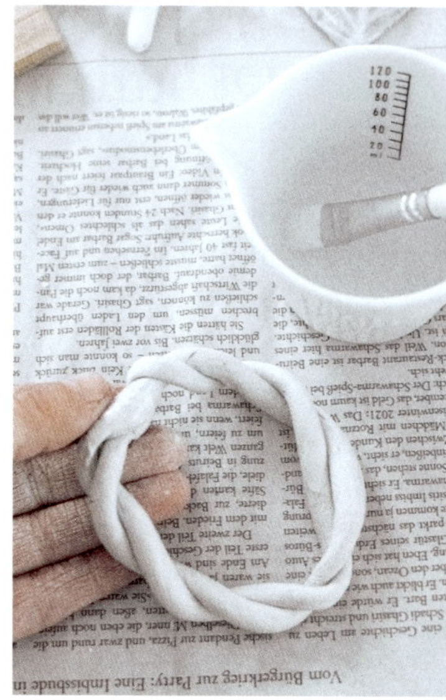

BREZEL

Einen längeren Tonstrang zu einer Brezel legen und die Enden in der gewünschten Länge abschneiden. Die Stellen wo der Ton aufeinander trifft befeuchten und leicht andrücken, damit nach dem Trocknen alles gut zusammenhält.

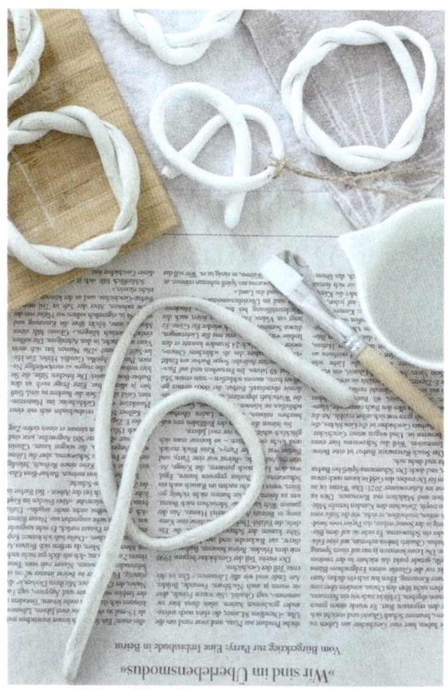

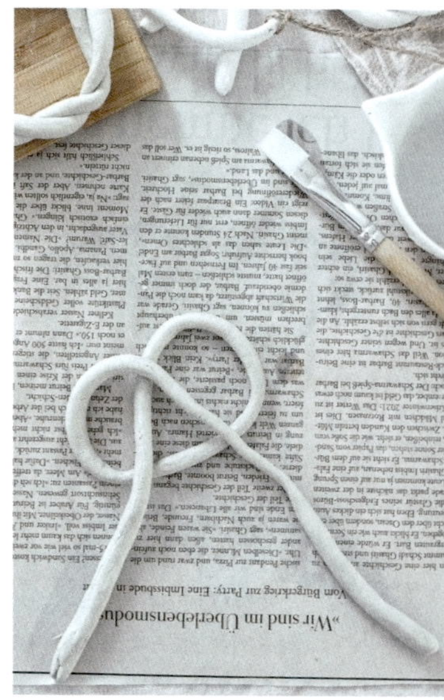

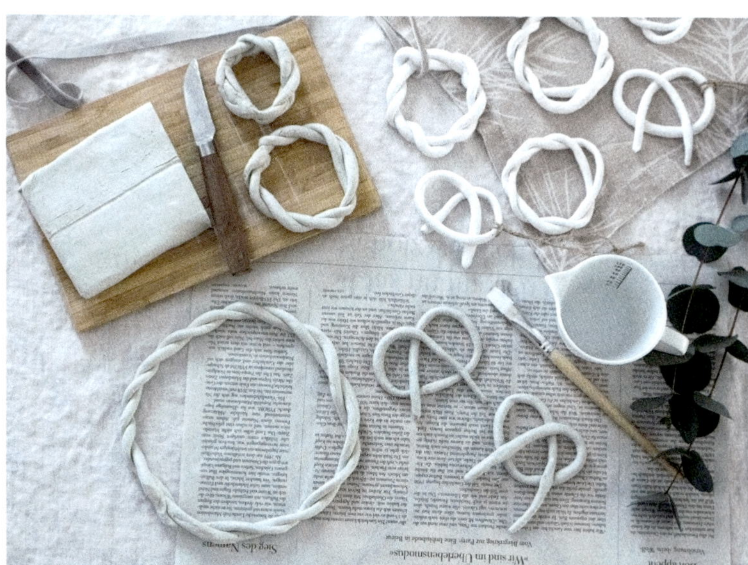

GROSSER KRANZ

Aus dem Ton zwei gleichmäßige Stränge mit ca. 70 cm Länge rollen und vorsichtig ineinanderdrehen. Wenn man hier ein paar Löcher zwischen den beiden Strängen lässt und diese nicht zu fest ineinanderdreht, lassen sich dort später kleinere Zweige durchstecken. Die Enden wieder gleichmäßig miteinander verbinden.

Der Air Dry Ton benötigt min. 24 Stunden Zeit zum Trocknen. Die fertig geformten Ringe und Brezeln am besten auf ein Backblech legen und an einem kühlen Ort trocknen lassen. Vor allem bei den großen Kränzen darauf achten, dass der Ton nicht rissig wird, ansonsten noch mal mit feuchten Fingern glattstreichen, bis sich ein gleichmäßiges Bild ergibt.

Die fertig getrockneten Arbeiten können nun entweder als Serviettenring, Weihnachtsbaum- oder Geschenkanhänger verwendet werden. Natürlich lässt sich der Ton je nach Geschmack auch noch bemalen.

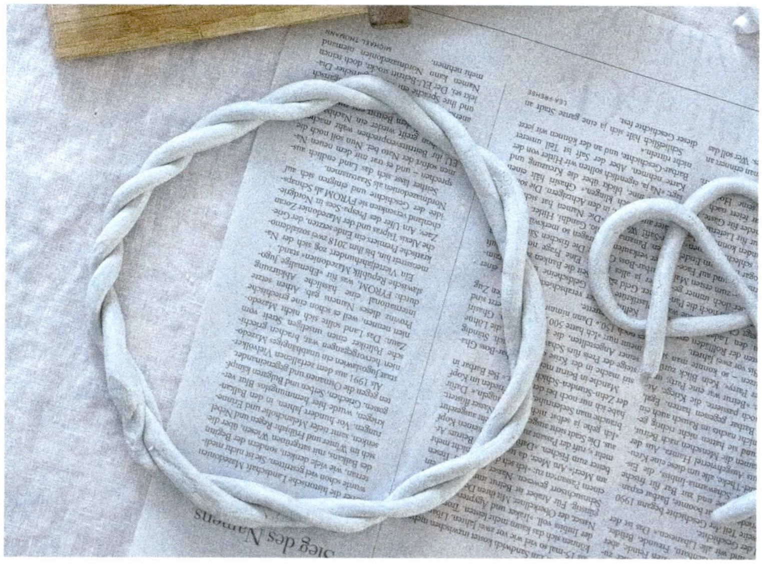

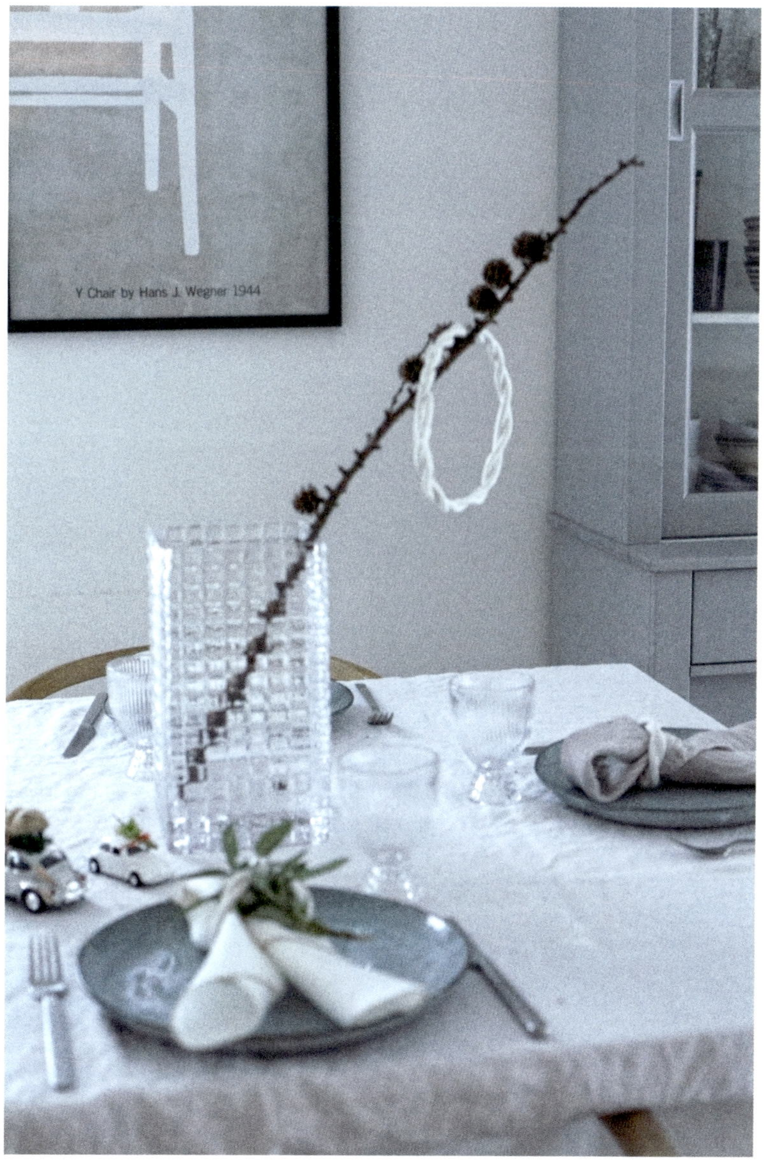

SCHNELLE WEIHNACHTLICHE KARTEN

Egal wie hektisch die Weihnachtszeit ist, Weihnachtskarten werden bei uns immer geschrieben. Am allerliebsten natürlich die selbst gemachten, denn die kommen ganz besonders von Herzen. Da manchmal nicht viel Zeit für aufwendige Bastelarbeiten bleibt, sind die folgenden Anregungen ganz blitzschnell gezaubert.

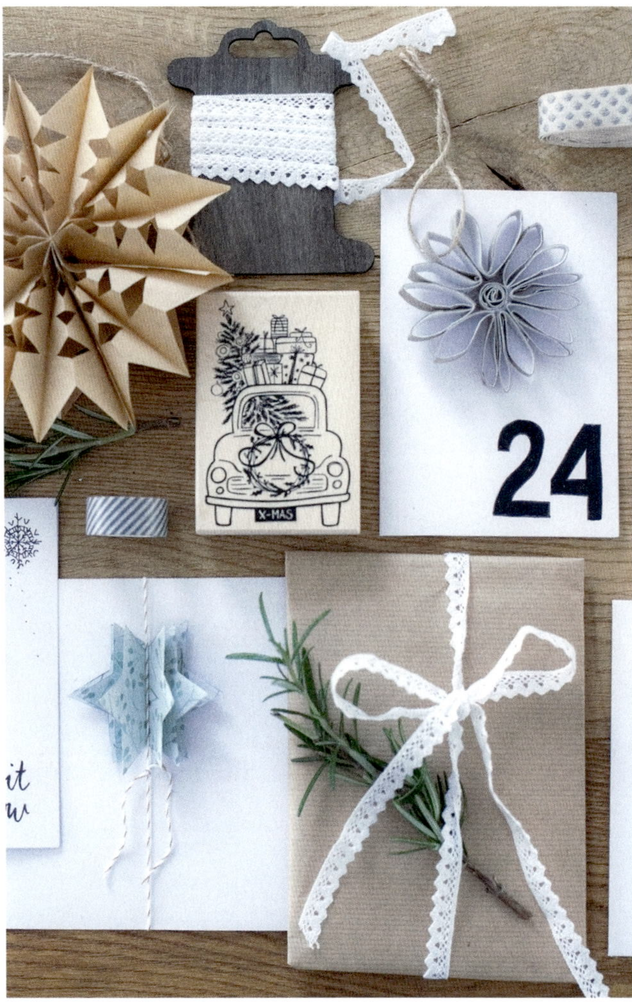

BENÖTIGTES MATERIAL

Weiße Blankokarten in ca. 17,8 x 12,7 cm
Stickgarn in der gewünschten Farbe
Sticknadel
Schere
Bleistift
Sechseckiger Stern als Vorlage
Schwarze Filzstifte
Kleinere Zweige, z. B. Rosmarin
Washi Tape
Buntes weihnachtliches Papier
Papierkleber
Bäckergarn

SO WIRD'S GEMACHT

GESTICKTER STERN

Einen sechseckigen Stern als Vorlage auf eine weiße Karte legen und jeweils an den Ecken eine kleine Markierung einzeichnen.

Die eingezeichneten Punkte vorsichtig mit der Nadel durchstechen, sodass sich anschließend 12 kleine Löcher in der Karte befinden.

Stickgarn in die Nadel fädeln und den Stern durch die Löcher »nachsticken«. Die Enden des Garns auf der Kartenrückseite verknoten.

KLEINER ZWEIG

Einen kleinen Rosmarinzweig mit Washi Tape schräg auf eine Karte kleben. Ein paar kleine Schneeflocken dazu zeichnen und einen Schriftzug, wie z. B. »Let it Snow« oder »Winter Dreams«.

DREIDIMENSIONALER STERN

Eine Sternenvorlage drei Mal auf buntes weihnachtliches Papier übertragen und ausschneiden. Die Sterne in der Mitte falten und jeweils im Falz mit Papierkleber ineinander kleben. Den unteren Stern in die Mitte einer Karte kleben, sodass dieser sich öffnet, wenn der Beschenkte die Karte öffnet. Ein längeres Stück Bäckergarn um die Kartenmitte und in die Mitte der Sterne legen und verknoten.

»24«

Mit einem Bleistift eine »24« in Blockschrift auf eine weiße Karte zeichnen und mit einem schwarzen Filzstift ausmalen.

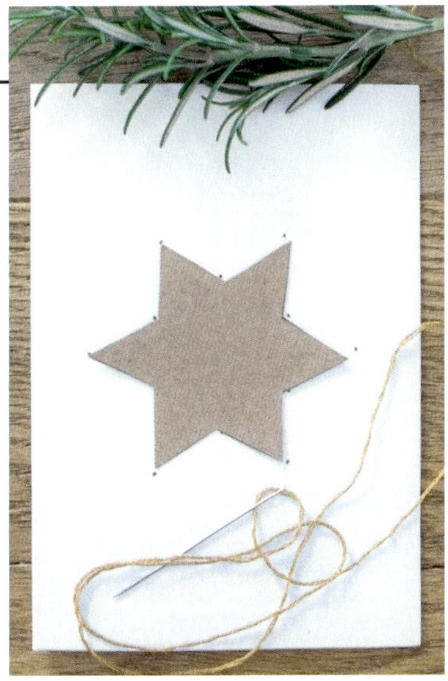

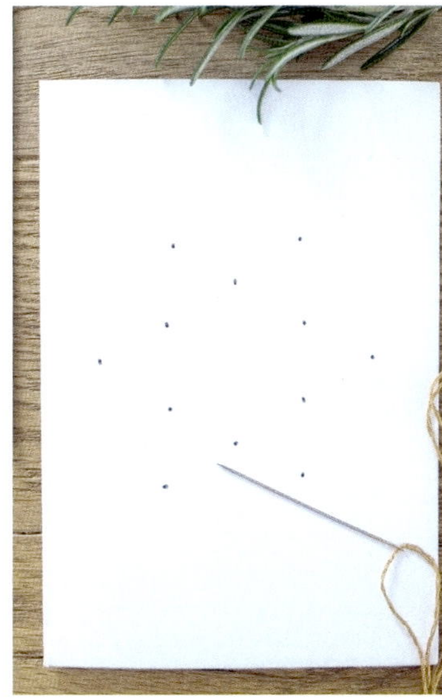

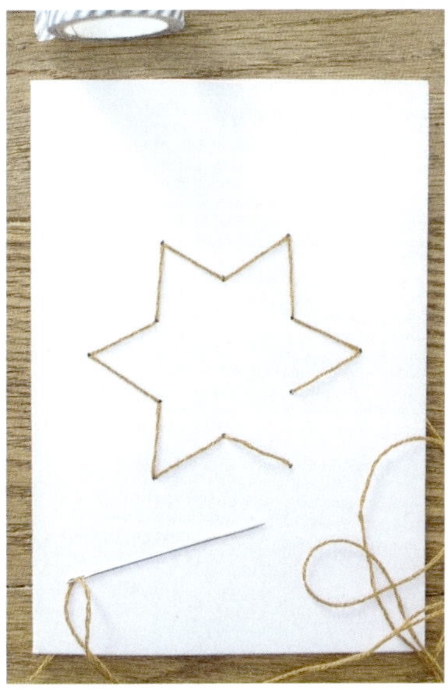

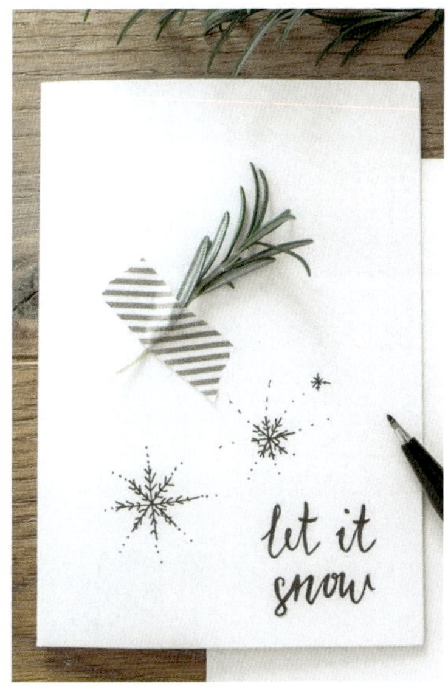

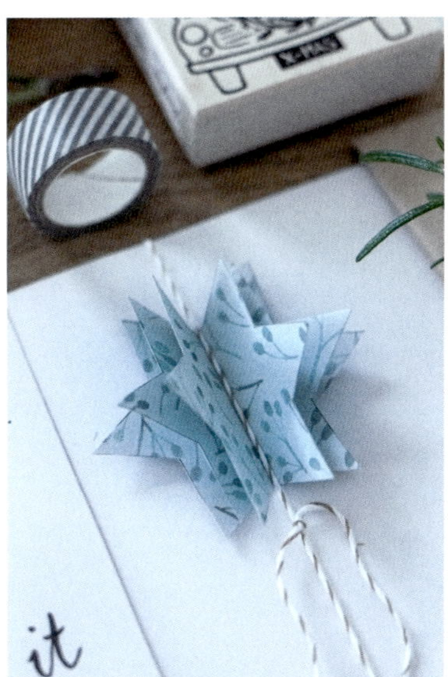

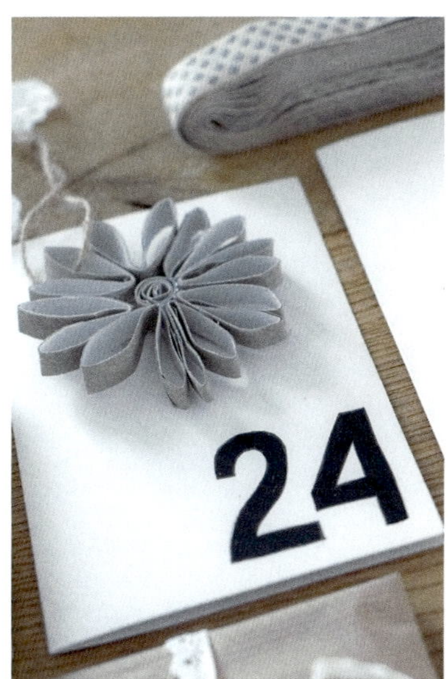

WEIHNACHTSORNAMENTE

Papier und Pappe sind meine liebsten Materialien, da man sie einfach auf die unterschiedlichsten Arten und Weisen bearbeiten kann. Wer kleinere Kinder hat, hat sicherlich auch immer ein paar leere Papprollen zu Hause. Aus einer Laune heraus entstanden diese zauberhaften Ornamente für die weihnachtliche Deko, für die nur wenige Materialien benötigt werden und denen man am Ende wirklich nicht mehr ansieht, dass sie aus leeren Papprollen entstanden sind.

Eine perfekte Aufgabe für einen hyggeligen Nachmittag am Adventskranz mit leckeren Weihnachtskeksen, Kerzenschein und Musik.

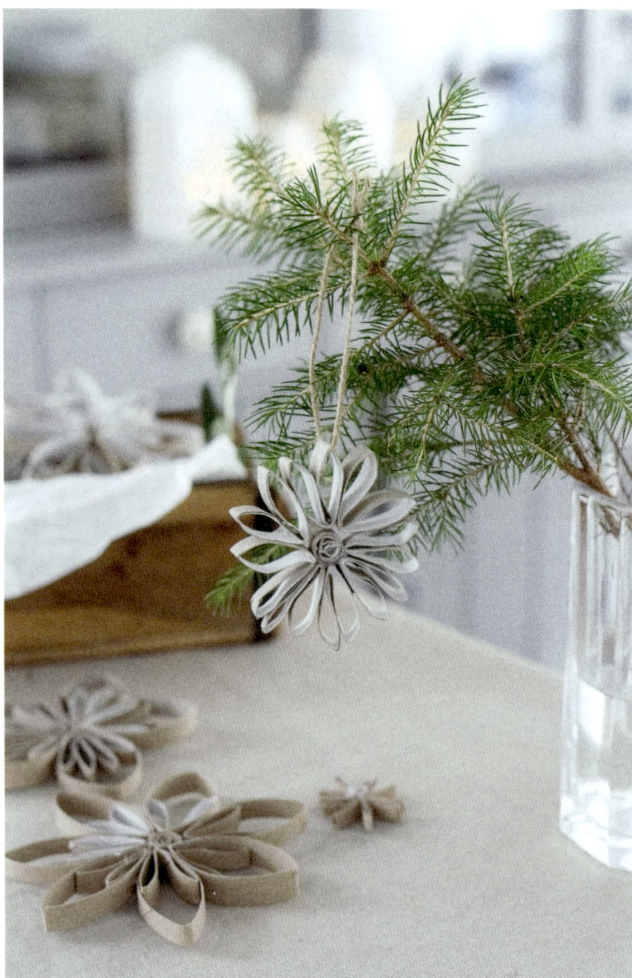

BENÖTIGTES MATERIAL

Leere Papprollen, z. B. Küchenrolle (für ein Ornament benötigt man ca. 1 leere Küchenrolle oder 2–3 leere Klopapierrollen)
Schere
Heißkleber (z. B. von Rayher)
Evtl. Weiße Farbe
Juteband zum Aufhängen

SO WIRD'S GEMACHT

Die Rollen leicht zusammendrücken. Mit einer Schere in 0,8 bis 1 cm breite Streifen schneiden. Je dünner die Streifen sind, umso filigraner werden die Ornamente.

Fünf der Ellipsen in der Mitte knicken und zu einem Kreis legen. Fünf der Ellipsen auseinanderdrücken, sodass die geknickten Pappstreifen hineinpassen.

Mit Heißkleber werden die gefalteten Rollenstücke nun in die größeren Ellipsen geklebt und so miteinander verbunden. Ein kleiner Tropfen des Klebers reicht, damit die Pappgebilde aneinanderhaften. Die so entstandenen Blätter lassen sich bereits jetzt an der unteren Kante aneinanderkleben.

Eine der Pappellipsen aufschneiden und eng aufrollen. Das Ende ebenfalls mit Heißkleber fixieren. Der aufgerollte Streifen soll die Mitte des Ornaments sein und wird dort mit etwas Kleber fixiert.

Zum Aufhängen ein Stück Band an das Ornament knoten.

Aus den Pappstücken lassen sich die unterschiedlichsten Formen neu zusammenlegen. Die Ornamente sehen alle unterschiedlich aus und wenn sie zusammengesetzt sind, ergibt es eine schöne Mischung.

Wenn der Kleber getrocknet ist, lassen sich die Ornamente noch mit Farbe bemalen oder man lässt sie einfach so. Sie sehen toll aus an einzelnen Zweigen oder auch am Weihnachtsbaum.

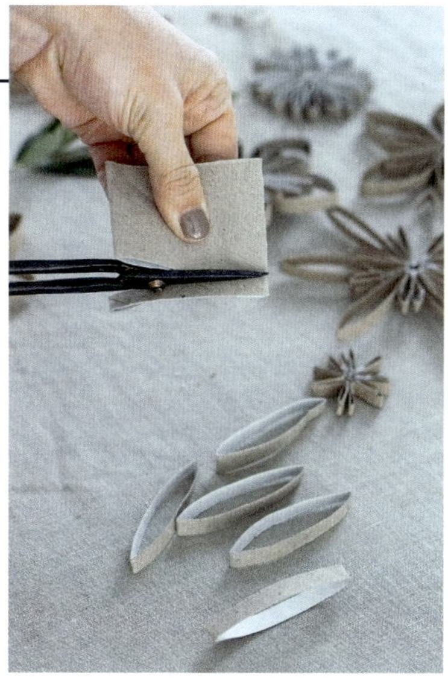

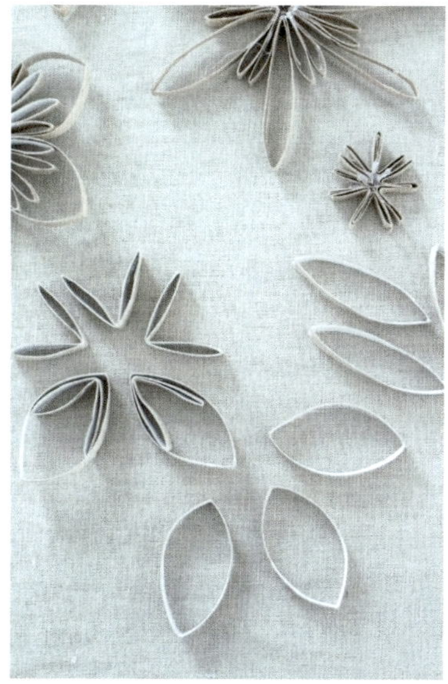

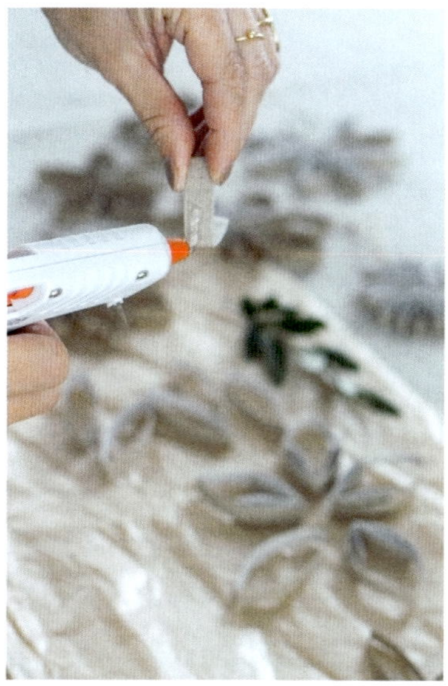

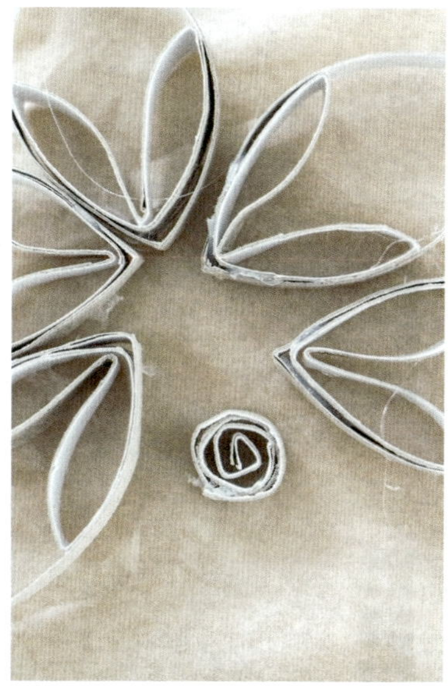

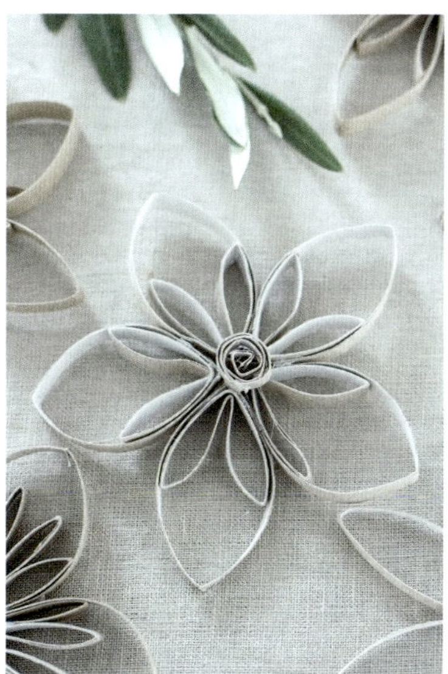

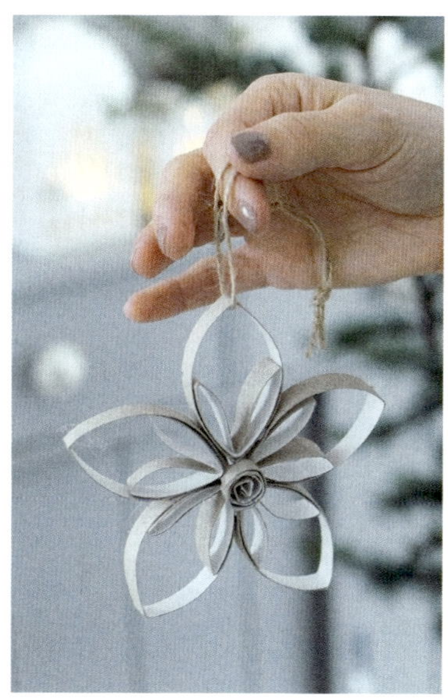

VOGELFUTTER

Wenn wir im Winter meine Eltern besuchen, dann sitzen wir am allerliebsten in der Küche. Das ist eigentlich zu jeder Jahreszeit so, aber im Winter ist es immer sehr besonders, denn dann warten wir auf die Blau- und Kohlmeisen, Rotkehlchen und Spatzen, die sich an den selbst gemachten Futterküchlein satt essen, während wir vom Küchenfenster aus zuschauen … Manchmal ist es spannender als im Kino, denn im letzten Winter kam sogar eine kleine Maus häufiger vorbei und hat sich mit dem Rotkehlchen um unsere Vogelfutter-Kuchen gestritten. Um Vogelfutter selbst zu machen, benötigt man nur sehr wenige Zutaten. Es macht sehr großen Spaß und ist auch für Kinder ein Highlight.

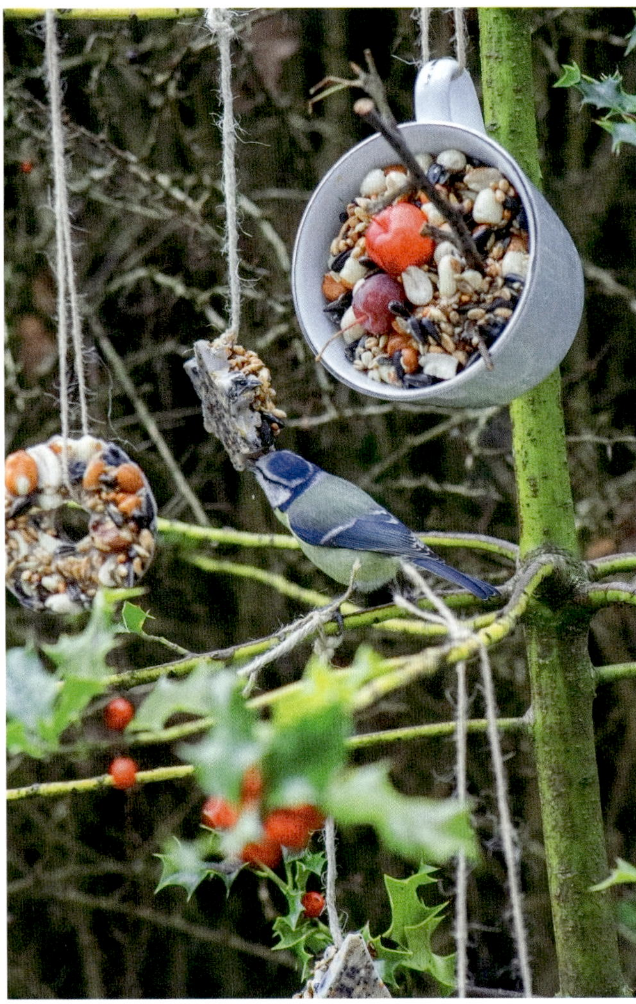

BENÖTIGTES MATERIAL

Sämereien
Körner, z. B. Sonnenblumenkerne
Nüsse, z. B. Erdnüsse, Haselnüsse
Getrocknetes Obst und Früchte
Kokosfett
Silikonformen (z. B. Mini-Gugelhupfform)
oder Muffinformen in Papier
oder große Tasse mit längerem Stock
oder Plätzchenausstecher mit Backblech
und Backpapier
Juteband zum Aufhängen

Ich habe Silikonformen, Muffinförmchen, Tassen und Plätzchenausstecher ausprobiert. Es hat alles gleich gut funktioniert. Bei der Entscheidung, welche Form verwendet wird, kommt es auch ein wenig darauf an, wo man sie hinhängen oder stellen möchte.

TIPP

Man kann auch Kuchenformen mit dem Vogelfutter-Kokosfett-Gemisch befüllen. Das ist ganz bestimmt toll, wenn man im Garten ein Vogelhaus steht.

SO WIRD'S GEMACHT

Das Futter in Schalen füllen, das Kokosfett in einem Topf schmelzen und dabei darauf achten, dass es nicht zu heiß wird.

Das Futter in das flüssige Fett rühren, bis alles gut vom Fett ummantelt ist.

Anschließend das Vogelfutter in vorbereitete Formen füllen: Wird es in eine Tasse mit Henkel zum Aufhängen gefüllt, muss man daran denken, einen kleinen Stock in das noch warme Fett zu stecken, damit die Vögel sich später beim Essen daraufsetzen können.

Wird das Vogelfutter in eine Gugelhupfform gefüllt, so lässt sich das Juteband später einfach durchfädeln und damit aufhängen.

Bei der Verwendung von Papierförmchen, kann man diese nach dem Erkalten wieder entfernen. Sie hinterlassen eine tolle Struktur im Kokosfett und sie sind gut geeignet, um sie in ein Vogelhäuschen zu stellen. Meine Törtchen habe ich noch mit kleinen Äpfeln getoppt.

Das Vogelfutter erst aus den Formen nehmen, wenn es vollständig getrocknet ist. Ich habe ein paar Stunden damit gewartet.

Dann können die gut aussehenden Futterstücke direkt in Bäume und Büsche wandern.

Es war für uns ein kleines Highlight, die Küchlein im Busch zu verteilen und auf die ersten Gäste zu warten. Noch dazu sieht es wirklich ganz bezaubernd aus.

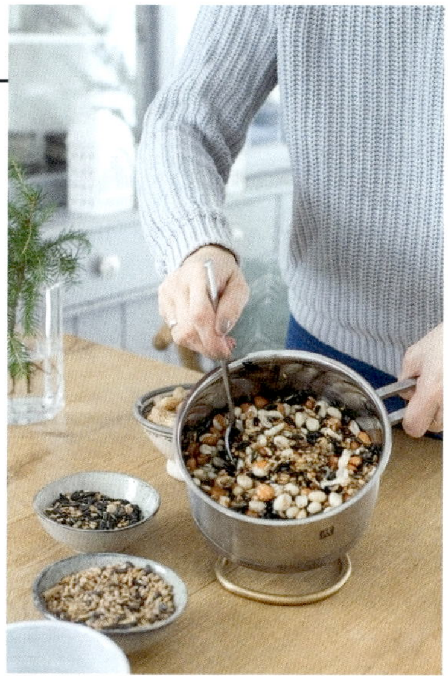

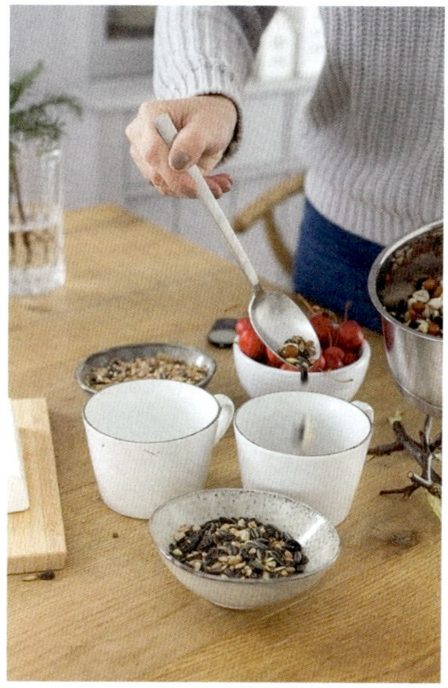

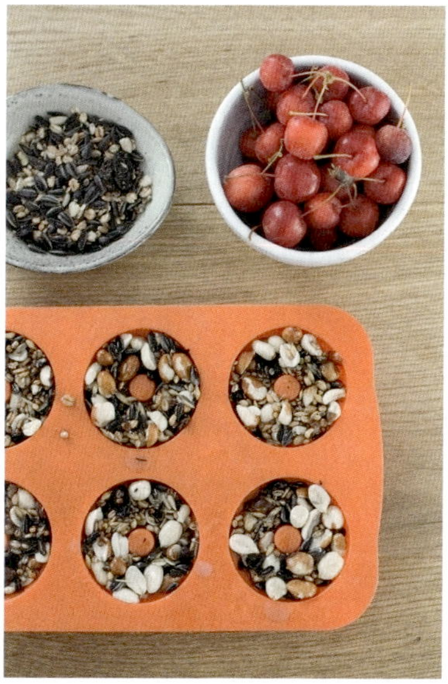

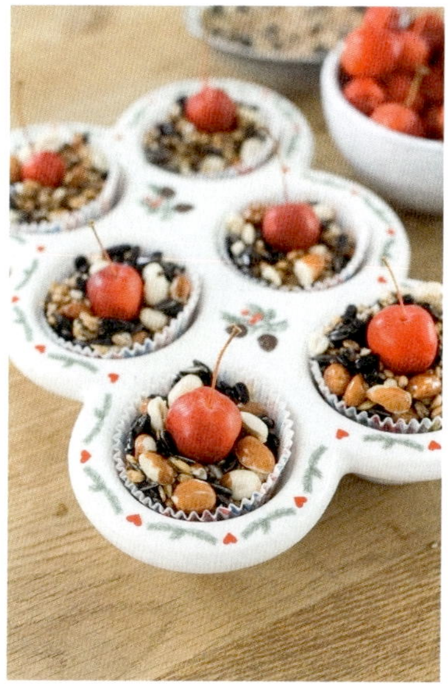

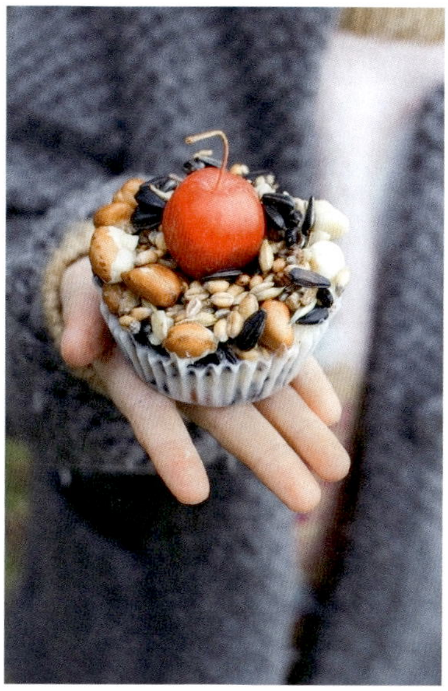

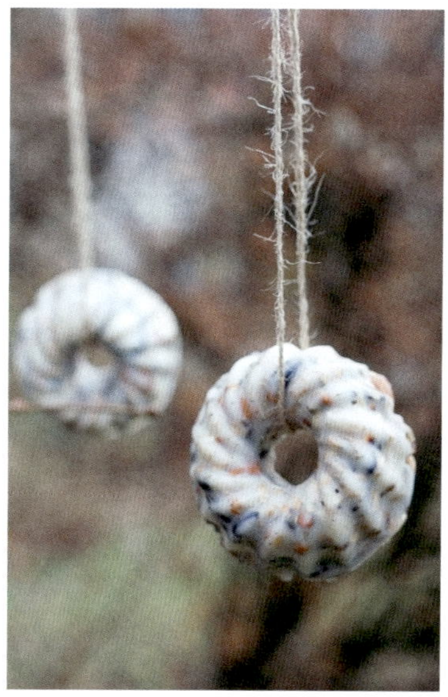

VORLAGEN

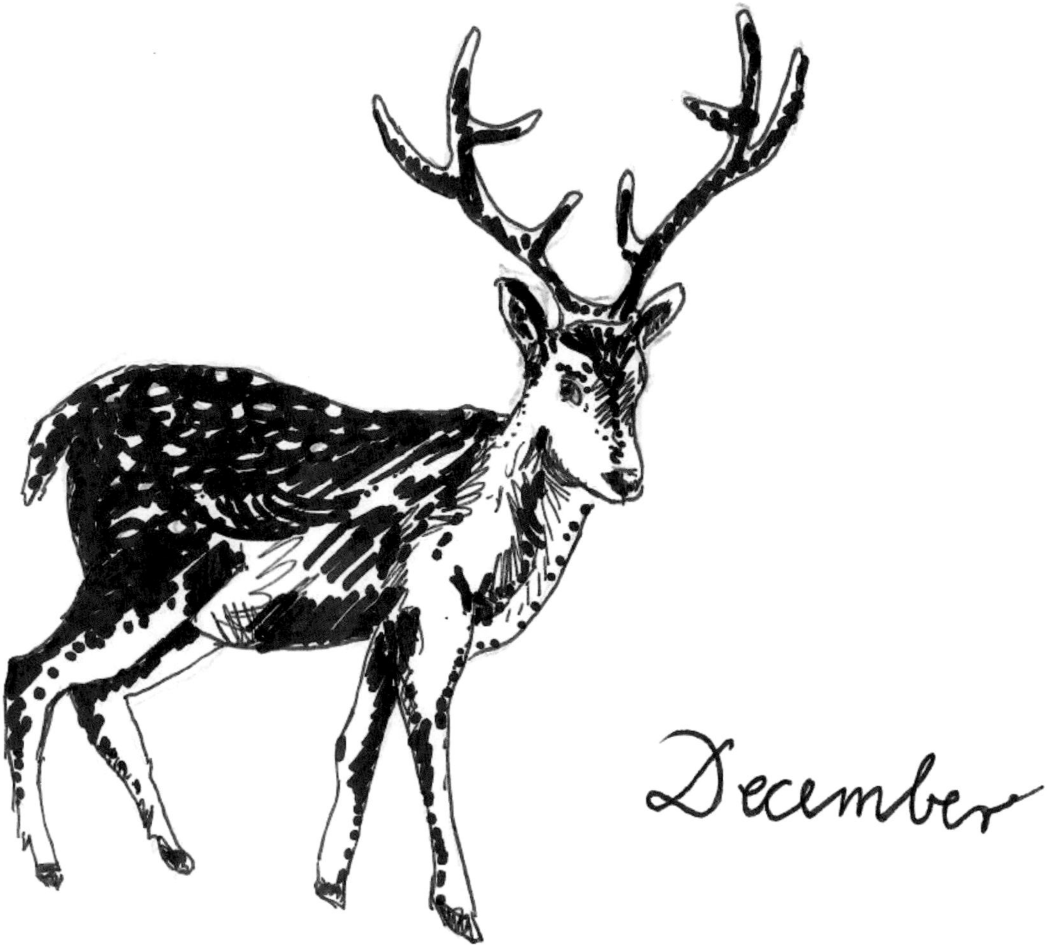

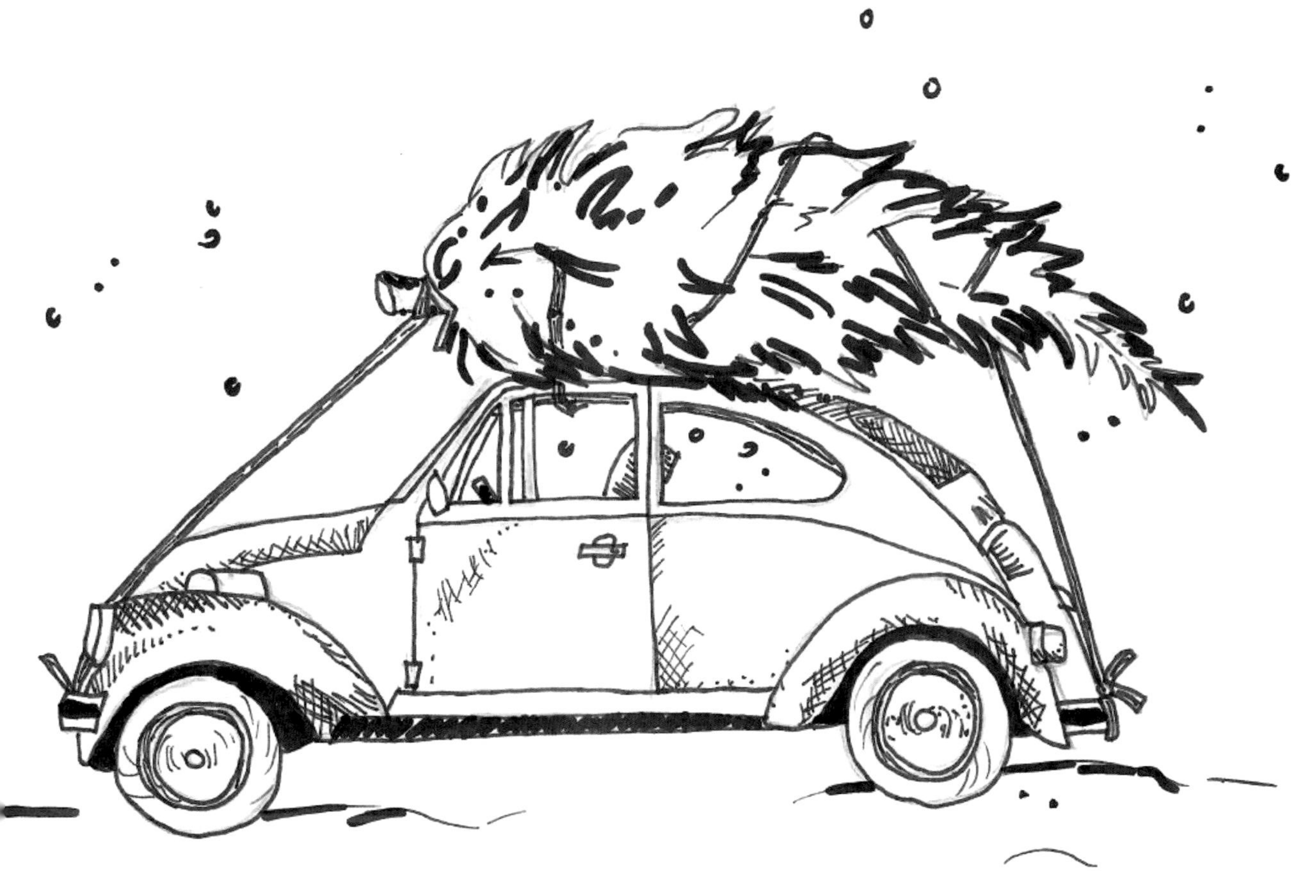

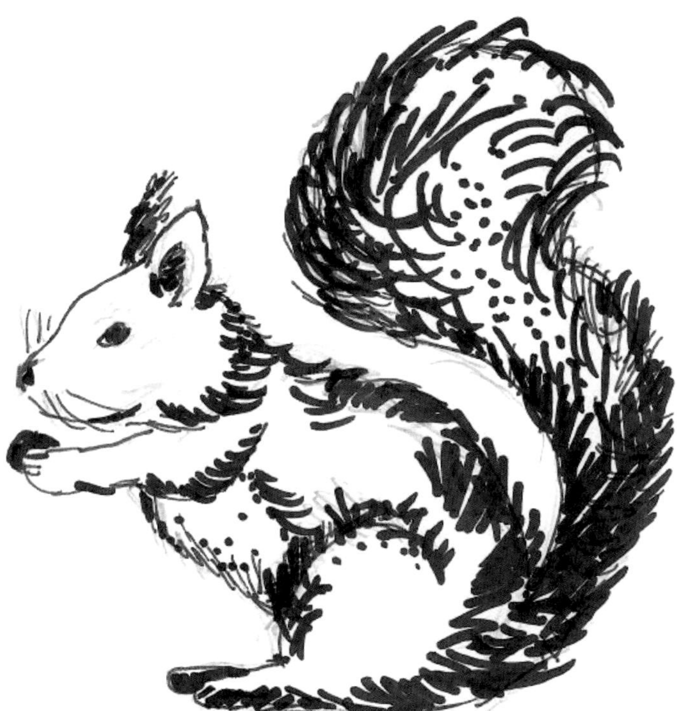

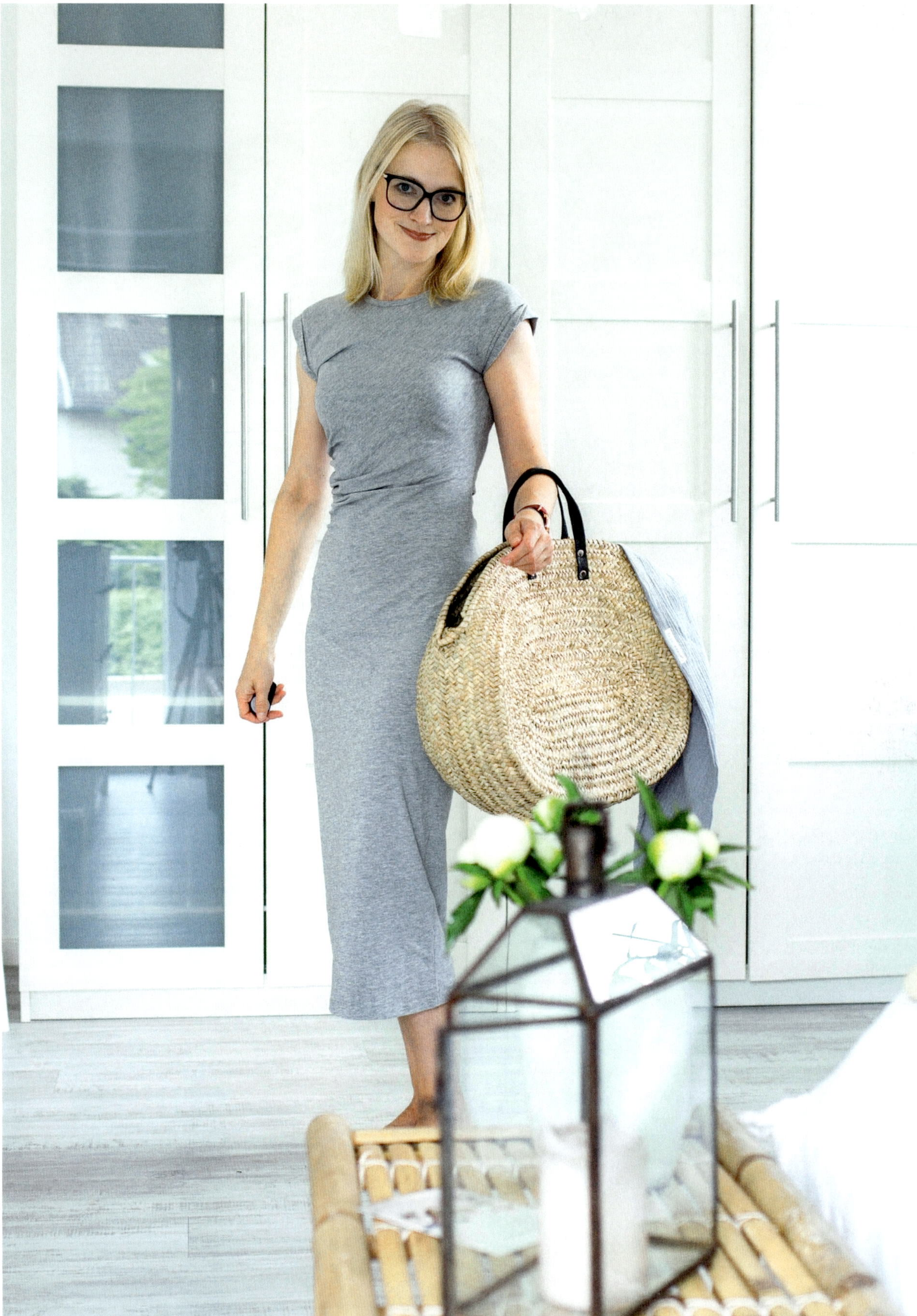

IMPRESSUM

Autorin: Anna Parwoll
Fotos & Styling: Anna Parwoll
Produktmanagement: Svenja Wiglinghaus
Lektorat: Anna Maier
Korrektorat: Christiane Gsänger
Umschlaggestaltung: Andreas Kersten
Layout & Satz: Elke Mader
Repro: LUDWIG:media
Herstellung: Kathleen Baumann
Printed in Germany by Appl

Herstellerverzeichnis

- DIY-Material: Rayher Hobby GmbH, www.Rayher.com
- Deko-Objekte, Möbel, Geschirr: Geliebtes Zuhause, www.geliebtes-zuhause.de
- Mode: Inside Living, www.inside-living.de
- Textilien: Textilwerk, www.textilwerk.com/de
- Blumen: Tausendschön, www.tausendschoen-store.de
- Cake-Topper und Oster-Deko aus Holz: www.hallo-anna.de

★★★★★

Sind Sie mit diesem Titel zufrieden? Dann würden wir uns über Ihre Weiterempfehlung freuen. Erzählen Sie es im Freundeskreis, berichten Sie Ihrem Buchhändler oder bewerten Sie bei Onlinekauf. Und wenn Sie Kritik, Korrekturen oder Aktualisierungen haben, freuen wir uns über Ihre Nachricht an:
Christian Verlag, Postfach 40 02 09, D-80702 München oder per E-Mail an lektorat@verlagshaus.de.

Unser komplettes Programm finden Sie unter

www.christophorus-verlag.de

Die Deutsche Nationalbibliothek verzeichnet diese Publikation in der Deutschen Nationalbibliografie; detaillierte bibliografische Daten sind im Internet über https://www.dnb.de abrufbar.

3. Auflage 2026

in der Christian Verlag GmbH
Infanteriestraße 11a
80797 München

ISBN 978-3-8388-3834-2

Kreativ-Service

Sie haben Fragen zu unseren Büchern und Materialien? Wir beraten Sie gern rund um alle Kreativthemen. Rufen Sie uns einfach an. Wir interessieren uns auch für Ihre eigenen Ideen und Anregungen.
Sie erreichen uns per E-Mail: kreativ-service@c-verlag.de oder Telefonnummer: 0049-89-1306 99 577.

Besuchen Sie uns im Internet: www.christophorus-verlag.de & www.selbstgemacht.de

Ebenfalls erhältlich ...

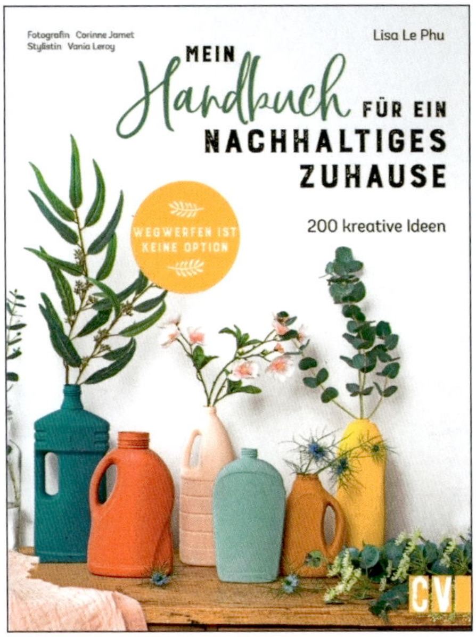

ISBN 978-3-8388-3810-6

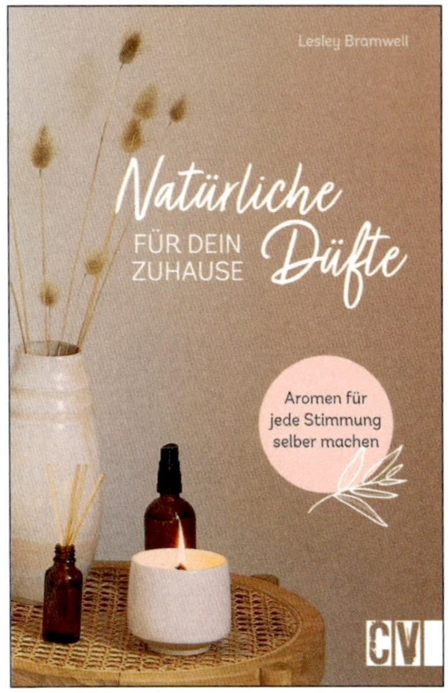

ISBN 978-3-8388-3790-1

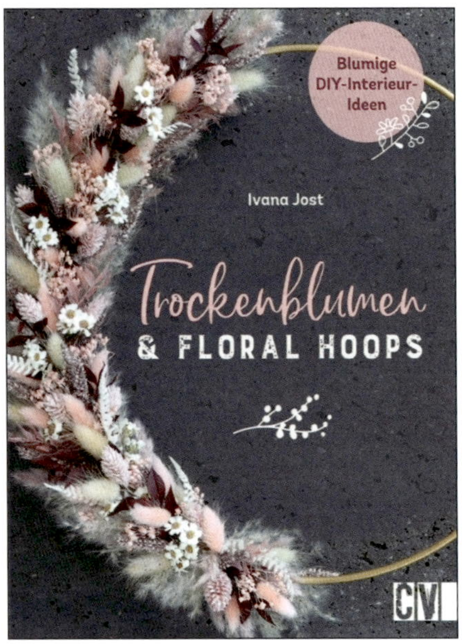

ISBN 978-3-8388-3801-4

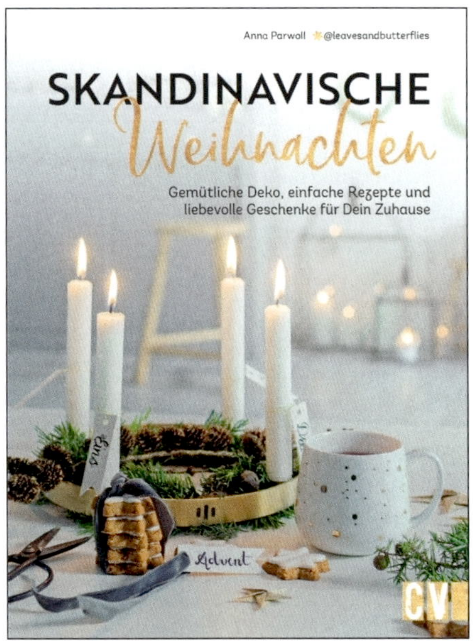

ISBN 978-3-8388-3798-7

CV

www.christophorus-verlag.de